Ludwig II. für Dummies - Schummelseite

Ludwigs Leben in Kurzform

25. August 1845 Ludwig wird als Sohn des Kronprinzen Maximilian auf Schloss Nymphenburg geboren

1848 Maximilian wird nach dem Rücktritt seines Vaters König

1861 Ludwig sieht seine ersten Wagner-Opern (»Tannhäuser«, »Lohengrin«)

1864 Maximilian II. stirbt und Ludwig wird mit 18 Jahren König von Bayern

1865 Richard Wagner muss auf Druck der Minister München verlassen

1866 Preußisch-Österreichischer Krieg. Bayern kämpft auf Seiten Österreichs und verliert.

1867 Im Januar Verlobung mit Sophie von Bayern, im Oktober wird diese Verlobung jedoch wieder gelöst. Besuch der Weltausstellung in Paris.

1869 Grundsteinlegung von Neuschwanstein

1870/71 Deutsch-Französischer Krieg. Das Königreich Bayern wird Teil des Deutschen Reichs.

1872 Grundsteinlegung vom Bayreuther Festspielhaus

1873 Die Insel Herrenchiemsee wird gekauft

1875 Ausbruch der Geisteskrankheit bei Ludwigs Bruder Otto

1876 Erstaufführung des kompletten »Ring des Nibelungen«

1878 Grundsteinlegung von Schloss Herrenchiemsee

1881 Schweizreisen mit dem Schauspieler Josef Kainz

1883 Tod Richard Wagners

1886 Absetzung und Tod Ludwigs

Richard Wagners Opern für Bayreuth

- ✔ Der fliegende Holländer
- ✔ Tannhäuser
- ✔ Lohengrin
- ✔ Ring des Nibelungen
  - Das Rheingold
  - Die Walküre
  - Siegfried
  - Götterdämmerung
- ✔ Tristan und Isolde
- ✔ Meistersänger von Nürnberg
- ✔ Parsifal

Ludwig II. für Dummies - Schummelseite

Ludwig II., um die es in diesem Buch nicht geht

- ✔ **Ludwig II., König der Langobarden und »römischer« Kaiser** (geb. 825, gest. 875): Dieser Urenkel Karl des Großen versuchte, Süditalien von den Sarazenen zu befreien und stritt sich andauernd mit dem byzantinischen Kaiser darüber, wer kaiserlicher sei.
- ✔ **Ludwig II., der Stammler** (geb. 846, gest. 879): Dieser französische König war ein Pechvogel vor dem Herrn, der sich vom Papst, seinen zwei Ehefrauen und dem Hochadel auf der Nase herumtanzen lassen musste. Er starb bereits nach zwei Jahren als König.
- ✔ **Ludwig II., der Eiserne** (geb. 1128, gest. 1172): Der Schwager Friedrich Barbarossas erarbeitete sich seinen Beinamen im Kampf gegen die immer frecher werdenden Raubritter. Gefasste Täter ließ er gerne als Pferdeersatz vor den Pflug spannen. Er steht auch mittelbar in einer Beziehung zu unserem Ludwig: Der »Eiserne« ließ die Wartburg erbauen, die später Kulisse für Richard Wagners »Tannhäuser« werden sollte.
- ✔ **Ludwig II., der Strenge** (geb. 1229, gest.1294): Dieser Herr war Herzog von Bayern und verdiente sich seinen Beinamen, indem er seine Frau hinrichten ließ. Ludwig verdächtigte sie fälschlicherweise des Ehebruchs, tötete seinen Burgvogt, eine Hofdame und ließ seine Frau köpfen. Die Reue kam, als sich herausstellte, dass die werte Gattin einem befreundeten Grafen lediglich das »Du« angeboten hatte. Für sein Seelenheil baute der Herzog dann ein Kloster beziehungsweise ließ eines bauen.

Ludwig heute

Es gibt einige Möglichkeiten, Ludwig auch noch heute erleben zu können.

- ✔ **Besuchen Sie seine Schlösser:** Neuschwanstein, Herrenchiemsee und Linderhof allein sind schon eine Reise nach Bayern wert. Hier entfaltet sich die Pracht des Königreichs Bayern, und bei dem Prunk verstehen Sie auch besser, warum Ludwig chronisch pleite war. In Kapitel 12 finden Sie eine umfangreiche Liste der Sehenwürdigkeiten, mit Eintrittspreisen und Öffnungszeiten.
- ✔ **Schauen Sie sich einen Film an:** Der bekannteste Film dürfte wohl der Viscontis mit Helmut Berger und Romy Schneider sein: Helmut Berger in der Rolle seines Lebens und Romy Schneider als die etwas andere Sisi. Der Film ist schonungslos offen und nicht immer etwas für zarte Gemüter.
- ✔ **Lesen:** Immer ein netter Vorschlag, lesen Sie doch ein Buch. In Kapitel Zwölf finden Sie eine kurze Literaturliste. Es gibt inzwischen auch Ludwig-Mangas, es gibt hier also für jeden Geschmack etwas.
- ✔ **Gehen Sie wandern:** Es gibt einige wunderschöne Wanderungen auf Ludwigs Spuren, schließlich war der König selbst ja auch sehr aktiv. Einige Vorschläge für besonders schöne Strecken finden Sie in Kapitel 13.

Ludwig II.
für Dummies

200 Jahre Wiley – Wissen für Generationen

Jede Generation hat besondere Bedürfnisse und Ziele. Als Charles Wiley 1807 eine kleine Druckerei in Manhattan gründete, hatte seine Generation Aufbruchsmöglichkeiten wie keine zuvor. Wiley half, die neue amerikanische Literatur zu etablieren. Etwa ein halbes Jahrhundert später, während der »zweiten industriellen Revolution« in den Vereinigten Staaten, konzentrierte sich die nächste Generation auf den Aufbau dieser industriellen Zukunft. Wiley bot die notwendigen Fachinformationen für Techniker, Ingenieure und Wissenschaftler. Das ganze 20. Jahrhundert wurde durch die Internationalisierung vieler Beziehungen geprägt – auch Wiley verstärkte seine verlegerischen Aktivitäten und schuf ein internationales Netzwerk, um den Austausch von Ideen, Informationen und Wissen rund um den Globus zu unterstützen.

Wiley begleitete während der vergangenen 200 Jahre jede Generation auf ihrer Reise und fördert heute den weltweit vernetzten Informationsfluss, damit auch die Ansprüche unserer global wirkenden Generation erfüllt werden und sie ihr Ziel erreicht. Immer rascher verändert sich unsere Welt, und es entstehen neue Technologien, die unser Leben und Lernen zum Teil tiefgreifend verändern. Beständig nimmt Wiley diese Herausforderungen an und stellt für Sie das notwendige Wissen bereit, das Sie neue Welten, neue Möglichkeiten und neue Gelegenheiten erschließen lässt.

Generationen kommen und gehen: Aber Sie können sich darauf verlassen, dass Wiley Sie als beständiger und zuverlässiger Partner mit dem notwendigen Wissen versorgt.

William J. Pesce
President and Chief Executive Officer

Peter Booth Wiley
Chairman of the Board

Thomas Ammon

Ludwig II. für Dummies

WILEY-VCH Verlag GmbH & Co. KGaA

Bibliografische Information Der Deutschen Nationalbibliothek
Die Deutsche Nationalbibliothek verzeichnet diese Publikation in der Deutschen Nationalbibliografie; detaillierte bibliografische Daten sind im Internet über http://dnb.d-nb.de abrufbar.

1. Auflage 2007

Printed in Germany
Gedruckt auf säurefreiem Papier

Korrektur Anke Homfeld
Satz Lieselotte und Conrad Neumann, München
Druck und Bindung Ebner & Spiegel, Ulm
Wiley Bicentennial Logo Richard J. Pacifico
Cover Bayrische Verwaltung der staatlichen Schlösser, Gärten und Seen

ISBN 978-3-527-70319-7

Über den Autor

Thomas Ammon arbeitet als Lektor für renommierte Verlage. Mit dem Thema »Ludwig II.« beschäftigt er sich seit vielen Jahren. Vor allem fasziniert ihn an Ludwig II. die große Anzahl häufig leider unrealisierter Bauten. Als Franke und Bayer ist/war es ihm ein Anliegen, eine Ludwig II.-Biographie zu verfassen, die dem Ludwig-Einsteiger möglichst viele Informationen aus dem Leben des Bayernkönigs gibt.

Inhaltsverzeichnis

Über den Autor 7

Einführung 17

Über dieses Buch 18
Konventionen in diesem Buch 19
Was Sie nicht lesen müssen 20
Törichte Annahmen über den Leser 20
Wie dieses Buch aufgebaut ist 20
Kapitel 1: Ludwig II. Superstar 21
Kapitel 2: Bayern und die Wittelsbacher vor Ludwig 21
Kapitel 3: Der traurige Kronprinz 21
Kapitel 4: Endlich König 22
Kapitel 5: Der Weg nach Königgrätz 22
Kapitel 6: Wenn die Preußen zweimal klingeln 22
Kapitel 7: Des Kaisers König 23
Kapitel 8: Und er baut und baut und baut 23
Kapitel 9: Der endgültige Rückzug 23
Kapitel 10: Das Geld wird knapp 23
Kapitel 11: Das Ende 23
Kapitel 12: Ludwig heute 24
Kapitel 13: Die acht besten Gerichte aus der königlichen Hofküche 24
Kapitel 14: Top-Ten-Wanderungen auf König Ludwigs Spuren 24
Symbole, die in diesem Buch verwendet werden 24
Wie es weitergeht 25

Kapitel 1
Ludwig II. Superstar 29

Warum Ludwig heute immer noch so populär ist 29
Ludwig und die Bayern 30
Ludwig regional 30
Ludwig, Förderer der Künste, Friedensfürst, Umweltschützer 31
Der Märchenkönig lässt weltweit Träume entstehen 32
Neuschwanstein ein neues Weltwunder? 33

Kapitel 2
Bayern und die Wittelsbacher vor Ludwig 35

Der Stammvater: Otto von Wittelsbach 35
Die Teilung Bayerns und Gebietserweiterungen 36
Landshut 36

Die altbayerische Linie 37
Vom Herzogtum zum Kurfürstentum: Der Dreißigjährige Krieg 37
Von der Renaissance zum Barock 38
Bayern im Rokoko 39
Pfälzer in Bayern 40
Ludwigs Vorgänger als Könige 41
Napoleon ordnet Europa neu 42
Ludwig I. der Hellene 43
Das 19. Jahrhundert: Restauration und Aufbruch 44

Kapitel 3
Der traurige Kronprinz (1845 - 1863) 47

Wer ist Ludwigs Vater? 47
Der Rücktritt Ludwigs I. – Opa ist gestürzt 50
König Maximilian II. von Bayern, der neue König 50
Die Eltern Ludwigs II. von Bayern 52
Der Vater Maximilian 52
Die Mutter Marie 53
Die Prinzen Ludwig und Otto 56
Königliche Spielkameraden 58
Die Erziehung und Ausbildung eines zukünftigen Königs 58
Brutale und ungeeignete Erzieher 59
Das Erweckungserlebnis: Lohengrin 59
Eine bedeutungsvolle Begegnung 61
Die Mündigkeitserklärung 62

Kapitel 4
Endlich König (1864) 63

Der Tod König Maximilians II. von Bayern 63
Der Verwaltungsakt einer Thronbesteigung 64
Die Beerdigung Maximilians II. 65
Die ersten Regierungsmonate 65
Ludwigs erste Auftritte und sein frühes Bild in der Öffentlichkeit 66
Der Gastgeber in Kissingen 68
Gesucht und gefunden: Richard Wagner 70
Der Bauherr zeigt sich erstmals 73
Die Nibelungensäle in der Münchner Residenz 74

Kapitel 5
Der Weg nach Königgrätz (1865 - 1866) 75

Die »Schweinehunde« im Parkett 76
Pläne für ein Opernhaus 77
Wagner-Mobbing als Beamtenspaß 78

Wagner in Ludwigs Bergen 79
Wagners Vertreibung aus München 80
Die unvermeidliche Annäherung an den »Nord«-Deutschen Bund 81
Ein Zivilist als Kriegsherr? 82
Fluchtversuche Ludwigs 82
Der Krieg beginnt 83
Bayerns Ohnmacht: Schwierige Friedensverhandlungen 83
Die triumphale Frankenreise 85
Bayreuth 85
Hof 85
Bamberg 86
Kissingen 86
Aschaffenburg 86
Würzburg 87
Nürnberg 87
Fürth 87
Die Rückreise 88
Kabinettswechsel 88

Kapitel 6
Wenn die Preußen zweimal klingeln (1867 - 1870) 89

Zwischen Parzival und Drosselbart 89
Lila Bulykowsky – Maria Stuart in Hohenschwangau 89
Josephine Scheffsky – eine Walküre geht baden 90
Keine Braut weit und breit 90
Die Traumfrau – Elisabeth 90
Das gemeinsame Versteck auf der Roseninsel 90
Verliebt, verlobt, getrennt: Sophie, die verbrannte Braut 91
Ein Feuerwerk 94
Das weitere Schicksal der Braut 94
Die Wahrheit im Tagebuch Ludwigs 94
Die Wohnung und der Wintergarten in der Münchner Residenz 94
Die Wohnung in der Residenz 95
Die hängenden Gärten Ludwigs 95
Ludwigs Studienreisen 98
Inkognito nach Frankreich 98
Die Meistersinger von Nürnberg 100
Orient in 1866 Metern Höhe: Das Schachenhaus 102
Kein Jäger, aber viele Jagdhütten 103
Am Walchensee 103
Neuschwanstein – die Gralsburg 104
Die Vorentwürfe 105
Der Bau beginnt 107
Ein Rundgang durch Ludwigs Burg 108

Die erste Nacht in der Traumburg 112
Das unvollendete Neuschwanstein 112
Rheingold und Walküre 114
Nach dem Krieg ist vor dem Krieg 117
Bayern und Frankreich 118
Ludwig mal wieder auf der Flucht vor der Unterschrift 118
Der Preußentölpel kommt 119

Kapitel 7
Des Kaisers König (1870 - 1874) 121

Der Krieg gegen Frankreich 121
Kaiserbrief und Reichsgründung 122
Gepriesen sei der Welfenfonds 124
König ohne Macht – der erste »Vasallenritt« 125
Versailles in Bayern 126
Murnaus entgangene Chance 126
Linderhof – die Villa 127
Der Schlossbau 127
Die Fassade 127
Ein Rundgang durch Ludwigs Villa im Graswangtal 128
Die Parkanlage 132
Die Parkbauten 134
Die Separatvorstellungen 139
Das Schauspiel 140
Die Oper 142
Ballett 143
Für die Buchhaltung 143
Der Verlauf einer Separatvorstellung 143
Versailles 1874 144
Ein letztes mal Frankreich: Reims 1875 145
Auf der Suche nach einem neuen Land 146
Bei den Wilden und Halbwilden 146
Erwerb einer Insel 147
An die Herrschaft gelangen, ohne was zu zahlen 147
Ein Unglück kommt selten allein: Otto 148

Kapitel 8
Und er baut und baut und baut (1875 - 1879) 151

Bayreuth 151
Wagner trickst Ludwig – mal wieder – aus 152
Geldknappheiten 152
Die Festspiele 1876 153
Die schrecklichen Hoftafeln 155

Herrenchiemsee – das Denkmal 156
Die Insel Herrenchiemsee 156
Der Schlossbau 156
Ein Spaziergang durch Ludwigs Versailles 158
Der König in Herrenchiemsee 164
Ist Herrenchiemsee unvollendet geblieben? 165
Mit Schlitten und Kutschen unterwegs 166

Kapitel 9
Der endgültige Rückzug (1880 - 1882) 169

Ein neuer Freund: Kainz 169
Auf Wilhelm Tells Spuren in der Schweiz 170
Ludwig wird zu »Herrn Huber« 173
Die Diener seiner Majestät 174
700 Jahre Haus Wittelsbach 175

Kapitel 10
Das Geld wird knapp (1883 - 1885) 177

Parzival exklusiv in Bayreuth (und in München) 177
»Des Meisters Ausgang« – Richard Wagner stirbt in Venedig 177
Wo sind all' die Gulden hin? 179
Neue Geldquellen sprudeln oder auch nicht 180
Beim Bewährten bleiben – Neue Schulden 180
Langsam wird die Lage dramatisch, aber einer bleibt gelassen 181
Ludwig verweifelt 182
Wie krank ist König Ludwig? 182
War Ludwig verrückt? 183
Die Mutter darf Neuschwanstein besuchen 185
Falkenstein und die Unvollendeten 186
Falkenstein – die Ritterburg 186
Byzantinische Burg 189
Der chinesische Palast 190

Kapitel 11
Das Ende (1886) 193

Es brodelt 193
Der Entschluss steht fest: Der König muss weg! 194
Rückblick – ein geplanter Putsch 195
Ich will Beweise 195
Das Gefälligkeitsgutachten des Dr. von Gudden 195
23. März 1886 196
18. Mai 1886 196

7./8. Juni 1886 197
9. Juni 1886 197
10. Juni 1886 199
11. Juni 1886 200
12. Juni 1886 201
13. Juni 1886 202
14. Juni 1886 204
Beisetzung in München (und Altötting) 206
Die Zeit nach der Beisetzung 207

Kapitel 12
Ludwig heute 211

Helmut Käutners Ludwig II. (1954) 211
Luchino Viscontis Ludwig II. (1972) 211
Hans Jürgen Syberbergs Film »Wie man ehemaliger Hofkoch wird« (1972) 212
Weitere Filme und Dokumentationen 212
Literatur zu Ludwig 213
Informationen für Schlossbesucher 213
Schloss Neuschwanstein 214
Schloss Hohenschwangau 214
Schloss Linderhof 214
Schloss Herrenchiemsee 215
Königshaus auf dem Schachen 215
Roseninsel im Starnberger See 216
Schloss Nymphenburg mit Marstallmuseum 216
Residenz München 216

Kapitel 13
Die acht besten Gerichte aus der königlichen Hofküche 219

Tafelspitz 219
Flusskrebse 220
Hühnerfrikassee 220
Kalbsnierchen 221
Gefüllte Tauben 221
Kalbskoteletts/Kalbsschnitzel 222
Krautwickerl 222
Lachs 222

Kapitel 14
Top-Ten-Wanderungen auf König Ludwigs Spuren 223

Am Alpsee 223
Von Starnberg nach Berg 224
Vom Walchensee zum Herzogstand 224

Zum Hochkopf 225
An den Soiernseen im Vorkarwendel 225
Zum Schachenhaus 226
Von Unterammergau zum Pürschlinghaus 226
Am Falkenstein 227
Tegelberg – Bleckenau – Neuschwanstein 227
Ein Spaziergang auf Herrenchiemsee 228

Stichwortverzeichnis **229**

Einführung

Gleich zu Beginn dieses Buches muss mit einem Mythos aufgeräumt werden: Das Leben des »Märchenkönigs« war nicht märchenhaft! Teils waren es selbst gemachte Probleme, teils äußere Umstände, die Ludwig das Leben schwer machten. Er war zu weich, nicht hart genug für eine Zeit, die »Eiserne Kanzler« hervorbrachte, die angetreten waren, ein Reich mit Blut und Eisen zu schaffen.

Nur wenige Könige und Kaiser des 19. Jahrhunderts sind heute noch so populär wie König Ludwig II. von Bayern. Dabei gibt es Könige, die länger regiert haben, Könige, die politisch mehr erreicht und verändert haben als er. Es gab auch viele andere Könige, die sich für Musik, Theater und Architektur begeisterten. Ihr Ruhm und ihre Bekanntheit verblassen aber neben Ludwig II., der politisch weitgehend gescheitert das Opfer einer Intrige seiner Minister wurde, den man für verrückt erklären ließ und der am Ende im Starnberger See zusammen mit seinem Arzt den Tod fand.

Man hat Ludwig II. als einen rückwärts gewandten Menschen in einer vorwärts drängenden Zeit bezeichnet. Dies ist wohl zutreffend. Sein Herrscherbild und sein Anspruch waren geprägt von den Vorbildern der großen Könige des Mittelalters und des Absolutismus Ludwigs XIV. von Frankreich. Hier fand er die Richtlinien – modern ausgedrückt würde man sagen Benchmarks –, an denen er sich als Herrscher orientierte. Übersehen und verkannt hat er dabei aber lange Zeit, dass diese absolutistische Herrschermacht im 19. Jahrhundert längst Geschichte war. Nur der russische Zar, so schien es Ludwig, hatte noch so viel Macht wie die Ludwige in Frankreich. Aber dieses russische Reich war ein Koloss auf tönernen Füßen. Im Rest Europas hatten längst die Minister und die dazugehörende Ministerialbürokratie die Regierungsgewalt an sich gerissen und waren nicht mehr willens, sie herzugeben. Namen wie Metternich in Österreich, Montgelas in Bayern, Hardenberg in Preußen und später dann Bismarck in Preußen und dem gesamten Deutschen Reich stehen für einflussreiche und höchst erfolgreiche Regierungschefs. Die Könige gerieten dabei schnell ins Hintertreffen und wenn sie nicht aufpassten, wurden sie lediglich für Repräsentationszwecke und Unterschriften unter bereits ausgearbeiteten Papieren benötigt. Sie waren dann quasi das Aushängeschild, hinter dem die Regierungsbürokratie ihre Geschäfte abwickeln konnte. Später gab es dann noch Parlamente, die das Regieren auch nicht gerade einfacher machten.

Man sollte aber nicht vergessen, dass es am Ende ein Monarch, nämlich Wilhelm II., war, der Bismarck entließ.

Wie dem auch sei, in den so genannten konstitutionellen Monarchien konnten die Monarchen nicht einfach tun und lassen, was sie wollten.

Im 19. Jahrhundert begann also der Machtverlust der königlichen Herrscher, dessen Ergebnis wir heute sehen: Viele Herrscherhäuser wurden in Revolutionen weggefegt und die Könige und Königinnen, die noch in Amt und Würden sind, hält man sich eben aus Nostalgie.

Als Ludwig II. von Bayern seine politische Ohnmacht erkannt hatte, zog er sich von der öffentlichen Bühne zurück. Nachdem er nicht so machtvoll regieren konnte, wie er sich das vorstellte, schuf er sich sein eigenes Reich, in dem er der uneingeschränkte Herrscher war. König zu spielen wurde für ihn wichtiger, als König zu sein.

Er vertiefte sich in Literatur, pro Tag las er etwa ein Buch, er förderte Theater und Oper. Mit der Unterstützung des Komponisten Richard Wagner war er direkt beteiligt an der Schöpfung der wohl interessantesten und spannendsten Opern, die jemals komponiert wurden. Und der augenfälligste Ausdruck seines Schaffens sind die Schlösser Linderhof, Neuschwanstein und Herrenchiemsee, zu denen jährlich mehr als zweieinhalb Millionen Besucher pilgern.

Und hier, bei seinen künstlerischen Aktivitäten, war er, anders als bei seiner Auffassung von Herrschen und Regierungsmacht, ein Vorreiter der Moderne. Mit Richard Wagner förderte er einen der modernsten und innovativsten Komponisten seiner Zeit. In seinen Schlössern, so antiquiert sie aussehen mögen, verwendete er die modernsten Möglichkeiten der Technik. So wurde die Grotte von Schloss Linderhof mit Strom aus einem der ersten Elektrizitätswerke Bayerns beleuchtet. In der Ritterburg Neuschwanstein wurden moderne Stahlträger eingebaut. Ludwig war die Illusion wichtig. Er wollte nicht sehen, wie es gemacht wird, sondern nur die Wirkung erleben, eine Wirkung, der sich die Besucher seiner Schlösser bis heute nicht entziehen können.

Dieses Fantasiereich, das sich Ludwig hier aufbaute, kostete natürlich viel Geld. Und für die vielen Projekte, die parallel vorangetrieben wurden, reichte sein Einkommen als König nicht mehr aus. Er musste Kredite aufnehmen. Eine Zeit lang lief das ganz gut. Die Minister waren froh, dass der König mit seinen Bauten beschäftigt war und sie in Ruhe regieren ließ. Als die Schulden des Königs aber so hoch und auch für die Minister bedrohlich wurden, da sie es hatten so weit kommen lassen, erdachten sie einen perfiden Plan, sich des Königs zu entledigen, um sich selbst zu retten. Wenn jemand viele Millionen Schulden macht und immer weiter baut und plant, dann kann er ja nicht normal sein. So dachte man damals. Heute beurteilt man das bekanntermaßen etwas anders, wenn man die Verschuldung von Städten, Ländern und Staaten ansieht. Da Ludwig sich von der Öffentlichkeit weitgehend zurückgezogen hatte, keine Repräsentationspflichten wahrnahm und in seinen letzten Jahren so gar nicht mehr königlich agierte, hatten die Politiker und Irrenärzte leichtes Spiel, Gerüchte zu streuen und Gutachten zu erstellen, die Ludwig in ein schlechtes Licht rückten. Leider besaß er auch nicht mehr die Kraft, um gegen diese Intrigen anzukämpfen. Das Unheil nahm seinen Lauf: Der König wurde für unheilbar geisteskrank erklärt und abgesetzt. Wenige Tage später wurde er zusammen mit seinem Arzt tot im Starnberger See gefunden.

Über dieses Buch

Dieses Buch beleuchtet verschiedene Aspekte in Ludwigs Leben, unter anderem seine traurige Kindheit und seinen Aufstieg zum Märchenkönig, dem Herrscher über Bayern, einem bedeutenden Land in Deutschland. Dem Bauherrn, der in verschiedenen Stilen seine Träume realisierte, ist ein großes Kapitel gewidmet, ebenso dem Mäzen und Kunstförderer Ludwig. Den Menschen Ludwig, die Personen um ihn, seine Faszination für moderne Technik und seine Studienreisen behandelt ein weiteres Kapitel. Auch seiner Krankheit, den Umständen seiner

Absetzung und des geheimnisvollen Todes im Starnberger See werden wir in diesem Buch auf den Grund gehen.

Um dieses Buch zu lesen, müssen Sie kein Historiker oder Kunsthistoriker sein. Wenn Sie nach oder vor einem Schlossbesuch oder der Aufführung einer Wagner-Oper einfach mehr über diesen König, seine Zeit und sein Leben wissen wollen, reicht es vollkommen aus, dieses Buch zu lesen.

Dieses Buch soll auch eine Art Nachschlagewerk sein. Eine Notwendigkeit, das Buch vorn zu beginnen und sich bis hinten durchzuarbeiten, besteht nicht. Sie können in die einzelnen Teile direkt einsteigen. Wollen Sie etwas zum Märchenkönig und seiner Familie wissen, gehen Sie zum Kapitel 2, Hintergründe zum Leben des jungen Ludwig II. finden Sie im Kapitel 3. Sind Sie vom Bauherrn Ludwig fasziniert, liefern Ihnen die Kapitel 6 bis 10 Informationen zu Ludwigs gebauten, geplanten und verschwundenen Bauten. Den Förderer der Kunst und vor allem Richard Wagners können Sie in den Kapiteln 4 bis 7 näher kennen lernen. Die Hintergründe zu seinem mysteriösen Tod stellen wir Ihnen in Kapitel 11 näher vor. Sie können also dort einsteigen, wo Sie wollen. Das Inhaltsverzeichnis und das Stichwortverzeichnis sollen Ihnen dabei helfen, das zu finden, was Sie im Moment am brennendsten interessiert. Natürlich möchten wir Sie nicht davon abhalten, das Buch von vorn bis hinten durchzulesen, wenn Ihnen danach ist. Tun Sie einfach, worauf Sie Lust haben.

Konventionen in diesem Buch

Gleich vorneweg möchten wir darauf hinweisen, dass immer, wenn in diesem Buch von Ludwig oder dem König die Rede ist, nur Ludwig II., König von Bayern, gemeint ist. Nicht Ludwig I., sein Opa oder Ludwig der Bayer, ein Urahn aus seiner Familie, auch nicht Ludwig XIV., Ludwig XV. oder gar Ludwig XVI. von Frankreich, seine großen Idole, sind mit Ludwig gemeint, sondern eben nur »unser« Ludwig. Wir werden in diesem Buch auch auf Verniedlichungen wie »Kini«, »Wiggerl« oder »Luggi« verzichten, weil das der Respekt vor dem König von Bayern einfach verbietet.

Wenige Könige sind so gut erforscht worden und über wenige Könige wurden so viele Bücher geschrieben wie über Ludwig II. Schon aus diesem Grund sind wir froh, dass Sie dieses Buch entdeckt haben und sich dafür entschieden haben, aber das ist ein anderes Kapitel …

Auffällig ist, dass sich das Ludwig-Bild im Lauf der Geschichte durchaus gewandelt hat. Stand bei seinen frühen Biografen noch eine Verklärung des Königs im Vordergrund, weil die Familie Wittelsbach das Land regierte (bis 1918) und man es sich mit ihr nicht verderben wollte, wurde er danach etwas distanzierter und kritischer gesehen. Mit dem Einkehren liberalerer Ansichten wurde auch sein Verhältnis bzw. sein Nicht-Verhältnis zu Frauen etwas unverkrampfter gesehen und nicht mehr als Krankheit dargestellt. Seine »Geisteskrankheit« hält heute keinem ärztlichen Urteil mehr stand. Er mag exzentrisch gewesen sein, verrückt war er nicht.

In diesem Buch wollen wir versuchen, Ludwig möglichst unvoreingenommen, aber doch mit dem ihm zustehenden Respekt, darzustellen.

Was Sie nicht lesen müssen

Dieses Buch ist so konzipiert, dass Sie Informationen schnell und ohne große Umstände finden. Im Zweifelsfall können Sie immer das Inhaltsverzeichnis oder das Stichwortverzeichnis zu Rate ziehen. Darüber hinaus erhalten Sie Zusatzinformationen, die Sie auch ignorieren können, ohne die wesentlichen Aspekte von Ludwigs Leben zu verpassen. Dazu gehören:

Texte in Kästen: Die Kästen bieten interessante Informationen, die für das Verständnis der gerade behandelten Materie aber nicht unbedingt notwendig sind. Sie können diese nach Belieben lesen oder überblättern.

Alle Texte mit einem Icon: Sie können ganz sicher sein, dass ich es Ihnen nicht persönlich übel nehme, wenn Sie Abschnitte mit dem Tipp-/Info-/Walküre-Symbol nicht lesen. Sie enthalten eher Klatsch und Tratsch, Nebeninformationen, Zusatzinformationen, ab und zu auch für den Hobby-Historiker interessante Informationen.

Törichte Annahmen über den Leser

Jedes Buch wird mit dem Gedanken an einen bestimmten Leserkreis gestaltet. Ich habe mir beim Schreiben meine Leser in etwa so vorgestellt:

- ✔ Sie haben schon einmal etwas über Ludwig II. von Bayern oder auch »the crazy king« gehört.
- ✔ Sie haben eines, mehrere Schlösser oder sogar alle seine Schlösser besucht. Gratulation!
- ✔ Sie wollen mehr über die Person Ludwig wissen, als in Ihrem gerade käuflich erworbenen dünnen Führer steht.
- ✔ Während Ihres Besuches bei den Bayreuther Wagner-Festspielen haben Sie davon gehört, dass ohne den Bayernkönig das Werk Wagners wohl nie zustande gekommen wäre. Ihre Neugier ist entfacht!
- ✔ Sie glauben, dass Ludwig verrückt war, er seinen Arzt erdrosselt und sich dann selber im Starnberger See ertränkt hat.
- ✔ Sie sehen Ludwig auf Kaffeetassen, auf T-Shirts, auf Regenschirmen und wollen wissen, ob dieser ganze Hype gerechtfertigt ist.
- ✔ Zu guter Letzt wollen Sie auch wissen, warum der König, der schöne Schlösser gebaut hat, was andere Könige ja auch getan haben, noch heute so eine große Faszination auf Millionen von Menschen ausübt.

Wie dieses Buch aufgebaut ist

Das Leben einer Person umfassend in einem Buch zu erzählen ist schwer. Es stellen sich immer die Fragen: Was will der Leser wissen, was muss er wissen und wann beginne ich die Leser zu langweilen? Dieses Buch hat vierzehn Kapitel, in denen ich versuche, Ihnen die Geschichte von König Ludwig so zu erzählen, als würde ich einem guten Freund alles erzählen, was ich über Ludwig weiß, oder was ich zu wissen glaube. Bislang haben meine Erzählungen auch immer guten Anklang gefunden.

Kapitel 1: Ludwig II. Superstar

Ein schwieriges Kapitel gleich zum Einstieg: Wie gelang es Ludwig, zum Märchenkönig zu werden? Als solcher wurde er nicht geboren. Er hätte ja auch ein großer Feldherr oder Diplomat werden können. In der zweiten Hälfte des neunzehnten Jahrhunderts waren Zeit und Umstände nicht gerade günstig für den König eines mittelgroßen Staates mitten in Europa. Auch war Ludwig II. von Charakter und Wesen her nicht unbedingt ein Karrieretyp. Wäre er nicht als Spross einer alten Dynastie auf die Welt gekommen, hätten wir wohl niemals etwas von ihm erfahren. Dass er so wurde, wie er war, hängt zu einem großen Teil mit seiner überhaupt nicht märchenhaften Kindheit zusammen. Dieses erste Kapitel bringt Ihnen die frühen Jahre des Königs näher und zeigt, warum er eigentlich ein Märchenkönig werden musste. Seine ersten Regierungsjahre, seine Liebe zur Natur (Ludwig war einer der ersten aktiven Umweltschützer, als der Begriff noch gar nicht geboren war) und den Bergen lernen Sie hier ebenfalls kennen.

Kapitel 2: Bayern und die Wittelsbacher vor Ludwig

Die Familie Wittelsbach regierte Bayern über 700 Jahre lang. In Ludwigs Regierungszeit fiel 1880 das 700-jährige Jubiläum, bei dem Ludwig aber aufgrund seiner Menschenscheu schon nicht mehr in der Öffentlichkeit auftrat. Einige herausragende Persönlichkeiten aus der Herrscherfamilie und die Situation im 19. Jahrhundert, also als Ludwig den Thron bestieg, lernen Sie in diesem Kapitel kennen.

Kapitel 3: Der traurige Kronprinz

Ludwigs Jugend war kein Märchen. Er war umgeben von Menschen, die mit dem fantasiebegabten jungen Prinzen nichts anfangen konnten. Mit »Zucht und Ordnung«, mit drakonischen Strafen für Kinderscherze sollte er zum richtigen Herrscher erzogen werden.

Aus heutiger Sicht kann man sagen, dass in der Jugend Ludwigs von seinen lieblosen Eltern und seinen brutalen Erziehern schwerwiegende Fehler gemacht wurden, die für seine spätere Persönlichkeitsentwicklung extrem negative Folgen hatten.

Aber in seiner Jugend hat Ludwig selbst auch die Grundlagen für sein späteres Leben gelegt. Er befasste sich intensiv mit Literatur, Musik und Kunst, um so aus der Welt der Eltern und Erzieher auszubrechen.

In positiver wie in negativer Hinsicht ist die Jugend Ludwigs der entscheidende Schlüssel, um ihn und sein Leben zu verstehen.

Kapitel 4: Endlich König

1864 starb überraschend Ludwigs Vater, König Maximilian II. Der noch nicht einmal 19-jährige Ludwig musste sein Studium abbrechen und in einer schwierigen Zeit die Verantwortung für ein Königreich übernehmen.

Zu Beginn machten Ludwig die neuen Aufgaben viel Spaß. Er stürzte sich mit großem Eifer in die Arbeit, vergaß aber auch nicht, seine privaten Interessen zu verfolgen. Er holte Richard Wagner an seinen Hof und versprach dem Komponisten, ihn mit aller Kraft zu unterstützen.

Den Ministern und Beamten waren aber die Ausflüge ihres Königs in die höheren Gefilde der Kunst ein Dorn im Auge. Und so machten sie sich daran, den jungen Herrscher auf ihre Linie zu zwingen, was aber nicht wirklich gut gelang. Das Resultat der ersten Regierungsjahre Ludwigs war eine große Enttäuschung und der Anfang seines Rückzugs in eine andere, in seine Traumwelt.

Kapitel 5: Der Weg nach Königgrätz

Reiche wurden gegründet und Kriege geführt. Der preußische Ministerpräsident Otto von Bismarck wollte sein Deutsches Reich mit »Blut und Eisen« gründen. Ein schwärmerischer König in Bayern, der sich außer seiner Regierungstätigkeit den Künsten widmete, konnte hier schnell unter die Räder geraten.

Und so musste Ludwig 1866 seine Soldaten in einen Krieg ziehen lassen, den er nicht wollte und dessen Ergebnis er voraussah. Anders als seine Minister und Beamten ahnte er, wie hoch der Preis für diesen Feldzug sein würde: der Verlust der Souveränität Bayerns als eigenständiger Staat und ein weiterer Machtverlust für ihn, den Herrscher.

Trotzdem endete das Jahr 1866 mit einem großen Triumphzug des Königs durch seine fränkischen Provinzen. Zum Schrecken seiner Minister erwog er, die Hauptstadt Bayerns von München nach Nürnberg zu verlegen.

Kapitel 6: Wenn die Preußen zweimal klingeln

Nach dem verlorenen Krieg gegen Preußen zog sich Ludwig weiter zurück. In diese Zeit fällt auch seine verpatzte Verlobung mit Prinzessin Sophie.

Der Bauherr Ludwig II. entwickelte langsam eigene Vorstellungen und begann mit der Realisierung seiner bis heute berühmten Bauten. Studienreisen in verschiedene Länder und Regionen Deutschlands und Europas unternahm Ludwig vor allem, um seine Kenntnisse in der Architektur zu erweitern.

Mit der Uraufführung einiger Wagner-Opern feierten sowohl der König als auch der Komponist große Erfolge.

Kapitel 7: Des Kaisers König

Der Krieg gegen Frankreich, den Ludwig an der Seite Preußens führen musste, nahm ihm ein weiteres Stück Souveränität. Bayern wurde ein Teil des Deutschen Reiches. Kaiser und Kanzler in Berlin bestimmten die Richtlinien der Politik, auch der bayerischen.

Ludwigs Bruder Otto, der noch vor dem Deutschen Reich gewarnt hatte, verlor zunehmend seine geistigen Kräfte und wurde schließlich verrückt. Ludwigs Gemüt verdunkelte sich weiter. Es wurde einsam um ihn.

Kapitel 8: Und er baut und baut und baut

Linderhof wurde vollendet, in Neuschwanstein entstand eine neue Gralsburg, auf der Insel Herrenchiemsee ein Denkmal für Ludwig XIV. von Frankreich. Zudem fiel in diese Zeit der große Triumph der Bayreuther Festspiele.

Kapitel 9: Der endgültige Rückzug

Ludwig versuchte mit dem Schauspieler Kainz eine Freundschaft aufzubauen. Doch auch diese scheiterte. Beide verlebten eine turbulente Reise in die Schweiz. Danach trennten sich ihre Wege auf immer.

Kapitel 10: Das Geld wird knapp

Schlösser, Burgen, Kutschen, Geschenke! Ludwig lebte über seine Verhältnisse. Der König von Bayern wäre fast vor das Schuldgericht gezerrt worden. In einer aufreibenden Aktion versuchten Ludwig und seine Berater, die Finanzen in den Griff zu bekommen. Doch der Erfolg währte nur kurz. Neue Bauprojekte trieben den König um.

Kapitel 11: Das Ende

Als die Finanzen nicht mehr zu retten waren, zogen die Minister die Reißleine. Der König musste weg! Es stellte sich für die Intriganten und Putschisten nur die Frage: Wie? Sie planten, den König abzusetzen. Doch das war nicht so leicht. Deshalb suchten sie einen Arzt, der bereit war, ohne den König zu untersuchen, diesem Geisteskrankheit zu attestieren.

In einer dramatischen Nacht-und-Nebel-Aktion wurde der König in Neuschwanstein verhaftet und nach Schloss Berg verbracht, zwei Tage darauf wurde er im Starnberger See tot aufgefunden.

Bis heute ranken sich Legenden um diese letzten Tage des Königs. Die Wahrheit wird wohl niemals ans Licht kommen. Der König ist tot – die Legende vom Märchenkönig beginnt.

Kapitel 12: Ludwig heute

Nützliche Informationen zum heutigen Ludwig finden Sie in diesem letzten Kapitel. Kein Buch ohne Nutzwert! Deshalb sind hier die Öffnungszeiten der Schlösser Ludwigs, Literatur zu Ludwig, Ludwig im Film und im Musical zu finden.

Kapitel 13: Die acht besten Gerichte aus der königlichen Hofküche

Ludwig hat gern gut gegessen und getrunken. Einige Evergreens aus der königlichen Hofküche sind deshalb in diesem Kapitel gesammelt.

Kapitel 14: Top-Ten-Wanderungen auf König Ludwigs Spuren

Ludwig war gern in der Bergwelt unterwegs, zu Pferde, in der Kutsche, im Schlitten oder ganz einfach zu Fuß. Einige Wege in der Nähe der Schlösser und Berghütten Ludwigs werden in diesem Kapitel vorgestellt.

Symbole, die in diesem Buch verwendet werden

In diesem Buch verwende ich einige Symbole, um auf verschiedene Informationen hinzuweisen.

Hier erhalten Sie Hintergrundinformationen, die für das Textverständnis nicht unbedingt nötig sind, die aber trotzdem für Sie von Interesse sein könnten.

Hier gebe ich Ihnen einige Tipps, die für Sie interessant sein könnten, wenn Sie sich auf die Spuren Ludwigs begeben.

Hier gebe ich Ihnen Hinweise zu historischen Fakten, die Ihnen helfen könnten die beschriebenen Sachverhalte zu verstehen.

Ludwig ohne Wagner? Das kann man sich kaum vorstellen. Um Ludwigs Gedankenwelt besser zu verstehen schildere ich Ihnen an den Kästen mit diesem Symbol den Inhalt einiger Wagneropern.

Wie es weitergeht

Dieses Buch ist chronologisch aufgebaut. Sie haben die Möglichkeit, sofort dort einzusteigen, wo Sie etwas interessiert. Sind Sie beispielsweise nur an den Öffnungszeiten der Schlösser interessiert, genügt es, wenn Sie beim Kapitel 12 einsteigen (zugegeben, die Öffnungszeiten könnten Sie auch im Internet erfahren, aber jetzt haben Sie das Buch ja schon gekauft). Natürlich beginnen wir mit der Geburt des Königs und mit seiner Jugend. Selbstverständlich dürfen Sie auch vorne beginnen und sich gemütlich nach hinten durcharbeiten. Machen Sie einfach das, was Ihnen am besten gefällt und zusagt. Es ist Ihr Buch und Sie haben sozusagen das »Buch des Handelns in der Hand«. Viel Spaß!

The 5th Wave By Rich Tennant

Ludwig II. Superstar

1

In diesem Kapitel

- Warum Ludwig heute immer noch so populär ist
- Warum viele Menschen nahezu übermenschliche Strapazen auf sich nehmen, um Ludwig nahe zu sein
- Ludwig, die Bayern und die Deutschen, heute und damals
- Von Ludwigs Legende lukrativ leben

Es ist nicht leicht zu sagen, wer über seinen Tod hinaus verehrt wird und wer nicht. Ludwig ist jetzt schon über 120 Jahre tot, aber immer noch in aller Munde, das muss man erst einmal schaffen. Kein König oder Kaiser ist in Deutschland heute noch so präsent wie Ludwig II., König von Bayern.

Warum Ludwig heute immer noch so populär ist

Der König musste sterben, damit der Mythos des Märchenkönigs geboren werden konnte. So oder so ähnlich könnte man die Entwicklung beschreiben, die das Ansehen Ludwigs II. von Bayern ausgemacht hat. Als König eines großen Landes im Verbund des Deutschen Reiches war er nur einer unter vielen. Er stammte zwar aus einer der ältesten und angesehensten Adelsfamilien Deutschlands, ja Europas, aber er war kein souveräner Herrscher.

Erst durch sein bisweilen exzentrisches Verhalten, seinen Sinn für das scheinbar Sinnlose und schließlich seinen bis heute ungeklärten Tod konnte er sich über die sicherlich ebenso interessanten Figuren des 19. Jahrhunderts erheben – und so ist er bis in unsere Tage »König Ludwig Superstar«.

Aus aller Welt strömen Jahr für Jahr Millionen von Menschen zu den Orten, an denen er gelebt, gelitten und kreativ gewirkt hat. Trotz langer Wartezeiten und hoher Eintrittspreise, denen eine ziemlich kurze Führung von maximal 20 Minuten gegenübersteht, reißt der Strom der Menschen nicht ab, die auf Ludwigs Spuren wandeln wollen. Nicht nur seine bekannten Schlösser Neuschwanstein, Linderhof und Herrenchiemsee werden besucht, auch seine Berghütten, allen voran das Haus auf dem Schachen, sind Publikumsmagneten. Dabei scheuen die Interessierten häufig keine Mühen und nehmen sogar lange Bergwanderungen auf sich. Wie war er, wo war er? Das sind die Fragen, mit denen sich viele beschäftigen. Der Prunk seiner Schlösser spiegelt nur einen Teil seiner Persönlichkeit wider. Den Sportler, den Bergwanderer, den Naturfreund findet man zwischen Lech und Isar abseits der eingefahrenen Touristenpfade.

Neuschwanstein ist zu Recht neben dem Eiffelturm und den Pyramiden eines der weltweit bekanntesten Kulturdenkmäler.

Jedes Jahr um den 13. Juni treffen sich Tausende von Menschen am Ufer des Starnberger Sees. Unweit des Kreuzes im See, an der von 1896 bis 1900 errichteten Votiv-Kapelle huldigen sie in alpenländischer Tracht dem König, ihrem Idol. Mit den Jahren finden immer mehr Menschen ihren Weg dorthin, von Jahr zu Jahr nimmt die Ludwig-Begeisterung zu. Auch die Anzahl der König-Ludwig-Doubles steigt jährlich. Und nicht nur Bayern, sondern auch Menschen aus der gesamten Bundesrepublik und Touristen aus aller Welt strömen an den Starnberger See, um am Todestag dem von ihnen verehrten König am Ort des Geschehens zu gedenken.

Das Werk eines der größten Komponisten des 19. Jahrhunderts wäre ohne Ludwig nicht denkbar. Wäre der junge König von Bayern nicht bereit gewesen, den – mal wieder – vor seinen Gläubigern flüchtenden Komponisten Richard Wagner finanziell zu unterstützen, das Werk wäre fragmentarisch geblieben. Ein paar Opern, mehr nicht. Wagner? War da was? Muss man den kennen? Dank Ludwig schon! Wenn heute Jahr für Jahr Zehntausende von Musikfreunden auf den Grünen Hügel in Bayreuth pilgern, so werden sie vielleicht in den Pausen, wenn sie ihre Häppchen zu sich nehmen, auch des Förderers des genialen Komponisten gedenken, ohne den Wagner gescheitert wäre. Zu Lebzeiten wurde Ludwig dieses Engagement nicht gedankt. Auch Wagner verhielt sich nicht immer, wie Ludwig sich das gewünscht hätte. Dazu aber später noch mehr.

Ludwig und die Bayern

Deutschland = Bayern = Neuschwanstein (und Hofbräuhaus)

So oder so ähnlich ist das Bild von Deutschland im Ausland. Zugegeben, unsere europäischen Nachbarn wissen schon etwas mehr über uns als der Rest der Welt. Aber keine Werbekampagne für Bier aus Bayern ohne ein Bild des Schlosses Neuschwanstein, keine Eröffnung einer Veranstaltung ohne Lederhose, »Schuhplattln« und Gamsbart. Die Werbe- und Marketingprofis der Tourismusverbände meinen Deutschland, aber zeigen immer wieder das Bild von Bayern, also jenes Bild, das Ludwig mit seinen Schlössern geprägt hat.

Im Jahr 1954 widmete die amerikanische Illustrierte LIFE dem damals gerade beginnenden deutschen Wirtschaftswunder eine Sonderausgabe. Und was war auf dem Titelbild? Nein, nicht der Vater des Wirtschaftswunders, Wirtschaftsminister Ludwig Erhard, sondern das Schloss Neuschwanstein zierte das Cover. Wie glücklich muss das Volk sein, das so einen König, der solch schönen Schlösser gebaut hat, sein Eigen nannte? Aber ganz so einfach war die Sache nicht!

Ludwig regional

Während seiner Regentschaft war Ludwig ein umstrittener Monarch. Viele seiner Entscheidungen verstanden seine Zeitgenossen nicht. Den einen Teil seiner politischen Macht verlor er an das neue Deutsche Reich, das vom Fürsten Bismarck aus der Berliner Zentrale regiert wurde, den anderen an seiner Minister und Beamten. Seine Position könnte man im Slang der modernen Wirtschaftswelt als »Frühstücksdirektor« bezeichnen. Nichtsdestotrotz erledigte er brav seine Regierungsaufgaben. Egal, wo er sich befand, in der Hauptstadt München oder in der hintersten Berghütte in den Alpen, der Regierungsapparat funktionierte, Vorlagen wurden ihm unterbreitet, er arbeitete diese gewissenhaft durch und versah sie mit Anmerkungen oder Rückfragen an seine Minister. So geschah es bis wenige Tage vor seiner Absetzung, wobei bis zu diesem Zeitpunkt keine Spur von Geisteskrankheit oder Ähnlichem aufgefallen wäre. Das aber hat die breite Öffentlichkeit erst sehr viel später erfahren.

Ludwig ist mit dem zweifelhaften Vergnügen hauptsächlich Nachruhm genossen zu haben nicht ganz alleine. Auch Otto von Bismarck war am Ende seiner Regierung in weiten Teilen der Bevölkerung unbeliebt und viele atmeten auf als Wilhelm II. 1890 den »Eisernen Kanzler« entließ.

Ludwig, Förderer der Künste, Friedensfürst, Umweltschützer

Auch die Förderung Richard Wagners wurde ihm von großen Teilen der Bevölkerung Bayerns übel genommen. Und erst recht nach seinem Rückzug aus der Öffentlichkeit wurde die Kritik lauter, der König habe sich gefälligst vor seinem Volk zu zeigen und bejubeln zu lassen.

Während der Regierungszeit Ludwigs II. herrschte in Bayern nicht nur eitel Sonnenschein. Erst durch die erzwungene Abdankung und den mysteriösen Tod hat sich sein Volk mit ihm wieder solidarisiert und erkannt, dass Ludwig ein Vordenker in Bezug auf Frieden und Umwelt war.

Viele Jahrzehnte nach seinem Tod galten die Schlösser noch als Kitsch und nur Kopien von Bauten, die schon längst veraltet waren. Die Nase rümpfend und höhnisch lächelnd, gingen die Architekturhistoriker über diese Schlösser hinweg, die sie als kunsthistorisch wertlosen Kitsch betrachteten. Ihr Kommentar: »Die Träume eines Verrückten.« Damit war doch alles gesagt, oder? Und selbst der anerkannte Historiker Bosl, der sich mit der bayerischen Geschichte en detail auseinandersetzte, glaubte in einer wissenschaftlichen Abhandlung Ludwigs Wintergarten auf dem Dach der Residenz in München als die Ausgeburt eines kranken Hirns abqualifizieren zu können. Dass auch Ludwigs Vater Maximilian, der große und angesehene Förderer der Wissenschaften (und eben der Wissenschaftler), ebensolche Bauten errichtete und ebenfalls auf dem Dach des Königsbaus der Residenz einen Wintergarten bauen ließ, wurde geflissentlich unter den Tisch fallen gelassen. Das hätte ja auch nicht so gut ins Bild gepasst.

Der Bevölkerung war diese Besserwisserei der Experten schon immer egal. Sie liebte die Schlösser von Anfang an. Und sie war stolz auf die handwerklichen Leistungen der an den Bauten beteiligten Handwerker. In den 1960er Jahren trat langsam ein Wandel ein. Die kunsthandwerklichen Leistungen wurden plötzlich in einem anderen Licht gesehen und gelten heute als stolze Zeugnisse des Historismus und teilweise Wegbereiter des Jugendstils, der in München erst einige Jahre nach Ludwigs Tod zu seiner großen Blüte gelangte.

Ludwig bringt viel Geld ein

Heute verdient der Freistaat Bayern mit den Eintrittsgeldern zu den Schlössern Ludwigs etwa 15 Millionen Euro im Jahr. Nicht eingerechnet die Erlöse aus:

- ✔ Schlossführern
- ✔ Bildbänden
- ✔ Büchern (wie diesem hier)
- ✔ Bierkrügen
- ✔ Anstecknadeln, Kaffeetassen usw.

Auch Gastronomie und Hotels, Parkplatzbesitzer, Ansichtskartenverkäufer etc. leben heute von Ludwig, und das nicht schlecht. Eine richtige König-Ludwig-Industrie hat sich hier entwickelt. Dass vieles davon »Made in Hongkong« ist, das lassen wir jetzt mal beiseite. Im Jahr 1995, also zum 150. Geburtstag des Königs, wurde der Umsatz, der im Freistaat Bayern mit Ludwig II. gemacht wurde, auf 1,5 Milliarden Euro geschätzt.

Der Märchenkönig lässt weltweit Träume entstehen

Sie waren schon mal in Disneyland? Dann haben Sie bestimmt noch das Schloss, das sich im Zentrum des Parks befindet, in Erinnerung. Woran haben Sie dabei gedacht? An Micky Maus? An den genialen Unternehmer Walt Disney? Oder vielleicht doch eher: »Ach, hier hat der Ludwig wohl auch gebaut?«

Oft kopiert, doch nie erreicht. Die Bauten und Projekte Ludwigs II. dienten vielen Menschen als Katalysator ihrer eigenen Pläne. Und ein Medienprofi wie Walt Disney (oder einer seiner Berater) nahm die Anregung des Bayernkönigs gern auf. Ludwig schuf sich Traumwelten, sie schaffen für ihre Kunden Traumwelten.

Weltweit träumen Menschen davon, bei ihrer Europa-Tour in sieben Tagen auch das Schloss Neuschwanstein zu besuchen. Neben London, Paris und Rom ist der kleine Ort Schwangau mit seinem berühmten Schloss ein Publikumsmagnet des alten Kontinents Europa. Man muss nur einmal in die Augen der Schlossbesucher schauen, um zu sehen, wie begeistert sie von diesem Schloss und der Umgebung sind. Mit jedem Besucher wächst die König-Ludwig-Fangemeinde. Jeden Tag kommen Tausende Bewunderer hinzu.

Der in seinem Leben oft unglückliche König gewinnt durch seine prachtvollen Bauten immer mehr Freunde in aller Welt und wird damit zum weltweiten König-Ludwig-Superstar.

Neuschwanstein ein neues Weltwunder?

Jedes Kind lernt in der Schule die sieben Weltwunder der Antike kennen:

- ✔ Das Grab des Königs Mausolos zu Halikarnassos
- ✔ Die Hängenden Gärten in Babylon
- ✔ Der Koloss von Rhodos
- ✔ Der Leuchtturm auf der Insel Pharos vor Alexandria
- ✔ Die Pyramiden von Gizeh in Ägypten
- ✔ Der Tempel der Artemis zu Ephesos
- ✔ Die Zeus-Statue des Phidias zu Olympia in Griechenland.

Unter dem Motto »Unser Erbe ist Eure Zukunft«, startete der Schweizer Autor und Filmemacher Bernard Weber die Online-Kampagne »New 7 Wonders of the World«. 2005 standen etwa 200 Gebäude und Monumente aus der ganzen Welt auf dieser Liste. 20 Millionen Teilnehmer wählten davon 77 Monumente in die engere Auswahl. Eine hochrangig von Architekten und Historikern besetzte Jury reduzierte diese Liste auf nur noch 21 Finalteilnehmer. Und – wer hätte das gedacht, neben

- ✔ der Akropolis,
- ✔ der Alhambra,
- ✔ der Chinesischen Mauer,
- ✔ dem Eifelturm,
- ✔ dem Kolosseum in Rom,
- ✔ der Freiheitsstatue in NY

und weiteren Denkmalen findet sich darunter als einziger deutscher Beitrag das Schloss Neuschwanstein.

Bayern und die Wittelsbacher vor Ludwig

2

In diesem Kapitel

- Die Wittelsbacher: Macht & Pracht
- Ludwigs Vorgänger als Könige
- Das 19. Jahrhundert: Restauration und Aufbruch

Über Jahrhunderte hinweg förderten die Wittelsbacher Architektur Malerei, Bildhauerei und Musik. Der Kunsthistoriker Alfred Lichtwark sagte über diese Herrscherfamilie: »Kein europäisches Fürstengeschlecht hat so ununterbrochen, mit so kluger und energischer Hand und solchem Eifer die Pflege der Kunst nicht nur als Liebhaberei, sondern als öffentliche Angelegenheit geübt wie die Wittelsbacher.«

Andere Fürstenhäuser kamen und gingen und sind nur noch in den Geschichtsbüchern präsent. Man kann das Erbe der Wittelsbacher heute noch genießen und einen Eindruck davon gewinnen, mit welchem Willen und mit welchem Eifer sie die Kunst (und Künstler) ihrer Zeit förderten und forderten.

Es gab mächtigere und erfolgreichere Herrschergeschlechter in Deutschland und Europa: Die Wittelsbacher waren aber ein besonders ausdauerndes Geschlecht. Als die Hohenzollern aus der Provinz ihre politische Karriere starteten, waren die Wittelsbacher schon lange da. Als die Staufer in Deutschland als Herrscher verschwanden, blieb das Haus Wittelsbach bestehen.

Der Stammvater: Otto von Wittelsbach

Im Jahr 1180 bekam Otto von Wittelsbach von Kaiser Friedrich Barbarossa das Herzogtum Bayern als Lohn für treue Dienste.

Bis zu diesem Zeitpunkt nannten sich die Wittelsbacher noch »Grafen von Scheyern«. Erst mit der Verleihung der Herzogswürde benannten sie sich in »Wittelsbacher« um, nach dem Namen der Burg Oberwittelsbach, der Stammburg der Familie. Die Ruine dieser Burg befindet sich in der Nähe von Aichach. Ob sie aber über Oberwittelsbach oder über Unterwittelsbach nach München und Landshut kamen, ist nicht bekannt. In der Nähe von Oberwittelsbach, in Unterwittelsbach, ließ man sich im 13. Jahrhundert eine neue Burg erbauen, um dem neuen Anspruch auf Herrscherwürde steinernen Ausdruck zu verleihen.

Ab circa 1530 lebten die Herzöge aber hauptsächlich in München und Landshut, die Burg Unterwittelsbach wurde an das Stift St. Ulrich und Afra in Augsburg verkauft.

Die Teilung Bayerns und Gebietserweiterungen

Die Familie vermehrte sich fleißig und so wurde das Herzogtum Bayern 1255 zum ersten Mal geteilt. Herzog Ludwig der Strenge übernahm das heutige Oberbayern und die Pfalz, Heinrich XII. regierte Niederbayern.

Die Wittelsbacher hatten aber auch Glück: Sie wurden 1214 mit der Pfalzgrafschaft bei Rhein belehnt. Das Heidelberger Schloss, eine der malerischsten Ruinen heutiger Tage und ein wahrer Tourismusmagnet, wurde von den Wittelsbachern gebaut. Man kann also sagen, dass nicht nur Ludwig II. mit seinen Schlössern für tolle Tourismusmagneten gesorgt hat, sondern dass die Familie schon Jahrhunderte früher begann, sich um den Fremdenverkehr späterer Jahrhunderte zu kümmern.

Landshut

Nicht nur in München oder in Heidelberg hinterließen die kunstsinnigen Herrscher ihre Spuren. Auch in Landshut, in der Nähe von München, finden sich noch heute Bauten der Wittelsbacher.

Als ihnen die Burg Trausnitz zu unmodern wurde, bauten die Fürsten eine prächtige Renaissance-Residenz inmitten der aufblühenden Stadt. Zudem wurde nicht in München die erste Universität Bayerns gegründet, sondern in Landshut.

Auf der Burg Trausnitz oberhalb der Stadt ließ Ludwig II. später Räume im altdeutschen Stil einrichten. Das war eine Hommage des Herrschers an die Stadt mit der großen Geschichte.

Und schließlich gedenken die Landshuter noch heute dem »großen Ereignis«: Der »Landshuter Hochzeit«. Alle drei Jahre spielen sie diese Hochzeit nach. Viele Bürger kleiden sich in historische Gewänder und lassen die alte Zeit wieder aufleben. Früher, heute leider nicht mehr, mussten alle Wirte, Bäcker und Metzger jedermann in der Stadt umsonst verköstigen. Das bleibt natürlich in positiver Erinnerung. Daneben verblasst, dass dieser prunkvollen Hochzeit von Georg und Hedwig eine eher unglückliche Ehe folgte.

1503 starb Georg der Reiche. Um sein Gebiet entbrannte der so genannte »Landshuter Erbfolgekrieg«, aus dem die oberbayerischen Wittelsbacher 1505 als Sieger hervorgingen. Sie konnten sich ein neues Gebiet einverleiben. Landshut wurde, neben München, zur Zweitresidenz.

Keiner blickt mehr durch: Die Linien der Wittelsbacher zur Mitte des 16. Jahrhunderts

Innerhalb der Wittelsbacher gab es verschiedene Familienzweige, die über kleinere oder größere Gebiete herrschten. Manche Zweige der Familie waren mit der Reformation zum protestantischen Glauben übergetreten – für den katholischen Teil der Familie ein harter Schlag.

Sogar innerhalb des protestantischen Bekenntnisses wechselte Ludwig der »Leichtsinnige«, auch genannt der »Leichtfertige« oder der »Gefällige«, vom calvinistischen zum lutherischen

Bekenntnis, das sich in Deutschland etabliert hatte. Man war also in Glaubensfragen als Familie vielfältig aufgestellt, egal ob Gott nun evangelisch oder katholisch war, irgendein Zweig der Familie würde schon auf der richtigen Seite stehen.

Die altbayerische Linie

Den braven Katholiken in München waren diese protestantischen Umtriebe suspekt. Nach ihrem Glauben war Gott gut katholisch und der Papst der Stellvertreter Gottes auf Erden. Und daran galt es sich zu orientieren. Albrecht V., der Herzog in München, stand zu seiner Kirche, komme, was da wolle. Protestanten hatten es damals sehr schwer, in München anerkannt zu werden. Albrecht legte auch fest, dass, falls die altbayerische Linie einmal aussterben sollte, jede weitere katholische Linie der Wittelsbacher vor den protestantischen Familienzweigen aus der Pfalz Zugriff auf Bayern hätte.

Um seinem Glauben Ausdruck zu verleihen, baute Albrecht V. Kirchen, wo er nur konnte. Daneben war dieser Herrscher fasziniert von Büchern und Handschriften, man würde ihn wohl heute als »Bücherwurm« bezeichnen. Wo immer Bücher angeboten wurden, griff Albrecht zu: den Nachlass des Hartman Schedel, Schöpfer der großartigen Schedelschen Weltchronik, zehntausende Bände der Sammlung des Johann Jakob Fugger. Er besaß bald eine so umfangreiche Bibliothek, dass er an seine Residenz anbauen musste. So entstand in der Münchner Residenz die großartige Raumschöpfung des Antiquariums, nicht zu verwechseln mit einem Aquarium.

Dieser Raum gibt auch heute noch Zeugnis, welchen Kunstverstand die Wittelsbacher hatten. Herrscher und Staatsgäste werden im prunkvollen Ambiente des Antiquariums als Gäste der bayerischen Staatsregierung wahrhaft fürstlich bewirtet.

Vom Herzogtum zum Kurfürstentum: Der Dreißigjährige Krieg

Der Sohn Albrechts V., Herzog Wilhelm V., auch »der Fromme« genannt, regierte von 1579 bis 1597, dann hatte er keine Lust mehr. Er entschied sich dafür, den Rest seines Lebens lieber gemütlich betend zu verbringen, als ständig regieren und herrschen zu müssen. Auf seinem Alterssitz, der Schwaige Schleißheim, ließ er neun Kapellen bauen, als Sinnbild für die neun Hauptkirchen Roms.

Wilhelm übergab die Herrschergewalt an seinen Sohn Maximilian, der ein sehr machtbewusster und katholischer Herrscher werden sollte, indem er sich im dreißigjährigen Krieg, der Millionen von Menschen ins Unglück stürzte, besonders »verdient« machte.

Sein pfälzischer Verwandter Friedrich V. wurde zum König von Böhmen gewählt, die übergangenen Habsburger marschierten und so brach der dreißigjährige Krieg aus. Auch Familienbande zählten in diesem Krieg nichts mehr: Die altbayerisch-katholische Linie der Wittelsbacher kämpfte gegen ihre protestantische Verwandtschaft aus der Pfalz. Maximilian stand an der Spitze der Bewegung der katholischen Liga, während Kurfürst Friedrich V. von der Pfalz die Truppen der protestantischen Union leitete.

Friedrich hatte diesen Krieg nicht gewollt und auch die militärische »Fortune« war ihm nicht vergönnt. Er musste nach Holland fliehen.

Weil er nur einen Winter regierte, ist Friedrich V. von der Pfalz auch als der »Winterkönig« bekannt.

Maximilian, der Münchner, eroberte unterdessen Heidelberg und machte die dortige Bibliothek Papst Gregor XV. zum Geschenk.

Die Schweden treten auf den Plan

Die deutschen Protestanten riefen nach den letzten Niederlagen Gustav Adolf von Schweden zu Hilfe. Und er kam! Die schwedischen Truppen marschierten durch Deutschland, eroberten Stadt für Stadt und am 17. Mai 1632 zog Gustav Adolf in München ein. Mit gutem Grund nennt man den Vormarsch der Schweden den »Schwedensturm«. Der Schwedenkönig war vom Kunstsinn der bayerischen Herrscher derart begeistert, dass er am liebsten die Residenz auf Rollen gestellt und nach Stockholm transportiert hätte. Er begnügte sich dann aber doch mit einigen kostbaren Stücken, die nach Hause geschickt wurden.

Der Pfälzer Kurfürst Friedrich dagegen, der im Gefolge der Eroberer nach München einzog, rührte von den Reichtümern seiner Verwandtschaft nichts an.

Maximilian aber wollte Rache und griff die Schweden an, wo er nur konnte. Zu einer Entscheidungsschlacht aber kam es nicht mehr. Der eigenwillige Heerführer der Liga, Wallenstein, wandte sich lieber nach Sachsen, wo die Schweden zwar siegten, aber ihren König in der Schlacht verloren. Das bayerische Kapitel war erst einmal erledigt.

Friedrich V., der friedliebende »Winterkönig«, starb kurz darauf im jungen Alter von nur 36 Jahren.

Schon 1623 wurde aus Herzog Maximilian der Kurfürst Maximilian I. Er erhielt die Kurwürde seiner pfälzischen Verwandtschaft. Die Kurwürde der Pfalz wurde nach dem Krieg wieder hergestellt und so gab es ab 1648 acht Kurfürsten. 1636 kam in München Maximilians Sohn, Ferdinand Maria, zur Welt. Die Thronfolge der Kurfürsten war gesichert.

Von der Renaissance zum Barock

Als Ferdinand Maria 1651, nach dem Tod von Maximilian, den Thron bestieg, musste zunächst einmal aufgeräumt werden. Der Dreißigjährige Krieg, der erst vor drei Jahren beendet worden war, hatte verheerenden Spuren in Deutschland und Bayern hinterlassen.

Ferdinand Maria war der richtige Mann für diese Aufgabe – nicht so machtlüstern wie sein Vater.

Lange ließ ein Thronfolger auf sich warten. Als er 1662 endlich geboren wurde, war die Freude so groß, dass als Dank dafür die Theatinerkirche gegenüber der Residenz erbaut wurde.

Ferdinand Marias Sohn Max Emanuel hatte große Ambitionen: Er wollte Kaiser werden!

Um schon einmal zu üben, wie das so wäre, wenn man kaiserliche Pracht entfalten würde, ließ er in der Residenz prunkvolle Räume gestalten. Auch die Schlossbauten in Nymphenburg und Schleißheim wurden in Angriff genommen. Als Feldherr glänzte Max Emanuel, als er die Habsburger bei ihrer Schlacht gegen die Türken vor Wien unterstützte. Die gefangen genommenen Türken mussten in Bayern als Sänftenträger und Kanalbauer arbeiten. Seine Schlösser in Nymphenburg, Schleißheim und Dachau ließ er mit einem groß angelegten Kanalsystem verbinden. Mit Prunkbarken und -kähnen konnte man somit die Schlösser auch auf dem »Seeweg« ansteuern.

Zur Gemahlin nahm er sich eine Tochter des Kaisers. Wenn der Kaiser endlich sterben würde, käme man an ihm als neuen Kaiser des Heiligen Römischen Reichs Deutscher Nation nicht vorbei, dachte sich Max Emanuel im stillen Kämmerlein. Max Emanuel spekulierte auf das »Spanische Erbe«, d.h. Spanien und die kompletten lateinamerikanischen Besitzungen. Bayern wäre zu einem Reich geworden, in dem »die Sonne nicht untergeht«. Diese Pläne zerschlugen sich aber: Max Emanuel erhielt als Trost nur die spanischen Niederlande zur Statthalterschaft.

Spätestens mit dem Spanischen Erbfolgekrieg war der große Traum des Max Emanuel endgültig ausgeträumt. Er musste fliehen, da die Österreicher Bayern besetzten. In Brüssel machte er sich das Leben recht angenehm, während seine treuen Bayern in der »Sendlinger Mordweihnacht« 1705 einen Aufstand gegen die verhassten Besatzer wagten. Der Aufstand wurde blutig niedergeschlagen.

Erst 1715 konnte Max Emanuel nach Bayern zurückkehren, in ein von den Besatzern geschundenes und wirtschaftlich ausgeblutetes Land. In Schloss Schleißheim ist auf einem Gemälde die »Ruhmreiche Rückkehr« des Kurfürsten verewigt. Nicht nur Papier ist geduldig, Leinwand auch, denn diese glorreiche Szene fand so nie statt – bestenfalls in den Träumen Max Emanuels und seines Hofmalers Joseph Vivien.

In den letzten Lebensjahren widmete sich Max Emanuel seinen Schlossbauten, die nun einige Nummern kleiner ausfallen mussten, weil sich ja seine großen Pläne zerschlagen hatten. Verwunden hat Max Emanuel diese Niederlagen nicht. Er war ein gebrochener Mann.

Bayern im Rokoko

Als Max Emanuel 1726 starb, folgte ihm sein damals 28-jähriger Sohn Karl Albrecht als Kurfürst nach. Da er die großen Niederlagen seines Vaters hautnah miterlebt hatte, widmete er sich zunächst der Regierungspolitik in Bayern. Großartige Ambitionen besaß er nicht. Auch in der Architektur spielte er lieber leisere Töne. Ein»Super-Versailles« wollte er nicht bauen. Vielmehr ergänzte er den Nymphenburger Schlosspark um die nach seiner Frau Amalie benannte »Amalienburg«. Dieser leichte und beschwingte Bau stellt einen Höhepunkt der Rokoko-Architektur in Bayern dar. Das Schlösschen wurde gern und viel genutzt, vor allem zur Jagd. Auf dem Dach war eine Terrasse angelegt, auf der sich die Jagdgesellschaft versammelte und das vor die Flinte getriebene Wild erlegte.

Die politische Großwetterlage in Deutschland verdüsterte sich bald: 1740 starb Kaiser Karl VI. von Österreich, ohne einen männlichen Thronerben zu hinterlassen. Maria Theresia, die Tochter des Kaisers, erbte die Hausmacht der Habsburger. Aber Karl Albrecht wollte nicht akzeptieren, dass eine Frau den österreichischen Thron bestieg und meldete, da man ja irgendwie untereinander verwandt war, Erbansprüche an. Um diese Ansprüche deutlich zu machen, marschierte die Armee der Bayern in Böhmen ein. Die Österreicher antworteten mit der Besetzung Bayerns – wieder einmal. Karl Albrecht musste fliehen.

In Frankfurt am Main wurde der Kurfürst von Bayern im Januar 1742 zum römisch-deutschen Kaiser gekrönt. Maria Theresia fiel als Kandidatin aus, weil nur Männer Kaiser werden konnten. Nach Bayern konnte er zunächst nicht zurückkehren. So lebte er in Frankfurt, zwar mit dem Titel eines römischen Kaisers ausgestattet, aber fernab der Heimat.

Die Kaiser des Heiligen Römischen Reichs Deutscher Nation waren offiziell römische, nicht deutsche, Kaiser. Die Gründe hierfür liegen im Charakter des Reichs und dem Anspruchsdenken der Kaiser.

Im Oktober 1744 konnte Karl Albrecht endlich nach München zurückkehren. Im Januar 1745 starb er im Alter von nur 48 Jahren.

Seinem Sohn, Kurfürst Max III. Joseph, fiel nun die Aufgabe zu, die Hinterlassenschaften seiner Vorfahren zu ordnen. Er machte Frieden mit den Österreichern, indem er auf Ansprüche auf das österreichische Erbe für immer verzichtete.

Mit dieser Aktion machte sich Max III. Joseph in Bayern sehr beliebt. Er bekam den Beinamen »Der vielgeliebte Kurfürst«, was sich keinesfalls nur auf die Damenwelt beschränkte. Auch für seine Bürger sorgte der Kurfürst: Alle Bürger wurden gegen die Pockenkrankheit geimpft – alle Bürger außer einem, dem Kurfürsten. Er fürchtete sich vor der großen Spritze zu sehr. Ein tödlicher Fehler! Am 30. Dezember 1777 starb Max III. Joseph an den Pocken, das war wohl die Ironie des Schicksals. Mit ihm starb die so genannte altbayerische Linie der Wittelsbacher aus. Wie sollte es nun weitergehen?

Pfälzer in Bayern

Glücklicherweise verfügte die Familie Wittelsbach über weitere Linien. Karl Theodor, der Kurfürst der pfälzischen Linie Sulzbach, wurde Kurfürst von Pfalz-Bayern. Glücklich war er darüber nicht. »Nun sind deine guten Tage vorbei«, dachte er bei der Nachricht, dass sein bayerischer Vetter gestorben war.

Die »guten Tage« hatte Karl Theodor in Mannheim gehabt. Er gebot über einen wunderschönen Landstrich, hatte mit dem Residenzschloss in Mannheim eine für die damalige Zeit moderne Schlossanlage und in Schwetzingen einen der modernsten Landschaftsparks.

Er betätigte sich auch als Mäzen. Mozart gab in der Kurpfalz Konzerte, Voltaire machte dort Station, als er sich mit Friedrich II. von Preußen zerstritten hatte. Neben der Kunst förderte Karl Theodor auch die Wissenschaft. Mannheim war zu jener Zeit einer der modernsten und am besten geführten Höfe in Deutschland. Das Volk schätzte seinen Landesherrn und der konnte mit sich, seiner Regierungsarbeit und seinen Landeskindern recht zufrieden sein.

Nun musste Karl Theodor ins kalte München, in die verwinkelte, »verzopfte« und veraltete Residenz einziehen, um das Erbe anzutreten.

Karl Theodor hatte aber andere Pläne: Er erwog, Bayern den Österreichern zu schenken und dafür die österreichischen Niederlande zu erhalten, genau genommen wollte er also tauschen. Diese hätte er dann mit seinen pfälzischen und niederrheinischen Gebieten zu einem Königreich Burgund vereint. Die Österreicher waren dieser Idee sehr zugetan.

Die Bayern waren aber über dieses Ansinnen ihres neuen Landesherren gar nicht erbaut und taten das, was man einem echten Bayern nicht ohne weiteres zutrauen würde: Sie wandten sich hilfesuchend an die Preußen. Friedrich II. von Preußen wollte nicht, dass sich seine österreichischen Konkurrenten ein neues Gebiet einverleibten. Und so kam es zum »Bayerischen Erbfolgekrieg«, der auch »Kartoffelkrieg« oder »Zwetschgenrummel« genannt wurde, da die Kampfhandlungen glücklicherweise weitgehend unblutig verliefen, der Schaden, den die Landwirtschaft durch zertrampelte Felder erlitt, aber sehr groß war.

Karl Theodor resignierte und gab seine Pläne auf. Aber die Herzen der Bayern konnte er nicht mehr gewinnen. Er widmete sich in München nun wieder der Förderung von Kunst und Wissenschaft, legte den bis heute beliebten Englischen Garten an und führte viele Reformen in Wirtschaft, Militär und Sozialwesen durch.

Nicht nur Karl Theodor und die Münchner waren unglücklich, seine Untertanen in der Kurpfalz waren es auch. Es ist überliefert, dass Mütter ihre Säuglinge dem Kurfürsten entgegenstreckten und seiner Kutsche nachrannten, um ihn doch noch zu bewegen, in Mannheim zu bleiben.

Allerdings zerstritt er sich immer wieder mit den bockigen Münchnern, von deren Stadträten er einmal verlangte, dass sie wegen einer Verärgerung des Herrschers vor seinem leeren Stuhl auf Knien Abbitte leisten sollten. Ein anderes Mal zog er sich beleidigt in sein viel schöneres Schloss in Mannheim zurück. Man »mobbte« sich, wo es nur ging.

Alles in allem dürfte Karl Theodor aber insgeheim recht froh gewesen sein, in München eine Residenz zu haben. Denn in Frankreich machte sich Unruhe breit: 1789 brach die blutige Revolution aus. Da war es besser, wenn man nicht so nahe am Ort des Geschehens war. 1799 starb Karl Theodor und wieder war eine weitere Linie der Wittelsbacher ausgestorben, weil auch er keine erbberechtigten Kinder hinterlassen hatte. So kam eine neue Seitenlinie unter Max Joseph, der sich fortan Kurfürst Maximilian IV. Joseph nannte, an die Regierung.

Ludwigs Vorgänger als Könige

Maximilian wurde in München herzlich empfangen. Die Münchner Bevölkerung rief ihm freudig entgegen: »Weils D' nur grad da bist Maxl!« Man hatte nicht vergessen, dass der letzte Wittelsbacher, der aus der Pfalz gekommen war, Bayern am liebsten gleich an Österreich verscherbelt hätte.

Max war aber ein ganz anderer Typ Herrscher. Er war sehr volksnah und ging leutselig auf seine Bürger zu. Das verschaffte ihm viel Respekt und Ansehen in der Bevölkerung.

Napoleon ordnet Europa neu

Das 19. Jahrhundert begann mit großen Umwälzungen in Europa. Napoleon machte sich daran, von Frankreich aus den Kontinent neu zu ordnen.

Bayern konnte diesen Entwicklungen nicht entgehen, so gern es auch die Herrscher gesehen hätten. Sehr früh verlor Bayern das linke Rheinufer an Frankreich. Das war ein schmerzlicher Verlust, gerade für Max IV. Joseph, da Stammland der Familie verloren ging. Natürlich wurde Maximilian für diese Verluste entschädigt. Er und sein leitender Minister Monteglas hatten sich beizeiten mit dem neuen starken Mann verständigt. So fielen zwischen 1803 und 1815 einige fränkischen Gebieten an.

Am 1. Januar 1806 war es dann so weit: Aus Kurfürst Maximilian IV. Joseph wurde König Maximilian I. Joseph. Im Zuge der Operation »Neugestaltung Europas« hatte Napoleon einige Kurfürsten und andere Herrschergeschlechter in Deutschland zu Königen befördert.

Der Mann, der Napoleon töten wollte

Maximilian hatte ein großes Problem mit seiner Familie. Die entschiedensten Gegner von Napoleon waren seine Gemahlin Karoline Friederike Wilhelmine und sein Sohn Ludwig. Sohn und Stiefmutter korrespondierten eifrig und schimpften wild auf den französischen Emporkömmling. Ludwig berichtete von seinen Erfahrungen bei den Schlachten Napoleons, den er begleiten musste. Maximilian war in Sorge, dass die Briefe von den Geheimdiensten gelesen würden und seine Frau und sein Sohn Repressalien zu befürchten hätten. Trotzdem stand er weiterhin an der Seite Napoleons, sogar als Ludwig in einen Brief schrieb, dass er sich mit dem Gedanken trage, Napoleon bei einer günstigen Gelegenheit zu ermorden. Diese kam aber nicht und es blieb beim Wollen.

Allerdings, die Geschichte ist bekannt, verspielte Napoleon seine Macht und verabschiedete sich, nicht ganz freiwillig, von der Bühne in Richtung Elba. Dank der Schlauheit von Maximilians Minister Montgelas hatte man sich rechtzeitig von Napoleon gelöst und auf die Seite der Sieger gestellt. Beim Wiener Kongress 1815 erreichten die Bayern, dass sie die fränkischen Gebiete behalten durften. Die rechtsrheinische Pfalz allerdings konnte man nicht mehr zurückerlangen. Die Gebiete um Mannheim und Heidelberg, die so lange von Wittelsbachern mit guter Hand regiert wurden, waren für immer verloren. Das war zwar einerseits ärgerlich, aber andererseits war dieses Gebiet hoch verschuldet, als es an Baden fiel, und so hatte man ein Problem weniger.

Im Inneren agierten Max und Montgelas als erfolgreiche Reformer des Staates. Aus dem verzopft-verkrusteten Staat des Rokoko wurde ein modernes Königreich. Das ging nicht ohne Härten ab. Mit der Säkularisation verschafften sich die beiden finanzielle Mittel aus dem

Eigentum der Kirche, Klöster wurden aufgelöst, Kunstgegenstände zu Geld gemacht oder in die staatlichen Museen übernommen.

Bei der Vielzahl weiterer Reformen wird deutlich, dass Montgelas zu großen Teilen die Reformen, die Hardenberg in Preußen durchführte, für Bayern einfach adaptierte. Warum sollte man sich den Kopf zerbrechen, wenn die Preußen vorgemacht hatten, wie es geht? Am 26. Mai 1818 erhielt Bayern als einer der ersten deutschen Staaten eine Verfassung. Das Zwei-Kammern-Prinzip von Landtag und Reichsrat wurde eingeführt.

Die Regierungszeit von Max I., die in so stürmische Zeiten fiel, gilt als eine der Erfolgreichsten der bayerischen Geschichte.

Ludwig I. der Hellene

Schon als Kronprinz hat Ludwig seinen Vater bei der Regierungsarbeit unterstützt. Allerdings interessierte er sich mehr für Architektur. Aus dem verschachtelten und verstaubten München sollte endlich eine vorzeigbare Residenzstadt mit Palästen, Museen und Prachtboulevards werden.

Für die Museen, die noch gar nicht gebaut waren, kaufte er griechische Statuen, römische Vasen, Malereien des Barock und vieles mehr.

Seine bevorzugten Architekten Klenze und Gärtner forderte er auf, Bauten im klassizistischen Stil zu entwerfen. Mit dem Königsplatz und der Brienner Straße wurde die Stadt in Richtung Westen geöffnet, mit der Ludwigstraße in Richtung Norden.

Als Maximilian I. 1825 überraschend starb, war der Kronprinz gut vorbereitet auf die Regierung. Wenn man Maximilian als leutselig-netten Monarchen beschreiben kann, so war Ludwig I. eher feurig-dynamisch. Ludwig wollte, »dass endlich was läuft«, als er den Thron bestieg.

Unablässig durchreiste der König auch seine bayerischen Lande und setzte dort Zeichen seines architektonischen Tatendrangs:

- ✔ Die Befreiungshalle in Kehlheim sollte, malerisch oberhalb der Donau gelegen, an die Befreiung von Napoleon erinnern.
- ✔ Die Walhalla bei Regenstauf, auch hoch über der Donau, versammelte Statuen der bedeutenden deutschen Dichter und Denker.
- ✔ In Aschaffenburg baute sich Ludwig mit dem Pompeijanum ein Sommerhäuschen, das er oft und gerne besuchte.
- ✔ In der bayerischen Pfalz, also dem Teil, der den Wittelsbachern noch geblieben war, baute er sich in Edenkoben die Villa Ludwigshöhe.

Wittelsbacher international

Als der griechische Thron zu vergeben war, platzierte er dort seinen zweitgeborenen Sohn Otto als König von Griechenland. Den anderen Mächten, die in Griechenland ihre Interessen verfolgten, kam der junge Wittelsbacher gerade recht, weil er keine Bedrohung für sie darstellte und seine Schutzmacht Bayern im internationalen Geschäft nicht ernst genommen wurde.

Ludwig sandte zusammen mit seinem Sohn viele bayerische Beamte als Berater nach Griechenland. Das griechische Staatswesen wurde modernisiert und Ludwig I. mischte kräftig mit.

Das 19. Jahrhundert: Restauration und Aufbruch

Bayern machte sich unter Ludwig I. auf den Weg in die Moderne. Aus dem Agrarstaat wurde langsam auch ein Industriestaat. Fabriken entstanden in Nürnberg, Schweinfurt und Hof, in Augsburg und Kempten.

In die Regierungszeit von Ludwig I. fällt auch die Fahrt der ersten Eisenbahn von Nürnberg nach Fürth, 1835. Die Arbeit am Ludwig-Donau-Main-Kanal ging zügig voran. Ein Projekt, mit dem Ludwig I. in die Fußstapfen Karls des Großen trat, der ebenfalls eine Verbindung zwischen den Flusssystemen Main und Donau herstellen wollte.

Mit all seinen Projekten war Ludwig aber noch nicht ausgelastet. Er dichtete, reiste, stellte den Frauen nach und war natürlich der Kunstkritiker Nummer eins in seinem Land. Er muss ein recht umtriebiger Zeitgenosse gewesen sein, der König von Bayern. Die Bürger aber mochten ihn, da sie sahen, dass er sich für die Weiterentwicklung der Gesellschaft einsetzte.

Selbstverständlich war Ludwig für seine Umgebung auch anstrengend: Was er sich selbst abverlangte, erwartete er auch von seinen Ministern und Beamten. Mit diesen stritt er sich oft und gerne. Schließlich sah er sich als einen König von Gottes Gnaden, der sich schon ein bisschen mehr herausnehmen durfte als irgendwer. Die Minister verfolgten ihre eigenen Interessen, konnten den König in seiner ganzen Dynamik aber nie so recht in seine Schranken weisen. Also warteten sie ab, irgendwann würde auch dieser erfolgreiche und dynamische Herrscher einen Fehler machen, den man nutzen konnte, um ihn zur Räson zu bringen.

Und Ludwig tat seinen Ministern diesen Gefallen. Im Jahr 1846 verliebte er sich Hals über Kopf in die spanische Tänzerin Lola Montez. Er machte sie zur Gräfin, überhäufte sie mit Geschenken und vielen Gunstbezeugungen. Gefährlich wurde es, als Lola ihm Tipps und Ratschläge für seine Regierungsarbeit zu geben begann. Heißsporn Ludwig, damals immerhin schon 60 Jahre alt, hörte auf die Dame und geriet dadurch in Konflikt mit seiner Regierung.

Die Münchner Bevölkerung bekam natürlich auch mit, was da geschah, und ging auf die Straße, um gegen die Liebschaft zu protestieren. Ludwig ließ das Militär aufmarschieren, die Universität schließen. Aber die revolutionäre Stimmung war nicht mehr einzudämmen. So verbannte Ludwig Lola schweren Herzens. Aber auch er zog Konsequenzen: Er verzichtete zugunsten seines Sohnes Maximilian auf den Thron.

Seinem Beichtvater hat er die Geschichte natürlich etwas anders erzählt: »Man hat mich zum Schreiber und nicht einmal zum Oberschreiber, sondern nur zum Unterschreiber degradieren wollen. Dafür dankte ich ab.«

Am 19. März 1848 dankte Ludwig I. ab. Sein Sohn Maximilian wurde zu König Maximilian II. Joseph, sein Enkel, der am 25. August 1845 in Nymphenburg geborene Erbprinz Ludwig wurde zum Kronprinzen.

Der traurige Kronprinz (1845 - 1863)

3

In diesem Kapitel

- Das Geheimnis um Ludwigs Geburt
- Schloss Nymphenburg, das Sommerschloss der Wittelsbacher
- Ist Ludwig gar kein Bayer?
- Die Eltern Ludwigs
- Schloss Hohenschwangau, ein Ort früher Prägungen für Ludwig
- Das Erweckungserlebnis: Lohengrin
- Die Erziehung der Brüder Ludwig und Otto
- Eine bedeutungsvolle Begegnung

»Ein ewiges Rätsel bleiben will ich mir und anderen.« Diesen Satz soll König Ludwig II. von Bayern einmal gesagt haben. Und wenn man auf sein Leben blickt, wird man feststellen, dass er sein Lebensziel erreicht hat. Über nur wenige Herrscher wurde so viel geschrieben, gedichtet, gemutmaßt, geforscht und geheimnist wie über Ludwig II.

Und schon lange bevor Ludwig diesen Satz gesagt hatte, begann er an seiner Legende zu arbeiten. Damals allerdings noch eher unbeabsichtigt. Am 25. August 1845 erschütterten nicht nur die Schreie eines Neugeborenen nachts um 0.30 Uhr das Schloss Nymphenburg. Auch 101 Kanonenschüsse kündeten in der königlich-bayerischen Residenzstadt München davon, dass ein Prinz zur Welt gekommen war. Nun begann das erste Rätsel in diesem rätselhaften Leben. So wollten einige Beteiligte wissen, dass der Knabe schon einige Tage früher zur Welt gekommen war. Auf jeden Fall nicht am 25. August. Da dieser Tag aber der Geburtstag und Namenstag seines Großvaters, des amtierenden König Ludwig I. von Bayern, war, wollte man dem alten Herrn, der an diesem Tag seinen 59. Geburtstag beging, eine Freude machen. Der Opa, 1786 in Straßburg zur Welt gekommen, will gar zur selben Stunde damals das Licht der Welt erblickt haben. Und einer seiner Taufpaten war der französische König Ludwig XVI. Gerade diese Beziehungsachse, Ludwig II. von Bayern – Ludwig I. von Bayern – Ludwig XVI. von Frankreich, soll uns an anderer Stelle in diesem Buch noch einmal beschäftigen.

Wer ist Ludwigs Vater?

Wie auch heute noch, stellte man sich damals die Frage, wer denn der Vater des kleinen Ludwig sei. Maximilian II. galt als kränklich und schwächlich. Konnte er überhaupt der Vater des Nachwuchses der stolzen Dynastie sein? Zudem wurde gemunkelt, Max hätte sich in seinen Jugendjahren eine böse Geschlechtskrankheit zugezogen, die ihn zeugungsunfähig gemacht habe. Als potenzieller Vater wurde der damalige Ludwig Freiherr von und zu der Tann-Rathsamhausen genannt. Dieser 1815 in Franken geborene Adelige machte Karriere bei der bayerischen Armee und wurde aufgrund seiner Erfolge beim Krieg um Schleswig-Holstein in einem Atemzug mit den großen Heerführern der bayerischen Geschichte, Tilly und Wrede, genannt.

Pater semper incertus, (Der Vater ist immer unsicher) pflegten die alten Römer zu sagen. Schließlich gab es damals keine Vaterschaftstests. Deshalb kamen Gerüchte über »Kuckuckskinder« im Hochadel auch mit einer gewissen Regelmäßigkeit auf und das nicht nur in Bayern. Da sich in einer Monarchie die Herrschaft vererbt, waren solche Gerüchte politisch brisant. Eine amüsante Variante dessen ist die Behauptung, dass die Mutter gar nicht die echte Mutter sei. Besonders gern gestreut, wenn die Königin schon etwas älter war. So entband die Mutter des Staufers Kaiser Friedrich II., sie war damals um die 40, bewusst möglichst öffentlich, um etwaige Unterstellungen zu vermeiden: Es war für die Katz, Gerüchte waren trotzdem bald im Umlauf.

Von der Tann war Flügeladjutant des Kronprinzen Maximilian und damit in der unmittelbaren Nähe der Kronprinzessin Marie. Nachdem diese 1843 eine Fehlgeburt erlitten hatte, könnte es sich so zugetragen haben, dass Max seinen Freund von der Tann bat, ihm die Pflicht, einen Thronfolger zu zeugen, abzunehmen. Bewiesen ist damit natürlich gar nichts. Es gibt nur zu denken, dass Ludwig II. das 11. Infanterieregiment nach dem Baron von der Tann benannte. Dies war insofern ungewöhnlich, als Regimenter in der Regel nach Königen oder Mitgliedern des regierenden Hochadels benannt wurden.

Es ist also nicht anzunehmen, dass die Kronprinzessin Marie sich von dem militärischen Schwerenöter von der Tann hat verführen lassen, sondern eher, dass dieser, seiner militärischen Pflicht gehorchend, seinem zukünftigen Landesherrn aus einer schwierigen Situation geholfen hat.

Und da wir gerade dabei sind, in trüben Gewässern herumzustochern, sei noch ein anderes Gerücht um den Vater Ludwigs II. hier erwähnt. Einer Erzählung zufolge kam als Vater Ludwigs auch der Hofkellermeister und Kammerdiener Joseph Tambosi infrage. Von diesem heißt es, dass er bei der mit Wein betrunken und bewusstlos gemachten Marie die Pflicht der Zeugung eines Thronfolgers übernommen haben könnte, weil Maximilian dazu nicht imstande gewesen sei.

Wie so oft bei Ludwig gilt aber auch hier: Nichts Genaues weiß man nicht. Die Wahrheit bleibt letztendlich im Dunkel. Nur eine Sargöffnung könnte das Rätsel seines Todes lösen helfen. Und wenn der Sarg schon geöffnet wird, könnte man gleich auch eine Genanalyse durchführen, um auch dieses Gerücht letztlich aus der Welt zu schaffen.

Während der Geburt war allerhand los im Geburtszimmer: Wie sich Ludwigs Mutter später erinnerte, waren nicht nur sie, der Arzt und die Hebamme im Zimmer, sondern auch der Vater Maximilian, dessen Eltern, die Tante von Leuchtenberg sowie Onkel und Tante Eduard. Und vielleicht hat sie sogar, weil sie ja mit etwas anderem beschäftigt war, sogar den einen oder anderen Zuschauer übersehen.

Schloss Nymphenburg, die Sommerresidenz der Wittelsbacher

Im Sommer befand sich die königliche Familie sozusagen im Urlaub und diesen verbrachte sie in der königlichen Sommerresidenz Schloss Nymphenburg. Heute ist Nymphenburg ein Stadtteil von München und vom Stadtzentrum aus mit U-Bahn und Bus in wenigen Minuten zu erreichen. Damals benötigte man noch eineinhalb Stunden mit der Kutsche, um von der königlichen Residenz in der Hauptstadt zur königlichen Sommerresidenz zu gelangen. Das war weit genug weg, um Urlaubsstimmung aufkommen zu lassen, aber nahe genug, um im Notfall doch schnell die Regierungsgewalt ausüben zu können.

Schloss Nymphenburg ist eines der wichtigen und alten Schlösser der Familie Wittelsbach. Kurfürst Ferdinand Maria war seinerzeit so froh und dankbar, dass seine Frau den lang ersehnten Thronfolger gebar, dass er ihr das damals noch sehr kleine Anwesen in Nymphenburg zum Geschenk machte. Henriette Adelaide von Savoyen, die stolze, aus italienischem Hochadel stammende Mutter, machte sich gleich daran, ein kleines Schlösschen im italienischen Stil zu errichten, um dort ihre Freizeit zu verbringen. Ihr Sohn Max Emanuel hatte mit der Anlage dann weit Größeres im Sinn. Mit dem Anspruch, ein Großer unter den europäischen Herrschern zu werden, ließ er das Schloss um fünf Pavillons, links und rechts des Hauptgebäudes, erweitern, die für sein Repräsentationsbedürfnis notwendig waren. Er ließ auch den großen Barockgarten vom Le-Notre-Schüler Carbonet anlegen und die Parkschlösschen

- ✔ Pagodenburg, ein achteckiges Lustschlösschen mit einem kreuzförmigen Grundriss, der angeblich vom Kurfürsten selbst stammte,
- ✔ Badenburg, ein Badeschlösschen mit einem großen Becken, in dem sich die Hofgesellschaft ihren Spielchen hingeben konnte, und
- ✔ Magdalenenklause, eine zur inneren Einkehr genutzte künstliche Ruine als Symbol der weltlichen Vergänglichkeit,

errichten.

Der Sohn Max Emanuels, Karl Albrecht, ließ das Lustschlösschen Amalienburg von 1734 bis 1739 erbauen. Gerade dieses kleine Gebäude ist einer der Höhepunkte in der süddeutschen Rokoko-Architektur seiner Zeit. Für Ludwig II. diente die Amalienburg später auch als Vorlage für eine Planung in Schloss Linderhof. Doch darüber später mehr.

Mit einer Gesamtbreite von 685 Metern war Schloss Nymphenburg seinerzeit eines der größten Barockschlösser in Deutschland. Ein Hof von circa 1.000 Menschen konnte in der Schlossanlage untergebracht werden.

Ludwig II. hatte für sein Geburtsschloss nie besonders viel übrig. Längere Aufenthalte während seiner Regierungszeit sind nicht überliefert. Er war lieber in seinen eigenen Schlössern im Voralpenland und in den Bergen. Schloss Nymphenburg überließ er der Verwandtschaft. Auch heute noch leben in einigen Seitenflügeln des Schlosses Mitglieder der Familie Wittelsbach.

Nicht nur der genaue Geburtstag Ludwigs II. gibt Rätsel auf, sondern auch seine Taufe. In den ersten Tagen soll das Baby Otto genannt worden sein, nach seinem Taufpaten Otto, König von Griechenland und Onkel Ludwigs. Da es aber der Wunsch seines Großvaters Ludwig I. war, besann man sich anders und nannte den Knaben fortan

- ✔ Ludwig (wie schon erwähnt nach seinem Taufpaten und Großvater Ludwig I.),
- ✔ Otto (nach seinem zweiten Taufpaten, König Otto von Griechenland),
- ✔ Friedrich Wilhelm (nach seinem dritten Taufpaten, dem König Friedrich Wilhelm IV. von Preußen, dem Bruder seiner Mutter).

Die Freude über die Geburt des königlichen Prinzen war groß. Schließlich waren Maximilian und Marie schon drei Jahre verheiratet, ehe der Nachwuchs kam. Zwei Jahre zuvor hatte die Prinzessin eine Fehlgeburt erlitten. Und im Volk war man etwas nervös geworden, man sorgte sich um die Thronfolge. Das war damals nicht anders als heute: Bekommt eine Prinzessin nicht spätestens neun Monate nach der Hochzeit einen kleinen Prinzen oder eine kleine Prinzessin, beginnt die Presse zu spekulieren und das Volk zu munkeln.

Als Baby und auch als junger Prinz war Ludwig schwächlich und häufig krank. 1846 starb seine Amme überraschend und der Säugling musste entwöhnt werden, was ihm gar nicht gut bekam. Fast wäre der Säugling damals gestorben, aber er erholte sich.

1848 wurde Ludwigs Bruder Otto geboren. Die Dynastie der Wittelsbacher konnte mit zwei potenziellen Thronfolgern getrost in die Zukunft blicken.

Der Rücktritt Ludwigs I. – Opa ist gestürzt

Zwischenzeitlich hatte Ludwig I. abgedankt und sein Sohn hatte als König Maximilian II. den Thron bestiegen. Ludwig I. hatte sich in seinen letzten Jahren als König zu weit von seinem Volk entfernt und einen selbstherrlichen Führungsstil an den Tag gelegt. Die Liebesaffäre mit der Tänzerin Lola Montez war dann der Tropfen, der das Fass zum Überlaufen brachte. Als er sogar die Universität auf Lolas Wunsch schloss, um die aufmüpfigen Studenten zu bestrafen, war das Maß voll. Der Druck auf ihn und seine Regierung war so groß, dass er zurücktreten musste, bevor gar noch Blut vergossen würde.

König Maximilian II. von Bayern, der neue König

Maximilian war ein ganz anderer Typ Herrscher. Eher schüchtern, wenig leutselig und immer etwas abgehoben. Es kommt ja nicht selten vor, dass die Söhne sehr extrovertierter Väter zur Introvertiertheit neigen. Max verkehrte gern mit Gelehrten und Künstlern in kleinen Runden. Um aus Bayern einen Kultur- und Bildungsstandort erster Klasse zu machen, holte er viele Wissenschaftler und Denker aus allen deutschen Staaten zusammen, die so genannten »Nordlichter«, weil sie aus Regionen kamen, die nördlich von Bayern lagen. In diesen Kreisen diskutierte und grübelte er gerne. Eine eigene Meinung gestattete er sich zumeist erst, wenn er alle, wirklich alle Gesichtspunkte und Standpunkte immer wieder durchdacht hatte. Das ist sehr löblich für einen Wissenschaftler, das Amt des Königs verlangt aber oft nach schnellen Entschlüssen und spontanen Entscheidungen. In problematischen Situationen muss rasch gehandelt werden. Das war nicht Maxens Welt.

Ein Zeugnis von Maxens Schwächen und Entscheidungsproblemen ist das Schlossprojekt in Feldafing am Starnberger See. In der Nähe der Roseninsel wollte sich Max ab 1851 ein neues Schloss bauen lassen. Fast 14 Jahre grübelte er darüber nach, als endlich das Fundament gelegt war und der Rohbau bis zum Keller aufgemauert war, starb er. Sogar seinen Beichtvater band er in die Entscheidungsfindung ein. Von ihm wollte er wissen, ob er dennoch in den Himmel kommen werde, wenn er sich zu seinem Vergnügen ein Schloss bauen ließe. Nachdem der Beichtvater ihm zugesichert hatte, dass dem lieben Gott wohl auch daran gelegen war, dass der König von Bayern in einem schönen Schlosse wohne, begannen die Bauarbeiten. Leider zu spät. Es ist absolut unvorstellbar, dass Ludwig I. oder Ludwig II. jemals solche grüblerischen Anwandlungen hatten. Als Ludwig II. nach dem Tod seines Vaters die Regierungsgeschäfte übernahm, ließ er die Fundamente des Rohbaues wieder einebnen. Ein Schloss, das er nicht geplant hatte, wollte er wohl auch nicht fertig bauen. Heute ist das Gelände ein wunderschöner Landschaftspark und Golfplatz, von dem man einen wunderbaren Blick auf den See und die Alpenkette hat.

Dennoch gelang es Max, sein Land voranzubringen. Die Wissenschaften und Wissenschaftler erfreuten sich hohen Ansehens. Bekannte Wissenschaftler wie zum Beispiel Justus von Liebig lehrten an der Münchner Universität, die sich dadurch Ruhm und Ansehen erwarb.

Ludwig II., König von Bayern - gar kein Bayer?

Eine Tatsache wollen wir in diesem frühen Stadium nicht aus den Augen verlieren: Ludwig II., der König von Bayern, war gar kein Bayer! Wie geht denn das? Mit dem Kurfürsten Maximilian III. Joseph starb im Jahre 1777 die so genannte Altbayerische Linie der Wittelsbacher aus. Maximilian III. Joseph hatte keine Kinder. Die Wittelsbacher Hausverträge sahen vor, dass beim Aussterben einer Linie ein anderer Seitenzweig der Linie das Erbe antritt. Nachfolger von Maximilian III. Joseph wurde damit 1777 Kurfürst Karl IV. Theodor aus der Linie Sulzbach. Als dieser 1799 überraschend verstarb, war die Not groß, da auch er keinen männlichen Nachkommen hatte. Was nun? Glücklicherweise fand sich noch eine weitere Seitenlinie der Wittelsbacher-Familie, der Stamm Birkenfeld-Bischweiler-Rappoltstein-Zweibrücken, so benannt nach den diversen kleinen Gütern, die diese Familie beherrschte. So gelangt mit Maximilian IV. Joseph 1799 eine ganz kleine und eigentlich unbedeutende Seitenlinie dieser Herrscherfamilie in den Landbesitz der Wittelsbacher. Maximilian IV. Joseph, der spätere König Maximilian I. von Bayern, war der Urgroßvater Ludwigs II. von Bayern. Aber wie wir gesehen haben, waren das eigentlich alles gar keine Bayern mehr, sondern Pfälzer, die nun die Geschicke des Königreichs Bayern leiten sollten. Man kann nun noch nachlegen, dass auch Ludwig nicht mal nur kein Bayer war, sondern auch, dass er ein halber Preuße war, denn seine Mutter stammte aus dem preußischen Herrscherhaus Hohenzollern.

Die Eltern Ludwigs II. von Bayern

Ludwig war der Spross zweier bedeutender Adelsfamilien. Väterlicherseits war er ein Wittelsbacher, ein Geschlecht, das seit fast 700 Jahren aktiv in der deutschen Politik mitmischte und mit Ludwig dem Bayer, Rupprecht III. Klemens sowie Karl Albrecht drei römisch-deutsche Kaiser bzw. Könige stellte. Mütterlicherseits war er mit dem Herrscherhaus der Hohenzollern verwandt. Diese Familie startete ihre Karriere erst deutlich nach den Wittelsbachern. Aber es gelang auch ihr, mit Brandenburg und Preußen einen bedeutenden deutschen Staat zu schaffen. Die Ironie an der Geschichte ist, dass Wittelsbacher Fürsten zwischen 1323 und 1373 sogar über das Kurfürstentum Brandenburg herrschten, zu einer Zeit also, als von den Hohenzollern weit und breit noch nichts zu sehen war.

Der Vater Maximilian

Als Ludwig I. von Bayern 1848 zurückgetreten war, wurde aus seinem Sohn Max König Maximilian II. von Bayern und Ludwig wurde mit drei Jahren Kronprinz. Maximilian war vom Typ her eher trocken und wissenschaftlich. Sein Lebenszweck war das Lernen. Das heute häufig benutzte Schlagwort vom »lebenslangen Lernen« wurde von Max gelebt. Und das tat er nicht als Selbstzweck, sondern vielmehr, um auch sein Volk zum Lernen zu ermuntern. Graf Lerchenfeld, ein bayerischer Diplomat, beschrieb Max als guten, parlamentarischen König, jedoch ohne eigene Ideen und ohne bemerkenswerten Willen. Sein Auftreten wirkte stets etwas steif und distanziert, worüber auch seine freundliche Art nicht hinwegtäuschen konnte.

Im Unterschied zu seinem vitalen und lebhaften Vater lagen ihm die großen Gesten und Auftritte gar nicht. Er wirkte lieber im kleinen Kreis und in den Zirkeln seiner Beamten und Berater. Während seiner gesamten Regierungszeit hatte er große Angst davor, wie sein Vater gestürzt zu werden.

Um ein Hauch von Süden nach München zu holen, legte er in der Residenz einen Wintergarten an, zwischen Königsbau der Residenz und dem angrenzenden Nationaltheater. Durch die Wechselwirkung der klassizistischen Strenge des Nationaltheaterbaus und der Renaissancefassade der königlichen Residenz mit der Glas- und Eisenkonstruktion des Wintergartens entstand ein interessanter architektonischer Kontrast. Hier, in einem mediterranen Klima mit exotischen Pflanzen, Springbrunnen und Vogelgezwitscher, hielt er sich häufig auf und erledigte dort auch einen Teil seiner Regierungsgeschäfte.

Maximilian war ein Mann, der sehr stark mit sich selbst und seinen Problemen und Beklemmungen beschäftigt war. Häufig erinnerte er sich an die wenig liebevolle Erziehung durch seinen Vater. Aber genau diesen Fehler wiederholte er bei der Erziehung seiner Söhne.

Am 11. März 1864 verstarb Max II. nach kurzer schwerer Krankheit. Noch am Sterbebett soll er seinem Sohn gewünscht haben, dass ihm ein ähnlich ruhiges Ende beschieden sein möge wie ihm selbst.

Die Mutter Marie

Marie Friederike Franziska Auguste Hedwig, Königliche Prinzessin von Preußen, wurde am 15. Oktober 1825 in Berlin geboren. Zum Zeitpunkt der Eheschließung war sie noch nicht einmal 17 Jahre alt.

Marie - Mitglied der Schönheitengalerie

Marie war eine so schöne junge Frau, dass ihr Schwiegervater, König Ludwig I., sie für seine Schönheitengalerie malen ließ. Diese ursprünglich im Festsaalbau der Münchner Residenz und heute in Schloss Nymphenburg beheimatete Sammlung wurde zwischen 1827 und 1850 von den Malern Stieler und Dürck geschaffen.

Ludwig I. ließ eine Sammlung von Bildnissen schöner Frauen aus allen Gesellschaftsschichten malen. Mit einigen dieser Damen hatte der König auch die eine oder andere Liebesaffäre. Das prominenteste Bild dieser Sammlung dürfte das der Lola Montez sein, der Dame also, die für seinen Sturz mit verantwortlich war.

Die Schönheitengalerie Ludwigs I. ist eine sehenswerte Sammlung, ein Besuch lohnt sich auf jeden Fall.

Als Max in Berlin um die Hand der Königlichen Prinzessin anhielt, nutzte er den Aufenthalt in der Hauptstadt Preußens auch dazu, eine Vorlesung von Professor Schelling und, immerhin zusammen mit seiner Braut, eine Versammlung des wissenschaftlichen Vereins zu besuchen. Davon kann man nun halten, was man will. Klar ist, dass Max und Marie wohl nicht genügend gemeinsame Interessen hatten, beziehungsweise ihn die Braut nicht genug fesseln konnte, um seinen unstillbaren Wissensdurst im Zaum zu halten.

Es ist lange darüber gerätselt worden, warum ihre beiden Söhne für geisteskrank erklärt wurden. Lange Zeit wurde die komplette Schuld Marie gegeben, die aus einer erblich schwer belasteten Verbindung der Adelsgeschlechter Braunschweig und Hohenzollern stammte. Ihr Bruder, König Friedrich Wilhelm IV., musste sein Amt wegen geistiger Zerrüttung niederlegen. Aber auch bei den Wittelsbachern gab es manche Absonderlichkeiten, so wurde eine Schwester von König Maximilian II., Ludwigs Tante Alexandra, von der Vorstellung geplagt, ein gläsernes Klavier verschluckt zu haben.

Das Verhältnis Ludwigs zu seiner Mutter war immer gespannt. Er hätte mehr von ihrer Achtung bedurft, als sie ihm zu geben bereit war. Von seinem ersten Taschengeld kaufte er ihr ein schönes Medaillon. Doch anstatt sich über den galanten Sohn zu freuen, bemerkte sie nur, dass das zeige, dass er mit Geld nicht umgehen könne. So etwas verletzte den sensiblen Jungen. Später, als er König war, äußerte er sich häufig sehr ungalant seiner Mutter gegenüber, bezeichnete sie sogar als »preußische Gebärmaschine«. Manchmal lehnte er auch ein Treffen mit ihr ab mit dem Hinweis, dass er »eine preußische Prinzessin nicht zu sehen wünsche«. Diese Grobheiten, ob Marie um sie wusste oder nicht, änderten nichts an der Zuneigung, die sie ihren Söhnen entgegenbrachte. Sie bot Ludwig sogar an, ihren kostbaren Schmuck zu verkaufen, um ihm aus den finanziellen Problemen zu helfen, in denen er sich in der Endphase seines Lebens befand. Wahrscheinlich kannte sie aber nicht die Dimension der königlichen Schulden, mit denen sich Ludwig herumplagte. Ludwig lehnte das Angebot übrigens ab, nicht ohne ihr einen sehr dankbaren und liebevollen Brief zu schreiben.

Die Ehe der Eltern Max und Marie

Während Maximilian ein eher wissenschaftlicher und grüblerisch veranlagter Mensch war, hatte Marie ganz andere Interessen. Sie interessierte sich für leichte Plauderstoffe aus dem Hofleben, Klatsch und Tratsch eben. Den Bücherwurm Ludwig soll sie einmal gefragt haben, als sie ihn lesend antraf, warum er denn ein Buch lese, wo er doch schon lesen könne.

Abbildung 3.1: Schloss Hohenschwangau, Ludwig II.-Museum, Herrenchiemsee

Mit Kunst und Literatur konnte sie nichts anfangen. Im Theater langweilte sie sich häufig und folgte dem Geschehen in den Logen und im Parkett mit mehr Aufmerksamkeit als der Handlung auf der Bühne. Max hatte seine liebe Not mit der Frau Gemahlin. Gaben die vom König zu Vorlesungen eingeladenen Nordlichter ihr großes Wissen preis, musste die Königin vom König häufig zum Zuhören ermahnt werden, da sie lieber mit den Sitznachbarn schwätzte. In einem Brief aus Neapel fordert der König seine Frau auf, ihm weniger Briefe zu schreiben und ihre Zeit besser für ernste Beschäftigungen zu verwenden. Später spornt er sie an: »Harre aus in Deinen Lektüren, zu wichtig für unser, Dein und mein Glück ...«

Trotz alledem führten Max und Marie eine gute Ehe, weil sie sich auf ihre Art liebten. Zur engen Bindung mag auch die gemeinsame Liebe zur Natur und den Bergen beigetragen haben, das war mal immerhin eine Gemeinsamkeit. In der Bleckenau in Tirol ließ Max für Marie ein Haus im Schweizer Stil bauen, das sie an das Schweizer Haus im Park des Landsitzes Fischbach in Schlesien erinnerte, wo sie ihre Jugendjahre verbracht hatte.

Schloss Hohenschwangau, das eigentliche Zuhause des jungen Ludwig

Im Jahre 1829 unternahm der damalige Kronprinz Maximilian zusammen mit seinem Bruder Otto (dem späteren König von Griechenland und Taufpaten Ludwigs II.) eine Wanderung in den Allgäuer Alpen. Dabei sah man sich auch die Burgruine Schwangau an. Max war von diesem Gemäuer sofort angetan. Schon drei Jahre später, also 1832, konnte der Kronprinz die Burg für 7.000 Gulden erwerben. Die Restaurierung und der Ausbau der Burg konnten beginnen und wurden 1855 fertig gestellt. Aber schon während der Bauarbeiten wurde die Burg immer wieder von der jungen Familie bewohnt.

Den jungen Ludwig prägte dieses Schloss mit seinen Wandmalereien für sein ganzes Leben. In den Räumen wurden Szenen aus der Geschichte einzelner bedeutender Herrschergeschlechter malerisch dargestellt. So finden sich

- ✔ im Helden- oder Rittersaal Szenen aus der Dietrichsage,
- ✔ im Welfenzimmer Darstellungen zu den (wie der Name schon sagt) Welfen,
- ✔ im Autharizimmer die Geschichte der Brautwerbung von Langobardenkönig Authari um die schöne Theodolinde (eine Prinzessin des Geschlechts der Agilolfinger),
- ✔ im Hohenstaufenzimmer Szenen aus der Geschichte dieses noblen Kaisergeschlechts und
- ✔ im Tassozimmer die Geschichte von Rinaldo und Armida.

(Noch heute ist es für Lehrer ein Heidenspaß, ihre Schüler mit den einzelnen Herrscherfamilien aus längst vergangenen Tagen zu plagen.)

Ein Saal im Schloss beschäftigt sich mit der so genannten Schwanenrittersage um den Ritter Lohengrin, einem Idol aus Ludwigs Jugend.

Die Prinzen Ludwig und Otto

Der Lehre der Zeit folgend glaubten Eltern und Erzieher der Prinzen, sie durch eine besonders harte und spartanische Erziehung zu tüchtigen Menschen zu machen. So wurden die beiden Buben mit frühem Aufstehen, wenig Essen, viel Unterricht und strengen Bestrafungen von Anfang an konfrontiert. Hätten sich nicht die Wärterin Lisi und manche Hofdamen, das Küchenpersonal und mancher Lakai der Burschen erbarmt und ihnen heimlich etwas von der reichhaltigen Hofkost zugesteckt, sie wären wohl fast verhungert. Als einmal entdeckt wurde, dass eine Hofdame Ludwig heimlich etwas Kaffee gab, den er gerne trank, wurde dies strengstens verboten.

Ludwig hat später einmal gesagt: »Wir haben vor unserem Vater gezittert.« Schließlich ließ es sich Max nicht nehmen, seine Söhne bei Verfehlungen mit eigener königlicher Hand zu verprügeln. Schon bei kleinen Vergehen wurden sie hart bestraft. Und da Max sehr jähzornig sein konnte, steigerte er sich bei Bestrafungen so hinein, dass er jedes Maß einer vernünftigen Rüge und Bestrafung überschritt und häufig kleine Vergehen und Lausbubenstreiche viel zu streng bestrafte.

Ludwig erzählte viele Jahre später dem amerikanischen Schriftsteller Lew Vanderpool: »Meine Kindheit war eine Kette demütigender Peinigungen.« Damit meinte er nicht nur die harten Bestrafungen durch den Vater. Auch andere Kinder wurden damals von ihren Eltern geschlagen und misshandelt. Er spielte vielmehr auf den Zwiespalt in seiner Persönlichkeit an. Auf der einen Seite war er der hoheitsvolle Anwärter auf den Königsthron. So wurde es ihm immer wieder von seiner Umgebung signalisiert. Auf der anderen Seite wurde er bestraft wie ein gemeiner Straßenjunge. Bereits hier entstand eine Diskrepanz, die er als junger Mensch schwer verarbeiten konnte.

Nicht nur äußerlich unterschieden sich die Prinzen Ludwig und Otto stark. Otto, kleiner und drahtiger, war ein fröhlicher blonder Jüngling, der schnell Kontakt schließen konnte. Damit tat sich Ludwig schwer, er war zurückgezogen und introvertiert. Der Liebling des Hofes war ohne Zweifel Otto. Auch dies verletzte Ludwig in seinem übersteigerten Selbstverständnis als zukünftiger Herrscher Bayerns.

Beim Spielen gab es auch deshalb manche Rangeleien zwischen den Prinzen. Als Otto einmal einen sehr großen Schneeball geformt hatte, forderte Ludwig diesen für sich und nahm sich die Kugel. Otto begann zu weinen und die herbeigeeilten Erzieher fragten ihn, was der Grund für seine Tränen sei. Als Otto berichtet hatte, wandten sie sich an Ludwig, der empört war, darauf angesprochen zu werden. »Wozu bin ich denn der Kronprinz?«, fragte er. Die Erzieher mussten ihm dann erklären, dass auch für einen Kronprinzen oder einen König die Richtschnur der Gerechtigkeit ihre Geltung hat. Wohl oder übel musste er den Schneeball zurückgeben.

Ein anderes Mal fanden die Erzieher den Prinzen Otto an Händen und Füßen gefesselt und geknebelt, Ludwig an den Seilen heftig zerrend. Sie fragten Ludwig, was das zu bedeuten habe, worauf er antwortete: »Er ist mein Vasall und wagt es, ungehorsam zu sein, ich muss ihn hinrichten.« Unter großen Anstrengungen und Mühen konnten die Hofbeamten Otto befreien. Der Vorfall wurde dem König mitgeteilt, der Ludwig so hart bestrafte, dass der den Ort des Geschehens, die Königliche Villa in Berchtesgaden, nie mehr betrat, als er König wurde. Überhaupt hat er die ganze dortige Region immer gemieden.

Abbildung 3.2: Kronprinz Ludwig um 1861, Ludwig II.-Museum, Herrenchiemsee

Schon beim Spielen ergaben sich deutliche Unterschiede zwischen den Prinzen. Während Otto gern mit seinen Bleisoldaten spielte, entwarf Ludwig mit seinen Bauklötzen immer neue Gebäude. Otto jagte, Ludwig ging lieber fischen. Als die Prinzen einmal zur Jagd eingeladen waren, kam Ludwig nicht wie üblich in einem Jagddress, sondern in einem schwarzen Anzug, als ginge er auf eine Beerdigung. Seine Erklärung für dieses jagduntaugliche Outfit: »Ich gehe auf eine Beerdigung, denn der Hase, den ich nun erschießen soll, hat mir doch nichts getan.«

Königliche Spielkameraden

Damit die Prinzen nicht vollends vereinsamten, wurden von Zeit zu Zeit andere Kinder eingeladen, mit denen sie spielen konnten. Immerhin war man so modern, dass man diesen Kindern sagte, sie müssten dem Kronprinzen nicht die Hand zur Begrüßung küssen. Aber das »Der Kronprinz ist immer der Erste« mussten auch sie beachten. Dem kleinen Tony Graf Arco gefiel dies aber gar nicht. Im Eifer des Gefechts verpasste er dem Kronprinz einmal eine Ohrfeige. Das wurde als eine Art Majestätsbeleidigung aufgefasst und der Junge wurde nicht mehr eingeladen.

Weitaus ungefährlicher und friedlicher verliefen die Spielstunden mit den Cousinen Sisi und Sophie in Possenhofen. Während Ludwig mit seinen Cousinen im Park herumtollte, kam eine Zigeunerin des Weges, die sich auch als Hellseherin versuchte. Auf den Wunsch der Kinder hin sollte sie in deren Zukunft sehen. Der kleinen Sophie sagte sie, dass sie sich vor dem Feuer hüten solle, ihrer Schwester Sisi gab sie mit auf den Weg, dass sie sich vor Eisen in Acht nehmen solle, zu Ludwig aber sagte sie: »Und du nimm dich in Acht vor dem Wasser.« So zumindest die Legende. Tatsächlich kam Sophie viele Jahre später in einem großen Feuer ums Leben, Sisi wurde mit einer Eisenfeile erstochen und Ludwig…, aber das wollen wir an dieser Stelle nicht vorwegnehmen.

Die Erziehung und Ausbildung eines zukünftigen Königs

Max und Marie ließen gerne erziehen. Ein übervoller Lehrplan, vom professoralen Vater entworfen, wurde von den Lehrern und Erziehern kompromisslos durchgearbeitet. Ein Eingehen auf die fantasievolle Art des jungen Ludwig war in dem Lehrplan nicht vorgesehen. Die Lehrer kamen in die Residenz. Ein Schulzimmer hat Ludwig, zumindest als Schüler, nicht von innen gesehen. Von der Intelligenz des jungen Kronprinzen waren die Lehrer nicht sehr angetan. Aber er war nun einmal Anwärter auf den Thron und man musste ihm das grundlegende Wissen vermitteln.

Zudem lebte Ludwig immer in einem Widerspruch: Auf der einen Seite zeigte er eine gewisse Überheblichkeit, auf der anderen Seite musste er sich in die Niederungen des Lernens und der Prüfungen begeben. Sehr früh entwickelte sich bei Ludwig ein Hang zur Verbohrtheit, zu Stolz und Hochmut. »Der Kronprinz ist stets der Erste«, dieser Satz prägte ihn stark. Ludwig folgte Unterricht und Vorlesungen aufmerksam, jedoch mit dem Hintergedanken, dass das alles sowieso nicht nötig sei, weil er sich schließlich dereinst in ein gemachtes Nest setzen würde.

Erst mit großen Überredungskünsten konnte Maximilian dazu bewegt werden, seinen fast erwachsenen Sohn zu Spaziergängen in den Englischen Garten mitzunehmen. Hier hätten sich Vater und Sohn in Ruhe besprechen können. Ludwig hätte etwas von den Regierungsgeschäften seines Vaters erfahren und dieser hätte eine engere Beziehung zu seinem Sohn knüpfen können. Nach einigen wenigen Spaziergängen wurde dieses Vorhaben wieder eingestellt. Max klagte: »Was soll ich mit dem jungen Herrn sprechen? Es interessiert ihn nichts, was ich anrege.« Die Lust des Königs, sich mit »dem jungen Herrn« zu beschäftigen und gemeinsame Themen zu suchen war nicht sonderlich ausgeprägt.

Nach der eigentlichen Schulausbildung hörte der Kronprinz an der Münchner Universität unter anderem Vorlesungen in Physik, Chemie und Philosophie. Durch kluge Äußerungen oder Beteiligung am Unterricht ist er nicht aufgefallen, eher dadurch, dass er im Auditorium einen von den anderen Studenten abgesonderten Platz forderte. Das Wissen, das er sich durch Schulausbildung und Studium aneignete, blieb bruchstückhaft. Er hatte eine Reihe von Wissensfäden in der Hand, war aber nicht in der Lage, diese Fäden zu einem grundlegenden Wissensnetz zusammenzufügen. Viel zu früh musste er sich dem Ernst des Lebens stellen. Mit gerade etwas über 18 Jahren war er unversehens für fünf Millionen Menschen verantwortlich.

Brutale und ungeeignete Erzieher

Im Laufe seiner Erziehung war Ludwig mit einer Vielzahl vom Vater ausgesuchter Erzieher konfrontiert. Und Max, so intelligent er gewesen sein mag, hatte hier kein glückliches Händchen. Pädagogischen Sachverstand hatten die meisten Kandidaten überhaupt nicht. Sie waren nur an der Vermittlung des Themas, das ihnen aufgetragen war, interessiert. Auf die Interessen des Kronprinzen einzugehen, wenn diese vom Lehrplan abwichen, kam ihnen nicht in den Sinn. So ließ Ludwig die verschiedenen Erzieher über sich ergehen und ließ sie spüren, dass sie mit dem zukünftigen König sprachen, der ihnen übel mitspielen konnte, wenn er wollte.

Nachdem bekannt war, dass König Maximilian seine Söhne mit harter Hand erzog, scheuten sich auch die Erzieher nicht, dieselben Maßstäbe anzulegen.

In seiner Selbstherrlichkeit bestärkten ihn aber alle seine Erzieher. Sie erklärtem dem jungen, noch unausgereiften Charakter, dass der König stets Distanz zu den Normalsterblichen halten müsse und dass es eigentlich am besten wäre, nur mit Adeligen zu sprechen. Das war ganz im Sinne des jungen Ludwig, der damals noch nicht wissen konnte, wie viele interessante und kluge Menschen es auch außerhalb des Adels gab.

Seinen Erzieher Theodor Basselet de la Rosée schätzte Ludwig so sehr, dass er, gerade König geworden, 1864 an sein Krankenlager eilte und schließlich an seinem Totenbett weilte, als dieser starb.

Das Erweckungserlebnis: Lohengrin

Wie oben beschrieben, war Ludwig von frühester Jungend an umgeben von historischen Sagen und Märchen, seien es die Nibelungensäle der Münchner Residenz oder die Wandmalereien in der Burg Hohenschwangau. Der Schwanenrittersaal, das Speisezimmer in Hohenschwangau ist der Sage von Lohengrin gewidmet. Am 2. Februar 1861 hörte der damals 15-jährige Kronprinz zum ersten Mal im Münchner Hof- und Nationaltheater eine Oper von Richard Wagner; den Lohengrin, in einer Phase, in der sich pubertierende Jugendliche auf die Suche nach dem Sinn des Lebens machen und ihren eigenen Weg suchen. Diese Opernaufführung wies Ludwigs Leben eine bestimmte Richtung, die er bis zu seinem Ende beibehielt. Und auch die lebenslange Zuneigung zum Komponisten dieses Werkes, Richard Wagner, begann an diesem Tag. Man könnte sagen, Ludwig wurde zum ersten Fan Richard Wagners. Nachfolgend wollen wir diese Oper kurz vorstellen, weil sie so entscheidend für Ludwigs – und auch Wagners – Leben wurde:

Abgesehen davon, dass es Tierquälerei ist, einen Schwan oder noch schlimmer eine Taube, einen Kahn ziehen zu lassen, ist diese Oper und die von Richard Wagner komponierte Musik etwas, das einen empfindsamen Menschen, ob jung oder alt, in seinen Bann ziehen kann. Einige Lieder und Aussprüche haben es sogar geschafft, in den allgemeinen Sprachgebrauch einzugehen. So sagt man beispielsweise in außergewöhnlichen Situationen: »Mein lieber Schwan«, wenn einem ein Ritter in einem Kahn, der von einem Schwan gezogen wird, entgegenkommt.

Lohengrin

Der Herzog von Brabant läßt bei seinem Tod die Kinder Elsa und Gottfried. Als Gottfried verschwindet verdächtigt man Elsa, sie habe ihren Bruder umgebracht. Ihr Verlobter Telramund heiratet daraufhin sofort eine andere: die Hexe Ortrud.

Wenn man im Mittelalter nicht sicher war, ob ein Angeklagter schuldig ist oder nicht, lobte man ein Gottesurteil aus. König Heinrich schlägt ein Duell vor. Aber wer kann für eine angebliche Brudermörderin kämpfen? Auf einmal naht ein Boot, es wird von einem Schwan gezogen. Das Boot ist nicht so spektakulär, der Ritter in ihm aber schon. Er will für Elsa kämpfen und sie auch heiraten. Er hat nur eine Bedingung: Sie darf ihn nie nach seinem Namen fragen (Der geneigte Leser weiß jetzt natürlich was später mit 100%iger Sicherheit passieren wird).

Der Zweikampf beginnt, Lohengrin (wir kennen seinen Namen natürlich) siegt und Elsa ist frei.

Ortrud ist wütend über die Niederlage ihres Gemahls und Ortrud ist eine wütende Hexe. Wütende Hexen sind bekannt dafür gemeine Pläne zu haben und so will sie herausfinden wie der geheimnisvolle Ritter denn heißt. Erst versucht sie es scheinbar plump und fragt das Brautpaar einfach mal so. Natürlich antwortet Lohengrin nicht, aber an seiner Braut fangen die Zweifel zu nagen an.

Die Hochzeit ist ein großes Fest und hier wird auch das berühmte »Treulich geführt« gespielt. Aber Elsa grübelt, sie grübelt und irgendwann fragt sie dann doch Lohengrin nach seinem Namen. Den will nicht nur sie wissen, sondern auch Telramund, der um das Haus schleicht. Er wird kurzerhand von Lohengrin erschlagen.

Nun offenbart Lohengrin sein Geheimnis, er ist Parsifals Sohn, aber seine Kraft bleibt nur so lange erhalten so lange sein Name geheim bleibt. Das heißt: Es ist Zeit für ihn zu gehen. Er ruft sein Schwanenboot und gerade da offenbart die garstige Witwe Ortrud, sie habe Gottfried nicht erschlagen, sondern in einen Schwan verwandelt.

Was ein Wunder, der Schwan des Schwanenboots ist der vermisste Bruder, Lohengrin erlöst ihn bevor er entschwindet. Elsa sinkt tot in die Arme ihres Bruders.

Ludwig, der junge Kronprinz, saß in seiner Loge und hörte zum ersten Mal diese Oper mit ihren Irrungen und Wirrungen. Er begeisterte sich so sehr für die Musik und die Welt der Sagen, dass er in Tränen ausbrach. War nicht auch er Lohengrin, ein Einsamer, ein Unverstandener?

Neun Jahre später schrieb er an seinen Freund Richard Wagner, in Erinnerung an diese Oper: »...So schlecht sie war (die damalige Aufführung – Anm. d. Verf.), so verstand ich doch das Wesen dieses göttlichen Werkes zu erkennen: In seiner Aufführung war der Keim gelegt zu Unserer Liebe und Freundschaft bis zum Tod, von dort an ward der bald zur mächtigen Flamme werdende Funke für Unsre heiligen Ideale in mir entzündet.«

Seit dieser Aufführung orientierte Ludwig sein Leben an den Werken Wagners. Seine Zeichenlehrer bat er, ihm bei Skizzen zu Wagneropern zu helfen, Kostüme für Opernaufführungen zu entwerfen und Ähnliches mehr. Bruder Otto erhielt als Weihnachtsgeschenk unter anderem ein Medaillon mit Schwan und Brillantkreuz oder eine goldene Schwanenfeder.

Ludwig begann, die Textbücher zu »Tristan & Isolde« und zum »Ring des Nibelungen« zu lesen, in dessen Vorwort Wagner die mehr rhetorisch gemeinte Frage nach dem Fürsten stellt, der seinem Werk zu Hilfe kommen würde und dessen Komposition finanziell absichern möchte. Für Ludwig war es klar, wer dies sein würde. Am 24. Juni 1863 schrieb er: »Käme Wagner doch noch dazu, diese Werke in Musik zu setzen, was er beabsichtigt.«

Die Menschen in seiner Umgebung amüsierten die Aktivität des jungen Kronprinzen zunächst und sie erwarteten, dass das wieder vorübergehen würde. Als er aber vehement darauf bestand, dass man diesen Komponisten unterstützen müsse, machte man sich langsam Sorgen.

Das Programm für seine Regentschaft zeichnete sich vor seinen Augen ab: Während sein Großvater Ludwig I. die Bevölkerung mit den griechischen und römischen Idealen erziehen und sein Vater sie mit Bildung, Forschung und Wissenschaft weiterentwickeln wollte, war sein Plan, die Bürger seines Landes mit der Musik Richard Wagners zu erheben. Ein »Königreich der Musen« schwebte ihm vor.

Eine bedeutungsvolle Begegnung

Im Sommer des Jahres 1863, also knapp ein Jahr vor der Thronbesteigung, kam es in Schloss Nymphenburg zur ersten und einzigen Begegnung Ludwigs mit dem Preußischen Ministerpräsidenten – und späteren Reichskanzler – Otto von Bismarck. Hier handelte es sich um zwei Persönlichkeiten der zweiten Hälfte des 19. Jahrhunderts, die kaum unterschiedlicher hätten sein können. Auf der einen Seite der hochgewachsene, schöne und romantische Jüngling Ludwig, auf der anderen Seite der körperlich und politisch wuchtige Bismarck, der jeder Schwärmerei und Idealisiererei abhold zu sein schien.

Bismarck war zusammen mit seinem König Wilhelm I. auf dem Weg von Gastein nach Baden-Baden. Da bot sich ein Besuch in München an. Königin Marie freute sich, ihren Bruder, den König von Preußen, begrüßen zu dürfen. Dass Marie große Politik mit den Preußen machen würde, stand nicht zu befürchten.

Die Begegnung in Nymphenburg hat Bismarck später in seinen »Gedanken und Erinnerungen« festgehalten:

»…Der Eindruck, den er mir machte, war ein sympathischer, obschon ich mir mit einiger Verdrießlichkeit sagen musste, dass mein Bestreben, ihn als Tischnachbar angenehm zu unterhalten, unfruchtbar blieb…«.

Obwohl der junge Ludwig, der einige Tage später volljährig wurde, ziemlich unhöflich zu seinem Tischnachbarn war, zeugen die Erinnerungen von Bismarck von dem sehr hohen Ansehen, das Ludwig bei ihm genoss. Schließlich bat er sogar um ein Bild von König Ludwig für sein Arbeitszimmer. Von keinem anderen Fürsten des deutschen Reiches hatte Bismarck eins in seinem Arbeitszimmer.

Auch wenn Ludwig, spätestens nach dem Krieg von 1866 und dem weiteren Machtverlust von 1871, die Preußen und vor allem seine preußische Verwandtschaft abgrundtief hasste, Fürst Bismarck blieb er bis zu seinem Ende gewogen, fragte ihn um Rat und schlug so manche politische Schlacht an seiner Seite, wie beispielsweise den Kulturkampf mit dem Vatikan.

Zu einem Treffen der beiden kam es aber nie mehr. Die Gattin des Reichskanzlers meinte einmal, dass der König von Bayern ihren Mann für den deutschen Jung-Siegfried halte und seine Vorstellung nicht durch das Bild eines alten Mannes mit Walrossbart trüben lassen wollte.

Es scheint, als hätten sich zwei gegensätzliche Charaktere gesucht und Sympathie an einander gefunden. Selbst als Ludwig in den letzten Jahren alles entglitt und er mit seinen Schulden keinen Ausweg mehr sah, schrieb er an Bismarck, der ihm riet, sich an das Parlament und gegen sein Kabinett zu wenden. Das gesamte Absetzungskomplott der Minister gegen den König kommentierte er mit den Worten: »…weil sie (die Minister – Anm. d. Verf.) sich nicht mehr halten könnten, wollen sie den König schlachten.«

Die Mündigkeitserklärung

Einige Tage nachdem der König von Preußen und sein Ministerpräsident wieder abgereist waren, wurde Ludwigs Volljährigkeit gefeiert. Sollte jetzt dem König etwas zustoßen, könnte Ludwig sofort eigenverantwortlich die Herrschaft übernehmen, ohne dass ein Regent als Vormund notwendig gewesen wäre.

Das Fest wurde am 25. August 1863 auf Schloss Hohenschwangau begangen. Seinem Großvater, der bei der Feier nicht anwesend war, schrieb er, welche Geschenke er bekommen habe. Das waren zum Beispiel:

- ✔ ein Bild aus der Allerheiligenhofkirche, die der Großvater Ludwig I. in der Residenz hatte erbauen lassen,
- ✔ Bilder nach den Nibelungen vom Maler Schnorr,
- ✔ eine Nadel mit einem Schwan (!),
- ✔ ein Buch über Faust,
- ✔ ein Buch über die Werke von Shakespeare.

Die Umgebung des Kronprinzen stellte sich also auf die Vorlieben des jungen Herrn ein. Irgendwann würde er ja König sein…

Endlich König (1864)

4

In diesem Kapitel

- Der Tod des Vaters
- Die Thronbesteigung Ludwigs
- Die bayerischen Minister und Beamten
- Gesucht und gefunden: Richard Wagner

Am 11. März 1864 legte Ludwig II. seinen Eid auf die bayerische Verfassung ab. Wörtlich erklärte er: »Groß ist und schwer die mir gewordene Aufgabe. Ich baue auf Gott, dass er mir Licht und Kraft schicke, sie zu erfüllen.« Durch die Hauptstadt München ritten trotz Sturm und Schneetreiben Herolde in mittelalterlicher Tracht, begleitet von Hoftrompeter und Hofpauker. Sie verlasen die Botschaft, dass Bayern einen neuen Herrscher habe. Ludwig war noch keine 19 Jahre alt, wie war er so plötzlich auf den Thron gekommen?

Der Tod König Maximilians II. von Bayern

König Max war seit vielen Jahren gesundheitlich nicht besonders stabil. Viele Monate im Jahr verbrachte er in Italien und in der Schweiz. Auch in München führte er seine Regierungsgeschäfte oft von seinem Wintergarten in der Residenz aus, weil es hier schön mild war. An welcher Krankheit Max wirklich litt, wurde nie genau ermittelt. Häufig klagte er über Kopfschmerzen.

Im Herbst des Jahres 1863 machte sich Max also wieder auf in Richtung Italien. Er wollte dem unwirtlichen und harten Winter in Bayern entgehen und seiner geschwächten Gesundheit etwas Gutes tun.

In der Zwischenzeit spitzte sich die Schleswig-Holstein-Frage weiter zu. Vor dem politischen Hintergrund zogen dunkle Wolken auf. Wie sollte sich Bayern verhalten in diesem Konflikt? Diese Frage beherrschte die politischen Gremien.

Max hatte seit dem Sommer 1863 alles unternommen, die Schleswig-Holstein-Frage politisch mit den anderen Fürsten Deutschlands zu lösen, und war damit gescheitert. Nun blieb ihm nichts anderes übrig als nach München zurückzukehren.

Die Rückreise war strapaziös und musste immer wieder unterbrochen werden, damit sich Maximilian erholen konnte. Erst am 15. Dezember war er wieder in München, wo er unter Hurra- und Vivat-Rufen willkommen geheißen wurde. Max legte sich richtig ins Zeug, er empfing Delegationen, erteilte Weisungen an seine Regierung und wirbelte ordentlich herum, ohne auf seine Gesundheit zu achten. Die bayerische Aktivität gefiel den Mächten Österreich und Preußen nicht, sie hatten sich schon längst auf einen Krieg mit Dänemark eingerichtet. Sie übten Druck auf Max aus, was seiner Gesundheit ebenfalls abträglich war.

Dann erkrankte Max schwer. Er konnte sein Bett nicht mehr verlassen. Am 6. März entdeckte er eine rötliche, etwa handtellergroße Geschwulst auf seiner Brust, die sich in den folgenden Tagen weiter ausdehnte. Dann breitete sich diese Geschwulst über den Brustkorb bis auf den Rücken und die Arme aus. Die Ärzte waren ratlos. Zudem litt Maximilian unter kaltem Schweiß und sein Herz raste. Ab dem 9. März färbten sich seine Füße, das Gesicht und seine Hände bläulich. Trotz dieser schlimmen Symptome blieb Max die ganze Zeit bei Bewusstsein.

Im Nationaltheater der Hauptstadt fiel an diesem Abend die Vorstellung wegen der schweren Erkrankung des Herrschers aus. Noch in der Nacht erhielt der die Sterbesakramente von seinem Beichtvater, Dekan Doktor von Reindl.

Die ganze Familie versammelte sich am Bett des Sterbenden. Es folgte ein Treffen mit der Gattin und den beiden Prinzen. Danach sprach Maximilian lange mit dem Kronprinzen, der ihm ja nachfolgen sollte. Intensiv, soweit es seine Kräfte erlaubten, sprach Max zu seinem Sohn, wies ihn auf sein Testament und seinen politischen Nachlass hin. Ob sie ihr zeitlebens gespanntes Verhältnis bei dieser Gelegenheit klärten, ist unbekannt.

Ludwig war wie benommen. Gerade hatte er begonnen, an der Münchener Universität zu studieren. Er war achtzehneinhalb Jahre alt und nun sollte die gesamte Verantwortung auf seine unvorbereiteten Schultern nehmen.

Gegen 11.45 Uhr am 10. März 1864 starb Maximilian, seine Hand umschloss die seiner geliebten Frau.

Woran Maximilian letztlich gestorben ist, konnte nie geklärt werden. Möglich ist, dass es sich um eine Blutvergiftung handelte, da er sich einige Tage vor seinem Tod beim Ankleiden mit einer Nadel gestochen hatte.

Aber wie das häufig so ist, verbreitete sich das Gerücht, Max sei vergiftet worden, weil den Großmächten Preußen und Österreich sein Engagement in der Schleswig-Holstein-Frage nicht gefallen habe.

Als Ludwig beim Verlassen des Sterbezimmers das erste Mal mit »Majestät« angesprochen wurde, erblasste er, seine Züge versteinerten sich und sein langer Körper begann zu schwanken. So hatte er sich das nicht vorgestellt, das Königtum. »Der König ist tot, es lebe der König!« Nun war Ludwig der erste Mann in Bayern, ein wichtiger Fürst in Deutschland, konfrontiert mit einer unüberschaubaren Fülle von Aufgaben. War er in der Lage, mit seinen kaum 19 Jahren, dieses Land in eine glückliche Zukunft zu führen?

Der Verwaltungsakt einer Thronbesteigung

Die Zeremonie der Thronbesteigung war im Bayern des 19. Jahrhunderts lange nicht mehr so prunkvoll wie in den Zeiten des Absolutismus. Die Krone wurde dem König nicht mehr auf das Haupt gesetzt, sondern nur noch gezeigt. Dieses Zeremoniell wurde von König Maximilian I. so festgelegt. Damals, bei seiner Krönung zum König 1806, war das Prunkstück noch gar nicht fertig. Also verzichtete man auf die Krönung im eigentlichen Sinn. Maximilian I. war so realistisch, dass er wusste, dass er kein König von Gottes Gnaden, sondern bestenfalls von Napoleons Gnaden war. Ludwig II. hätte diesen Staatsakt sicherlich etwas prunkvoller gestaltet. Er war durchdrungen vom Glauben an das Gottesgnadentum seiner Herrschaft. Aber seine Thronbesteigung blieb mehr ein nüchterner Verwaltungsakt in einer konstitutionellen Monarchie.

Den Regeln entsprechend bat das Kabinett der bayerischen Minister um seine Demission, die Ludwig, ebenso den Regeln entsprechend, ablehnte. Er wollte mit den bewährten Kräften weiterarbeiten, denn sie hatten schon seinen Vater unterstützt. Später könnte man ja immer noch etwas ändern und den einen oder anderen Minister austauschen.

Die Beerdigung Maximilians II.

Am 14. März wurde Maximilian II. zu Grabe getragen. Zur letzten Ruhe wurde Max in der Theatinerkirche am Odeonsplatz, gleich gegenüber der Residenz, gebettet. Da die Strecke von der Hofkapelle der Residenz, in der er aufgebahrt war, zur Theatinerkirche nur wenige hundert Meter lang war, machte der Trauerzug eine Runde durch die Stadt. Hinter dem Sarg schritt, mit 1,91 Metern Körpergröße alle anderen überragend, der neue König. An seine Seite bat er, unter Umgehung des Protokolls, seinen Bruder Otto. Die bayerischen Prinzen und die Fürsten anderer Länder schlossen sich ihnen an.

Stiftsprobst Ignaz von Döllinger hielt die Trauerpredigt. Am Ende seiner Predigt wandte er sich direkt an den jungen Herrscher:

> *»Das Staatsschiff Bayerns ist jetzt den reinen, unschuldigen Händen eines sehr jugendlichen Steuermannes anvertraut. Aber die älteren Glieder unseres Königshauses und die erfahrenen, lange erprobten Räte und Diener seines königlichen Vaters stehen ihm helfend, ratend, dienend zur Seite. Die ganze Nation trägt ihm ihre Liebe und ihr Vertrauen entgegen …«*

Stiftsprobst Döllinger war ein sehr kluger Mann. Das ist der oben ausgeführten Predigt anzumerken. Er wußte um die Gefahren, die dem jungen König drohen. Mit 18 Jahren wurde Ludwig in die Verantwortung für das bayerische Volk genommen. Sein Großvater war immerhin 39 Jahre alt und sein Vater 37 Jahre, als sie die Regierungsverantwortung übernehmen mussten. Einen so jungen König hatte Bayern noch nicht gesehen.

Das Volk aber war begeistert von seinem jungen, schönen König mit den dunklen, verträumten Augen.

Die ersten Regierungsmonate

Die Schönheit des neuen Königs interessierte die engsten Berater und Minister nicht besonders. Ihnen war es egal, wer ihr König war. Und mit dem jungen Burschen, der da so ganz unvorbereitet ins Amt gekommen war, würden sie es wohl aufnehmen können.

Seit der Gründung des Königreichs Bayern 1806 wurde der Staatsapparat, dessen Grundlagen König Maximilian I. und vor allem sein Minister Montgelas gelegt hatten, verbessert und immer wirksamer. Nach den Aufständen von 1848 und der Abdankung Ludwigs I. gewannen die Beamten und Minister noch mehr Macht im Staat. Der König wurde immer weiter zurückgedrängt, für repräsentative Zwecke gebucht und zum Unterschreiben von Vorlagen benötigt. »Ein Unterschreiber wollte ich nicht sein«, fand Ludwig I. und dankte ab. Gewissenhaft und pflichtschuldig erledigte Maximilian II. sein Arbeitspensum. In sozialen Fragen und der Bildung engagierte er sich stärker, solange ihm die Minister die notwendigen Mittel zur Verfügung stellten. Stieß er auf Widerstand, zog er zurück.

Wie würde es nun mit Ludwig II. werden? Obwohl er gern lang schlief, überwand er sich und stand früh auf. Der Tag begann mit den Vorträgen der Sekretäre. Dann empfing er gegen 11 Uhr jeden Tag einen anderen Minister. Gegen Mittag hielt er Audienz ab, in deren Anschluss ging er spazieren oder fuhr aus. Nach dem Essen ließ er sich von den Sekretären aus den Zeitungen vorlesen.

Das Verhältnis zwischen Ludwig und seinen Ministern, Beratern und Beamten war zu Beginn hervorragend. Dem Kabinettsbeamten Leinfelder trug er eigenhändig einen Stuhl herbei, als dieser bei ihm referierte. Im Treppenhaus der Residenz begegnete Leinfelder wenige Tage nach dem Tod von König Maximilian dem ehemaligen Erzieher des Kronprinzen, dem Grafen La Rosée, dem er seine tiefe Trauer über den Verlust des guten König Max kundtat. La Rosée erwiderte, dass der einzige Trost über diesen Verlust sei, dass man nun einen Engel zum König hätte.

Hofsekretär Düfflipp rühmte die schnelle Auffassungsgabe des jungen Königs. Häufig fragte er seine Minister: »Wie hätte dies nun mein Vater gemacht?« Noch also maßte er sich nicht an, der allwissende Herrscher zu sein, bei dem nur die eigene Meinung zu gelten hatte.

Mehrmals täglich ließ er bei seinen Sekretären anfragen, ob es nicht neue Anträge aus den Ministerien gäbe, die er zu unterschreiben hätte.

Ludwigs erste Auftritte und sein frühes Bild in der Öffentlichkeit

Die Herzen des Hofpersonals hatte er sowieso im Sturm erobert. Nicht zuletzt weil er einem der Hartschiere, der Leibgardisten des Königs, der schon etwas wackelig auf den Beinen war, ein Sofa bereitstellen ließ, auf dem er sitzend seinen Dienst verrichten sollte.

In der Bevölkerung und an den Stammtischen hieß es bald: Nun weht ein frischer Wind in der Residenz und der junge König lässt sich von seinen Ministern und Beamten nicht auf der Nase herumtanzen wie sein seliger Vater. Er hält die Zügel straffer! Wie weit diese Ansicht neben der Realität lag, sollte sich bald zeigen.

Die ersten Monate der Regierungszeit Ludwigs können als eine Art Flitterwochen bezeichnet werden. Das Staatsschiff wurde von den Ministern und Beamten auf Kurs gehalten und der König glänzte noch nicht mit übereifrigen Vorschlägen und Ideen. Auch in der kritischen Schleswig-Holstein-Frage hielt er den Kurs, den Bayern schon unter seinem Vater gesteuert hatte. Die Minister waren von dem schüchternen, mit großer Aufmerksamkeit zuhörenden

König sehr angetan. Nach dem Abschluss der Referate unterhielt man sich noch ungezwungen über dies und das.

Die ersten Auftritte vor den auf seinen Namen vereidigten bayerischen Soldaten absolvierte er, der zeitlebens lieber Zivil als Uniform trug, am 17. September 1864. Nicht einmal zwei Jahre später musste er seine Soldaten in den deutschen Bruderkrieg entsenden.

In einem sechsspännigen Galawagen besuchte er im Herbst unter vielen Hurra- und Vivat-Rufen das Oktoberfest.

Das Oktoberfest in München

Heute hat sich das Oktoberfest zu einem der größten Ereignisse im bayerischen, deutschen und weltweiten Festkalender entwickelt. Jedes Jahr pilgern Millionen von Menschen auf die Oktoberfestwiese, zu Füßen der Statue der Bavaria, die vor der Ruhmeshalle steht. In dieser Ruhmeshalle finden sich die Büsten verdienter Bayern. Sie ist sozusagen ein Gegenstück zur Walhalla bei Regensburg. Beide Bauten, wie auch die Statue der Bavaria, wurden von König Ludwig I. in Auftrag gegeben.

Für die so genannten Münchner Wiesenwirte ist das Oktoberfest eine wahre Goldgrube. Aus diesem Grund dürfen nur die Wirte ihr Bier auf dem Oktoberfest anbieten, die innerhalb Münchens ihr Bier brauen. Jeder Wettbewerber wird deshalb energisch bekämpft. So auch Prinz Luitpold von Bayern, der seit Jahren vergeblich versucht, sein Kaltenberger Bier auf der Wies'n anzubieten. Vielleicht sollte er den Wiesenwirten einmal in Erinnerung rufen, dass es dieses Event und den großen Reibach, den man damit erzielen kann, ohne seine Familie überhaupt nicht geben würde.

Oft ließ sich Ludwig auch im Hof- und Nationaltheater sehen. Wenn er die Königsloge betrat, war das Geschehen auf der Bühne plötzlich Nebensache. Alle Augen richteten sich auf ihn, den schönen, jungen König mit seinem lockigen dunklen Haar und den verträumten, traurigen Augen. Zuerst fand Ludwig das noch ganz angenehm. Mit zunehmendem Alter machte es ihn jedoch immer nervöser, wenn er von den Blicken des Theaterpublikums verfolgt und jede seiner Regungen beobachtet wurde. Auch dies mag ein Grund für die späteren »Separatvorstellungen« gewesen sein.

Auch finanziell war der so lange knapp gehaltene Ludwig plötzlich ein gemachter Mann – zumindest vorläufig. Von den zwei Millionen Gulden des Etats musste er zwar 500.000 an seinen Großvater Ludwig I. abtreten, 1.200.000 Gulden verschlang der Hofstaat, aber immerhin 300.000 Gulden hatte er zu seiner Verfügung. Eine Riesensumme für einen gerade Achtzehnjährigen!

Nicht nur finanziell war Ludwig nun unabhängig. Auch sonst konnte er tun und lassen was er wollte. Als passionierter Reiter setzte er sich aufs Pferd und ritt, von wenigen Begleitern umgeben, von Seeshaupt am Starnberger See nach Kochel, über Mittenwald und Kochelsee weiter nach Partenkirchen. Am folgenden Tage ritt er wieder zurück nach Schloss Berg, wo er gern die Sommermonate verbrachte. Als er sich von der Öffentlichkeit zunehmend zurückzog und auch aus Angst vor Attentaten ritt er später in der Hofreitbahn, gleich hinter der Residenz stundenlang im Kreis. Aus Landkarten und Verzeichnissen errechnete er sich eine Wegstrecke und diese übertrug er in zu reitende Runden in der Hofreitbahn. Runde um Runde zog er seine Bahnen, begleitet von einem Diener. In den Pausen ließ er sich ein gutes Menü servieren. Dann ging es weiter.

Ludwig war in seiner Jugend ein sehr sportlicher Mensch. Lange Bergwanderungen, Ausritte und auch das Schwimmen bereiteten ihm viel Freude.

Der Gastgeber in Kissingen

Im Sommer des Jahres 1864 war Ludwig in Kissingen Gastgeber einer illustren Herrscherschar. Im Juni trafen sich dort Kaiser Franz Joseph II. von Österreich mit seiner Frau Elisabeth, genannt Sisi, und Zar Alexander II. mit seiner Gattin Maria Alexandrowna von Russland. Auch andere deutsche Fürsten, wie Karl von Württemberg mit Gattin Olga, fanden sich zur Kur ein. Der König von Bayern auf Augenhöhe mit Zaren und Kaisern, das war ganz nach Ludwigs Geschmack. Und er war ein sehr guter Gastgeber. Galant unterhielt er sich mit den Damen, politisch interessiert mit den Herrschern.

Und auch wenn die Boulevardpresse damals noch nicht ganz so penetrant wie heute dem Hochadel nachstellte, wurde gleich gemunkelt, man hätte Ludwig die Tochter des Zaren, die wie ihre Mutter Maria Alexandrowna hieß, als Gemahlin angetragen. Allerdings war das Mädchen damals noch keine elf Jahre alt, was bedeutet, dass Ludwig noch etliche Jahre hätte warten müssen, ehe eine Vermählung möglich gewesen wäre. Die Großfürstin wurde 1874 mit dem Herzog von Edinburgh vermählt.

Ludwig war von der Zarin sehr eingenommen. Sie muss eine sehr liebenswürdige und schöne Frau gewesen sein, die mit ihrem Mann eine kinderreiche und glückliche Ehe geführt hat. Am 31. März 1881 wurde Zar Alexander Opfer eines Attentats. Ludwig war nach diesem Attentat erschüttert! Schon damals, aber ab diesem Zeitpunkt noch mehr, scheute er sich, in die Öffentlichkeit zu gehen und sich unter große Menschenmassen zu mischen.

Auch die Begegnung mit seiner acht Jahre älteren Cousine Elisabeth von Österreich hat Ludwig gefreut. Hier trafen sich zwei nahe Blutsverwandte, die sich im Wesen sehr ähnlich waren.

Fast einen Monat lang blieb Ludwig von seinem Bruder Otto begleitet in Kissingen. Danach kehrte er wieder in seine Residenzstadt München und nach Schloss Berg am Starnberger See zurück. Im Jahre 1883 wurde Ludwig von den Stadtvätern Kissingens gebeten, die Stadt zum »Bad« zu erheben, was auch prompt geschah. Seitdem darf sich Kissingen Bad Kissingen nennen.

Wenige Wochen darauf setzte sich der königliche Zug erneut in Bewegung. In Bad Schwalbach stattete Ludwig der Zarin Alexandra und deren Tochter einen erneuten Besuch ab. Weiter ging es nach Biebrich bei Wiesbaden. Hier wohnte er kurz im Haus des Architekten Frickhöfer, in dem Haus, in dem Richard Wagner im Jahre 1862 mit der Komposition der Oper »Die Meistersinger von Nürnberg« begann.

Unmittelbar neben diesem am Rheinufer gelegenen Haus steht mächtig und erhaben das Schloss des Herzogs von Nassau, eines Vetters des verstorbenen König Maximilian II. Die besondere Attraktion des Schlossparks war ein 100 Meter langes und 50 Meter breites Gewächshaus. Hier empfing Ludwig manche Anregung, die er später bei seinen eigenen Wintergartenplänen in der Münchner Residenz verwendete.

Schon einmal unterwegs, setzte Ludwig seine Fahrt rheinabwärts in Richtung Köln fort.

Ludwig war begeistert vom Rhein, seiner Erhabenheit, seinen Sagen und Legenden. Er schrieb:

> *»Zum erstenmal sah ich den Rhein in der Nähe. Welch ein wundervoller Strom! … Herrlich sind seine Ufer! … An die Vorzeit mahnend erheben sich die hehren Burgen zu beiden Seiten dieses machtvollen Stromes!«*

Tourismus am Rhein – eine alte Sache

Der Rheintourismus ist eine Erfindung der Engländer. Im 17. und 18. Jahrhundert bildete eine »Tour d'Europe« oder eine »Grand Tour« den Abschluss der Erziehung wohlhabender junger adeliger Engländer. Mit der abwechslungsreichen Landschaft, den mittelalterlichen Burgen und Schlössern, den Legenden und Sagen sowie der wechselvollen Geschichte verzauberte der Rhein die jungen Menschen. Die Neogotik hatte schon immer in England viele Fürsprecher und wurde überall eingesetzt, sobald man etwas Erhabenes bauen wollte. In Reisebeschreibungen von Sir Walter Scott oder Wiliam Beckford wurde die Landschaft des Rheins romantisiert. Während Napoleon in Europa wütete, ebbte der Rheintourismus etwas ab, um später umso stärker wieder aufzuleben. Nicht mehr nur die jungen Adeligen, sondern jeder, der es sich irgendwie leisten konnte, schipperte den Rhein hinauf und hinunter. Mit der Einführung der Dampfschifffahrt konnten endlich auch größere Mengen von Touristen reisen.

Auch die Geschwister Clemens und Bettina von Brentano als Vertreter der deutschen Romantik trugen mit ihren Gedichten dazu bei, den Rhein und seine Landschaft zu verklären.

Auch der durch seinen wachen Geist und seine beißende Ironie glänzende Heinrich Heine schrieb in der Loreley (Ich weiß nicht, was soll es bedeuten) über den Rhein.

Der Patenonkel des »deutschen Jünglings« Ludwig II., König Wilhelm IV., ein Romantiker auf dem preußischen Thron, erwarb die Burgruine Stolzenfels und baute diese wieder wohnlich und sehr behaglich auf. Von ihm hat er es also auch geerbt!

Auch um die endgültige Fertigstellung des Kölner Doms, an dem ja einige Jahrhunderte gebaut wurde, hat sich der preußische König verdient gemacht, indem er dieses Jahrtausendprojekt zum glücklichen Abschluss gebracht hat. Und sein Großvater, König Ludwig I., hat für die Fertigstellung dieses Doms 70.000 Gulden locker gemacht und die so genannten »Bayern-Fenster« im südlichen Seitenschiff gestiftet.

Die Nibelungensage – kompakt

Wer das Nibelungenlied geschrieben hat, weiß man nicht. Es muss um das Jahr 1200 im Donaugebiet entstanden sein. In der Sage wirbt Siegfried um die Königstochter Kriemhild und hilft König Gunther, das Herz der stolzen Brunhild zu gewinnen. Nur darf letzteres niemand wissen. Da Siegfried der junge, schöne Held ist, hinter dem die Frauen her sind und der mit dem Nibelungenschatz noch einen großen Sack mit Gold hat, wird die werte Damenwelt etwas stutenbissig. Kriemhild verrät Brunhild Siegfrieds Rolle bei der Eheschließung, Brunhild fordert Rache und wendet sich an den treuen Hagen von Tronje. Der ermordet Siegfried bei der Jagd und man versucht den Sachsen die Tat in die Schuhe zu schieben. Kriemhild riecht den Braten und nimmt viele Jahre später mithilfe des Hunnenkönigs Etzel, den sie inzwischen geheiratet hat, blutige Rache an ihrer Sippe. Eine wunderbare Geschichte um Liebe, Hass, Verrat und Treue bis in den Tod.

Im Laufe der Zeit hat sich das Ansehen einiger Charaktere gründlich gewandelt. Brunhilde war immer eine starke Frau. Kriemhild emanzipierte sich vom braven Frauchen zum Blut trinkenden Racheengel. Gunther blieb immer der königliche Schwächling, aber immerhin war er seinem Vasallen Hagen treu und ging mit ihm in den Tod. Siegfried war lange Zeit der große Held, ein Mann von Welt. Allerdings hat sich im Laufe der Zeit immer mehr herausgestellt, dass er ein Schönling war, dem alles zu leicht von der Hand ging. Schweiß und Anstrengung kannte dieser junge Schnösel nicht. Außerdem machte er nicht den Eindruck von der Sonne des Geistes übermäßig beschienen worden zu sein. Hagen hat lange Zeit damit leben müssen, dass er als der Fiesling schlechthin galt. Heute sieht man das etwas differenzierter: Hagen war ein treuer Recke seines Herrn König Gunther. Kriemhild stellte unmittelbar Brunhild und mittelbar Gunther bloß. Das konnte Hagen nicht dulden und wurde so zum Mörder an Siegfried, um die alte Ordnung und das Ansehen seines Königs zu erhalten. Zudem ist Hagen immer ein Realist und der einzige politische Denker, genau genommen ist er der einzige in der Sage, der seinen Kopf gebraucht.

Ein Stoff, wie geschaffen für eine Oper! Für eine? Nein, in vier Opern hat Richard Wagner diese Sage vertont und Bühnenbilder gegossen. Ein Mammutwerk!

Ludwig wurde dabei natürlich auch an die Sagenorte aus dem Opernzyklus »Der Ring des Nibelungen« von Richard Wagner erinnert, einem Musikdrama, zu dessen Fertigstellung Wagner sich ihm einige Wochen zuvor verpflichtet hatte. Doch dazu müssen wir in der Zeit ein paar Monate zurückgehen und die erste Begegnung zwischen dem Komponisten und Ludwig schildern.

Gesucht und gefunden: Richard Wagner

März 1864, Bayern trauerte um den gerade verschiedenen König Maximilian II. Das Wetter war in München so, wie um diese Jahreszeit häufig. Es war kalt und windig, Schnee- und Regenschauer wechselten sich ab. Alles in allem lag über der Stadt eine trübe Stimmung.

Da huschte ein Mann durch die Straßen, ein kleiner Mann mit einem großen Kopf und einem noch größerem Barett. Den Kragen seines Mantels hatte er hochgeschlagen und mit einer Hand hielt er vorne den Kragen zusammen. Als er an einem Schaufenster vorüberging, fiel sein Blick auf ein Porträt des neuen Königs, Ludwig II. Er war gerührt, als er das Bildnis dieses schönen jungen Mannes sah. »Wäre er nicht König, den möchtest Du wohl kennen lernen«, dachte er sich.

Wagner war zu dieser Zeit mal wieder auf der Flucht. Später wurde dies in seiner Autobiographie etwas freundlicher mit »auf der Durchreise« ausgedrückt. In Wien wurde nach über 70 Proben die Inszenierung von Wagners Oper »Tristan und Isolde« als unaufführbar abgebrochen. Die Oper war derart komplex, dass keiner mehr wusste, worum es eigentlich ging, wer mit wem … und überhaupt. Die Geduld der Verantwortlichen in Wien war zu Ende, sie setzten den Komponisten vor die Tür.

Wagner hatte, wie er nun einmal so war, schon längst alle Vorschüsse und Einnahmen, die da noch kommen sollten, verbraucht. Auf Pump führte er ein großes Haus, beschäftigte Diener und das Beste war für ihn gerade gut genug. Wegen einem gewaltigen Schuldenberg musste der gescheiterte Komponist die Flucht ergreifen, nicht vor den Frauen, sondern vor seinen Gläubigern. Und auf dieser »Durchreise« machte er kurz in München Station, ehe ihn sein Weg über Zürich weiter nach Stuttgart führte.

In München schrieb er seinen Grabspruch nieder:

> *»Hier liegt Wagner, der nichts geworden / nicht einmal Ritter vom lumpigsten Orden; / nicht einen Hund hinter'm Ofen entlockt'er / Universitäten nicht 'mal 'nen Doktor.«*

Dass der junge Mann, dessen Porträt in dem Schaufenster stand, sein wohl größter, auf jeden Fall aber wohlhabendster Fan werden sollte, davon ahnte er zu diesem Zeitpunkt noch nichts. Die Flucht ging weiter.

Sein Ziel war die Schweiz. Dort machte er bei Eliza Wille, einer Freundin, Station. Die Familie Wesendonck lehnte es aber ab, ihn aufzunehmen. Schon einige Jahre vorher hatte Wagner bei dieser hoch gebildeten und, für ihn noch wichtiger, sehr wohlhabenden Familie Unterschlupf gefunden. Doch wie Wagner eben war, genügte ihm das nicht und er begann eine Liebesaffäre mit Frau Wesendonck, was deren Mann gar nicht amüsierte. Wagner wurde des Hauses verwiesen. Immerhin stellten sie ihm 1864 einige Möbel zur Verfügung. Jetzt war er ganz unten. Er fühlte sich krank und am Ende. Seinem Freund Cornelius schrieb er am 8. April: »Ein gutes, wahrhaft hilfreiches Wunder muss mir jetzt begegnen; sonst ist's aus!« Als der Ehemann von Eliza Wille von einer Reise zurückkehrte, bewog er Wagner – wohl durch die Erfahrungen der Wesendoncks gewarnt – erneut zur Abreise. Wagner wurde rausgeworfen. Von der Schweiz reiste er weiter nach Stuttgart. Am 30. April traf er sich mit dem Musiker Wendelin Weißheimer, einem Freund. Diesen trat er mit den Worten gegenüber: »Ich bin am Ende!«

Seit seinem Amtsantritt ließ sich Ludwig II. regelmäßig die Fremdenliste vorlegen. Er suchte nach etwas oder jemandem, aber niemand wusste, nach wem. Nach einigen Wochen fragte er seinen Kabinettssekretär Pfistermeister, warum Wagner nicht in dieser Liste stehe. Dieser entgegnete, welcher Wagner, Wagner gäbe es viele. Für Ludwig aber gab es nur einen Wagner, Richard Wagner. Pfistermeister wurde beauftragt, den Komponisten ausfindig zu machen und nach München zu bringen. Pfistermeister fand ihn nicht in Wien, nicht in Zürich, erst in Stuttgart hatte er Glück. Da Wagner unterwegs war, gab Pfistermeister seine Karte ab und teilte mit, dass der König von Bayern Herrn Wagner zu sprechen wünsche. Wagner überlegte erst einmal, ob er nun bei diesem König auch schon in der Kreide stünde, ohne davon zu wissen. Er war sehr nervös wegen des für den nächsten Tag vereinbarten Treffens mit Pfistermeister. Eine unruhige, weitgehend schlaflose Nacht schloss sich an.

Kabinettssekretär Pfistermeister übergab am folgenden Tag einen Ring, ein Porträt des Königs und die Botschaft Ludwigs, dass der König von Bayern sich aus Liebe zu Wagners Werk entschlossen habe, ihm zu helfen und ihn zu fördern, wo immer er nur könne. Das war die Wende. Wagner war gerettet. Dass ihm aber in Pfistermeister ein erbitterter Feind erwachsen sollte, ahnte er damals noch nicht.

Am 4. Mai 1864 trafen sich Wagner und Ludwig II. in der Münchner Residenz. Ein Treffen zweier Persönlichkeiten, die unterschiedlicher nicht hätten sein können. Hier der groß gewachsene, schöne Jüngling, Spross einer der ältesten Adelsfamilien Europas und Herrscher eines mittelgroßen Königreichs. Dort der klein gewachsene Musiker, genialer Komponist, aber auch selbst- und streitsüchtig. Konnte das gut gehen?

Ludwig gab Wagner sein Wort, ihn finanziell zu unterstützen, damit er seine ganze Kraft darauf verwenden konnte, das große Werk fortzuführen und zu vollenden. Wagner sackte zusammen, er ergriff Ludwigs Hand und wollte etwas sagen. Aber zunächst war er sprachlos (was ihm nicht oft passierte) vor Rührung und Dankbarkeit. Am Tag darauf bekam er alles noch einmal schriftlich vom König bestätigt, er hatte also nicht nur geträumt. Ludwig betonte, dass Wagner von nun an den niederen Sorgen des Alltagslebens enthoben sein sollte, um ihm Ruhe zu verschaffen, damit er sich der Kunst ungestört widmen konnte.

In überschwänglichem Ton bedankte er sich bei seinem Förderer. Das war im Übrigen der Beginn einer Brieffreundschaft, die bis zum Tod des Komponisten hielt. Nachfolgend einige Beispiele, wie sich die Brieffreunde anredeten:

- »Geliebter einziger Freund«
- »Mein innigst Geliebter«
- »Einziger Heiliger«
- »Ein und all«

Mit einem einfachen »Hallo«, »Grüß Gott« oder »Sehr geehrter Herr« war es zwischen den beiden nicht getan. Die Brieffreunde hielten den Ton in ihren Briefen immer auf einem derart vertrauten Niveau. Demgegenüber waren Ludwigs Briefe an seine spätere Braut Sophie so nüchtern wie es heute die Schreiben vom Finanzamt sind.

Wagner war nun erst einmal frei von weltlichen Sorgen. Seine Schulden wurden ausgeglichen und er erhielt ein schönes Haus in München. Die Villa Pellet am Starnberger See wurde ebenfalls für den Komponisten angemietet, damit er den König, wenn dieser auf Schloss Berg weilte, schnell erreichen konnte.

Ludwig II. unmusikalisch?

Hier wollen wir uns kurz der Frage widmen, warum Ludwig II. so von Wagners Werk begeistert war und warum er diesen förderte. Lag es an der Musik oder mehr an den interessanten Stoffen, die Wagner für seine Bühnenwerke verarbeitete? Kann es sein, dass Ludwig mit der Musik wesentlich weniger anzufangen wusste als mit der Bühnendekoration, die seine Fantasie umso mehr anregte? Dass sozusagen die Musik nur ein Nebenaspekt des Wagner'schen Werkes für Ludwig war?

Ludwigs Klavierlehrer bezeichnete den Tag, als er ihm die letzte Musikstunde gab, als den glücklichsten seines Lebens. Das zeugt nicht gerade davon, dass Ludwig ein Klaviervirtuose hätte werden können. Für Kaffeehausmusik hätte es unter Umständen gereicht.

Wagner selbst hielt Ludwig für völlig unmusikalisch und nur mit einem poetischen Gemüt begabt. Aber Wagner hat auch eine Reihe anderer sehr erfolgreicher Komponisten, die mehr Geld verdienten als er, als absolut unmusikalisch bezeichnet.

Interessant ist, dass sowohl Wagner-Verehrer als auch Wagner-Gegner in der Ansicht übereinstimmten, dass der König von Bayern total unmusikalisch sei, wenn auch aus sehr unterschiedlichen Gründen: Für die Wagner-Gegner war Wagners Musik keine Musik sondern nur ein Gedröhne, Gekreische und viel zu lautes Gedudel. Wer also so einen Möchtegernkomponisten fördert, der kann doch nichts von Musik verstehen! Die Wagner-Anhänger wiederum rümpften über Ludwig ihre Nasen und meinten, dass von Ludwig zwar viele Ideen, Kommentare und Anregungen zu Bühnenbildern, Kostümen kämen, nichts, aber schon überhaupt nichts zur eigentlichen Musik.

Schon einige Monate vorher hatte Ludwig eine Generalamnestie für alle an den politischen Unruhen von 1848/1849 Beteiligten erlassen. Damit war auch die politische Vergangenheit Wagners in Dresden vom Tisch. Wagner war ein sehr revolutionärer Typ, der auch gern mal die Hand biss, die ihn nährte. Als 1848 die Bürger mehr Mitspracherechte einforderten, war er, der Hofkomponist in Dresden, ganz vorne dabei auf den Barrikaden, die sein Freund, der Architekt Gottfried Semper, errichtete. Während allerdings die meisten Aufständischen »Freiheit, Gleichheit, Brüderlichkeit« riefen, war da immer noch so ein kleiner, mit großem Kopf und einer krummen Nase, der dann noch lautstark »und Bühnenweihfestspiele« rief. Das alles gefiel damals den Herrschern nicht und Wagner musste fliehen, sonst wäre er in Haft gekommen.

Sein Freund Ludwig gewährte nun Amnestie. Es hätte alles so schön werden können, hätte sich nicht langsam der Himmel verdunkelt, über Deutschland und auch über der Beziehung Ludwigs II. zu Richard Wagner. Doch dazu mehr im nächsten Kapitel.

Der Bauherr zeigt sich erstmals

Seine großen Schlösser haben Ludwig bekannt gemacht. Es gibt aber auch einige Baumaßnahmen, die bis heute größtenteils unbekannt sind, weil sie im Zweiten Weltkrieg zerstört und nicht wieder aufgebaut wurden. Dazu gehören die Wohnung Ludwigs in der Münchener Residenz, sein Wintergarten und der so genannte Nibelungengang.

Als junger Kronprinz wohnte Ludwig im obersten Stockwerk des nordwestlichen Eckpavillons im Festsaalbau der Residenz. Er hat sich wohl für diese Stelle entschieden, weil sie sehr weit von den Räumen der Eltern im Königsbau, am anderen Ende der Residenz, entfernt waren.

Auch als König wohnte Ludwig weiter in dieser eher kleinen Wohnung. Einen Umzug in die Staatsgemächer lehnte er ab.

Fast jeder Wittelsbacher Herrscher hat die Residenz architektonisch bereichert. Auch Ludwig II. tat dies. Sein erster Bauauftrag galt also der Residenz in München. Zuerst ließ er seine Zimmer etwas repräsentativer einrichten – noch in sehr bescheidenem Umfang. Wichtiger für ihn war, einen repräsentativen Zugang zu dieser Wohnung herzustellen. Im Juni 1864 gab er den Auftrag für einen etwa 31 Meter langen, 3,5 Meter breiten und mit 14 Fensteröffnungen zur Residenzstraße ausgestatteten Nibelungengang. Dazu mussten auch einige bestehende Räume aufgegeben werden, was aber bei der groß dimensionierten Residenz kaum ins Gewicht fiel.

Die Nibelungensäle in der Münchner Residenz

Schon König Ludwig I. von Bayern war ein großer Anhänger der Nibelungensage. Fünf Räume sind der Sage gewidmet, die Julius Schnorr von Carolsfeld (1794 – 1872) illustrierte. Zuerst gelangt man in den »Saal der Helden«. Dort werden die Hauptakteure der Sage wie Siegfried, Kriemhild, Gunther, Hagen und Brunhild vorgestellt. Der »Saal der Hochzeit« ist Siegfrieds siegreicher Rückkehr aus den Sachsenkriegen gewidmet. Quasi als Trophäe bringt er Kriemhild mit, deren Hand er errungen hat. Die Hochzeitsszene ist ebenfalls abgebildet. Im »Saal des Verrats« steht der Meuchelmord Hagens an Siegfried im Mittelpunkt. Siegfried, eigentlich unverwundbar bis auf eine kleine Stelle an der Schulter, wird bei der Jagd von König Gunthers treuem Gefolgsmann Hagen hinterrücks ermordet. Interessant ist die Szene, als Hagen bei Siegfrieds Beerdigung an den aufgebahrten Leichnam tritt und Siegfrieds Wunde erneut zu bluten beginnt. Dies ist der Beweis, dass Hagen der Mörder ist. Nach diesem Saal muss sich logischerweise der »Saal der Rache« anschließen. Hier sind Szenen der frisch vermählten Königin Kriemhild zu sehen. Diese hat nach langer Witwenzeit Hunnenkönig Etzel geheiratet, jetzt kann sie endlich Rache nehmen. Nach dem großen Gemetzel in diesem Saal bildet der »Saal der Klage« den Schluss. Eine Besonderheit stellt das Gemälde des Zugs der Trauernden dar: Zwei Könige Bayerns sind mit ihren Gesichtszügen hier verewigt. Zum einen König Ludwig I. von Bayern, der den Auftrag zu diesen Gemälden gab, und ganz nahe bei ihm ein Jüngling, nämlich König Ludwig II. von Bayern, unter dessen Regentschaft der Gemäldezyklus vollendet wurde. Damit ist Ludwig II. zweimal mit einem Bild in der Residenz verewigt: Einmal mit dem offiziellen Staatsporträt in der Ahnengalerie der Residenz, zum anderen eben in den Nibelungensälen, neben seinem Opa, König Ludwig I.

Der Weg nach Königgrätz (1865 - 1866)

5

In diesem Kapitel

- Der Erfolg: Tristan und Isolde
- Pläne für ein Opernhaus
- Die Vertreibung: Richard Wagner muss Bayern verlassen
- Die unvermeidliche Annäherung an den »Nord«-Deutschen Bund
- Ein Zivilist als Kriegsherr?
- So schnell schießen die Preußen oder: Die letzte Gelegenheit, ungestraft auf Preußen schießen zu dürfen
- Die triumphale Frankenreise

Nach über 70 Proben wurde an der Wiener Oper das Projekt der Welturaufführung der Oper »Tristan und Isolde« aufgegeben. Die Oper galt als unaufführbar. Und Richard Wagner, der Komponist, galt damals in Fachkreisen als Versager.

Davon ließ sich der junge König Ludwig nicht irritieren. Er holte Wagner zu sich an seinen Hof und schaffte ihm ein Umfeld, das Wagners Motto gerecht wurde: »Jedem das Seine und mir das Meiste und Beste!«

Wagner ging daran, die Oper am Münchner Nationaltheater in Szene zu setzen, und tatsächlich gelang ihm alles – man hatte ja in Wien schon lange geübt. Die Weltpremiere der Oper war ein großer Erfolg für Komponist und König. Man konnte zufrieden sein.

Ein Stück aus dem Leben. Eine Frau zwischen zwei Männern. Gerade so war es auch in der Realität. Richard Wagner, ein großer Schwerenöter vor dem Herrn, begann um diese Zeit ein Verhältnis mit Cosima von Bülow, der Frau des Dirigenten Hans von Bülow, eines guten Freundes von Richard Wagner. Cosima, eine Tochter des Komponisten Franz Liszt, kam mit ihrem Mann nach München, dem Wagner dort einen gut dotierten Posten verschafft hatte. In Wagners Stadthaus bekam Cosima ein eigenes Büro, um des Meisters Briefwechsel zu erledigen. Sie kamen sich schnell näher.

Doch zunächst wussten weder Ludwig noch der gehörnte Ehemann von der Liaison. Man sonnte sich im Erfolg der Opernpremiere und sah wohlgemut der Zukunft entgegen.

Wagners Tristan und Isolde

Uraufführung 1865

Tristan wird in einem Zweikampf verwundet, seinen Gegner hat er dabei natürlich getötet, wie sich das für einen Helden gehört. Seine Wunde will aber nicht heilen, was tun? Auf zur Heilerin Isolde in Irland. Isolde verliebt sich in Tristan und umgekehrt. Aber beide bekommen, wie man so schön sagt, das Maul nicht auf und gestehen einander ihre Liebe nicht. Bei einem Friedensschluss zwischen Cornwall und Irland ist die gute Isolde dann der Hauptgewinn und soll König Marke von Cornwall heiraten und Tristan soll sie abholen.

Auf Tristans Schiff ist Isolde trübsinnig und beschließt, mit Tristan in den Tod zu gehen. Der weiß von dieser Ehre allerdings noch gar nichts. Isolde bittet ihre Dienerin Brangäne, ihre Gifttasche zu holen. Nein Gifttaschen sind nicht das mittelalterliche Gegenstück zu Handtaschen, und der Autor verbittet sich entsprechende Analogien.

Isolde mixt Tristan einen dampfenden Trunk und bittet ihn, auf ihre Versöhnung anzustoßen. Komischerweise sterben beide nicht, sondern Tristan und Isolde fallen plötzlich übereinander her, wie zwei wild gewordene Teenager. Brangäne hat ungefragt das Gift gegen Liebestrank ausgetauscht, um ihrer Herrin einen Gefallen zu tun.

Isolde heiratet zwar König Marke, trifft sich aber immer noch regelmäßig mit Tristan zum romantischen Stelldichein. Als Marke jagen geht, ist Brangäne nervös – ihr schwant Übles, das Melot, der gemeine Gehilfe von König Marke, geplant haben könnte. Tristan und Isolde treffen einander, König Marke kehrt überraschend zurück und erwischt die beiden. Tristan lässt sich daraufhin von Melot niederstrecken.

Tristan ist aber nicht tot, er ist nur in einer Art Koma und er kommt auf seinem Stammschloss zu sich. Er hat einen ausgewachsenen Filmriss, weiß aber noch, dass er eine Isolde liebt. Er bildet sich ab und an ein ihr Schiff zu sehen, aber irgendwann erscheint es wirklich. Kurwenal, Tristans Spezl geht, um sie abzuholen. Isolde tritt ein, aber Tristan nimmt sie nicht wahr, stattdessen spricht er mit der Fackel, so als wäre sie Isolde. Dann bricht er in Isoldes Armen zusammen und stirbt.

Jetzt legt ein zweites Schiff an: Es ist König Marke. Kurwenal glaubt, Tristans Schloss soll angegriffen werden und macht sich mit Tristans Mannschaft zur Verteidigung bereit. Er tötet den bösen Melot und wird selbst getötet.

Aber er lag daneben, Marke will gar keinen Streit. Brangäne hatte ihm die Wahrheit gesagt und er entschuldigt sich erschüttert bei Isolde. Zu spät! Isolde ist benommen, singt den berühmten »Liebestod« und stirbt.

Die »Schweinehunde« im Parkett

Wagner und Herr von Bülow verstanden es, sich in München Feinde zu machen. Um für das Orchester mehr Platz zu schaffen, mussten 30 Plätze in den ersten Reihen des Parketts abgebaut werden. Zuerst weigerten sich die Herren der Oper, diese Sitzplätze abzubauen, als ihnen von Bülow entgegnete: »Na und? Was liegt denn daran, ob dreißig Schweinehunde mehr oder weniger hineingehen!« Natürlich wurde diese Äußerung sofort der Presse zugetragen und trug nicht unbedingt zur Steigerung der Popularität von Wagner und seinen Begleitern bei.

Pläne für ein Opernhaus

Ludwig und Richard Wagner waren sich einig darin, dass das monumentale Werk Wagners, vor allem aber »Der Ring des Nibelungen« nicht in einem x-beliebigen Opernhaus aufgeführt werden könne. Daraus entwickelte sich die Idee auf einer Anhöhe, hoch über der Isar ein großes steinernes Opernhaus zu errichten. Auf dieses sollte dann eine Straße zulaufen, parallel zur Maximilianstraße. Als Verlängerung der Brienner Straße, durch den Hofgarten, direkt an Ludwigs Residenz vorbei, sollte sich diese Prachtstraße neben der Ludwigstraße und der Maximilianstraße als dritte große städtebauliche Achse durch die Stadt ziehen.

Die Entwürfe für das Opernhaus wurden vom Architekten Gottfried Semper erstellt, einem Freund aus Wagners Dresdner Revolutionstagen. Dort hatte Wagner das Können Sempers beim Bau unüberwindlicher Barrikaden kennen und schätzen gelernt. Auffallend an dieser Wahl des Architekten ist, dass Ludwig hier mit einem der renommiertesten und berühmtesten Architekten der Zeit zusammenarbeiten wollte. Später bediente er sich eher Architekten, die zuverlässig nur das ausführten, was der König anordnete.

Semper machte sich an die Arbeit, erstellte Pläne und baute ein Modell des Theaters. Ludwig war begeistert. Wagner auch, ein bisschen, wenigstens. Aber er ließ sich zunächst nichts anmerken. Er befürchtete, dass sich sein Gönner mit dem Bauvorhaben, dessen Kosten sich mitsamt der Prachtstraße auf 5 Millionen Gulden beliefen, übernehmen würde und dass dann für ihn und sein Werk nicht mehr genug übrig bleiben würde. Von Zeit zu Zeit warf er ein, dass ihm eine Art Experimentaltheater aus Holz, das man in den Glaspalast einbauen könnte, eigentlich zum Start lieber wäre. Das große Theater könne man ja später immer noch angehen. Ludwig konnte sich mit diesem Gedanken aber gar nicht anfreunden. Ihm schwebte die prachtvolle Lösung vor.

Man kann es Ludwigs Unerfahrenheit zuschreiben, dass aus dem Projekt nichts wurde. Während sein Großvater und auch sein Vater bei ihren öffentlichen Bauten auch immer Stadtrat und Landtag einschalteten und dort Mittel locker machten, versäumte Ludwig dies. Es wurde kein Gespräch mit den Verantwortlichen der Stadt geführt. Das sollte sich rächen.

Am Ende musste der planende Architekt Gottfried Semper sogar noch vor Gericht ziehen, um für seine Entwürfe und die viele Arbeit entschädigt zu werden.

In abgespeckter Version griff Wagner dann in Bayreuth die Münchner Pläne wieder auf und verwendete sie für sein Festspielhaus.

Die Münchner gingen erst einmal leer aus. Erst zur Prinzregentenzeit wurde mit der Prinzregentenstraße und dem Prinzregententheater die Bauplanung wieder aufgegriffen und, wenn auch stark verändert, umgesetzt.

Wenn man einen Eindruck vom geplanten Theater Sempers gewinnen möchte, bietet es sich an, die Dresdner Semperoper einmal zu besuchen, die viele Elemente der Münchner Bauplanung enthält.

Rückblickend kann man sagen, dass die Jahre zwischen der ersten Begegnung Ludwigs und Wagners und dem Höhepunkt der Premiere »Tristan und Isolde« die schönste Zeit im Leben des Komponisten und der Regierungszeit des Königs waren. Wenn man allerdings an einem Gipfel angekommen ist, kann es auf allen Seiten nur noch nach unten gehen. Vorläufig schwebten Wagner und Ludwig noch auf Wolke sieben.

Abbildung 5.1: Das geplante Opernhaus in München, Ludwig II.-Museum, Herrenchiemsee

Wagner-Mobbing als Beamtenspaß

In der Bevölkerung begann sich Unmut zu regen, beim Blick auf das extravagante Auftreten Wagners. Das engere Umfeld des Königs machte sich wegen der schwärmerischen Verehrung des Herrschers für den Komponisten Sorgen. Solange sich der König mit Bühnenbildern und Kostümen beschäftigte, konnten die Minister in aller Ruhe vor sich hinregieren, aber das war nur eine Seite der Medaille. Wagners Ansprüche wuchsen immer weiter, er wollte immer mehr.

Die Überlegung war, dass Wagner durch sein Verhalten Ludwig schadete. Und wer dem König schadet, beschädigt den Staat insgesamt, was man als Minister oder Beamter nicht zulassen darf. So begannen sie, Interna über Wagner und vor allem die finanzielle Ausstattung, die ihm der König gewährte, gezielt an die Presse zu geben.

Anfangs erhielt Wagner ein Jahresgehalt von 4 000 Gulden, was dem Jahreseinkommen eines Ministerialrats entsprach. Dann forderte er 200 000 Gulden als Nutznießung. Das konnte aber noch abgebogen werden. Stattdessen erhielt er nun 8 000 Gulden als Jahresgehalt. Einige Zeit später erhielt er eine Barzahlung in Höhe von 40 000 Gulden. Bei der Auszahlung dieser Summe machten sich die Beamten der Hofkasse den Spaß, die Summe in Münzen auszuzahlen und nicht in Papiergeld. Geld ist schließlich Geld. Für den Transport der Silbermünzen wurden zwei Kutschen benötigt. Wagner tobte. Vom König verlangte er die Entlassung der Verantwortlichen: Kabinettssekretär Pfistermeister und Hofsekretär Hofmann. Pfistermeister, der Bote, der Wagner in Stuttgart aufgestöbert hatte, war nun offen zum Feind Wagners geworden.

Ludwig zögerte, sein Kabinett umzubilden, nur weil der Komponist es forderte.

In München erhielt Wagner den Spitznamen »Lolus«, eine Anspielung auf die Geliebte von König Ludwig I., Lola Montez. Dieser Dame war Ludwigs Großvater so verfallen, dass er sich von ihr sogar in seine Regierungspolitik hineinreden ließ.

Wagner in Ludwigs Bergen

Ludwigs Einladung folgend, wohnte Wagner im August 1865 im Jagdhaus des Königs auf dem Hochkopf, hoch über dem Walchensee gelegen. Für Wagner war dies eine Tortur, denn als Stadtmensch war er an die Annehmlichkeiten einer Großstadt gewöhnt. Aber des Königs Wunsch war ihm Befehl. Ludwig wollte Wagner die Erhabenheit seiner geliebten Berge zeigen, in der Hoffnung, der Komponist würde dadurch Ideen und Anregungen für seine Bühnenwerke erhalten. Wagner hatte dafür allerdings wenig übrig. Alles war anstrengend und mit den Bergen rings herum konnte er auch nicht viel anfangen. So setzte er sich hin, las viel, arbeitete an der Oper Siegfried und verfasste ein Gedicht für den König mit dem bezeichnenden Titel »Am Abgrund«.

Mit großem Getöse wollte Wagner schon im August 1864 mit 80 Musikern zu Ludwigs 19. Geburtstag in Hohenschwangau einen eigens zu diesem Anlass komponierten Huldigungsmarsch aufführen lassen. Die Königinmutter, keine Freundin Wagners, befand sich ebenfalls im Schloss und vereitelte das Vorhaben dadurch, dass sie eine Erkrankung vorschob, die durch die Musik noch verschlimmert werden könnte. Der Huldigungsmarsch wurde dann, bei denkbar schlechtem Wetter, erst im Oktober im Innenhof der Münchner Residenz aufgeführt.

Im November 1865 war Wagner Gast in Hohenschwangau. Aus München hatte er einige Oboisten mitgebracht, die auf den Türmen des Schlosses einen Morgengruß aus Lohengrin darboten. Jeden Abend wurden Werke Wagners und weiterer Komponisten aufgeführt. Noch einmal waren beide selig vereint in ihrer Liebe zu Musik und Drama.

Wagners Vertreibung aus München

Nur einen Monat nach den schönen Tagen in Hohenschwangau musste Wagner München verlassen. Was war geschehen?

Wer war schuld an Wagners Vertreibung aus München?

- ✔ Konkurrenten, die Wagner die Gunst des Königs neideten,
- ✔ Journalisten, weil sie eben so sind, wie sie sind (vor allem Musikkritiker),
- ✔ Königliche Beamte, die »ihren« König für sich haben wollten,
- ✔ Minister, weil sie dem König seine Grenzen aufzeigen wollten,
- ✔ und schließlich: Wagner selbst, der sich wie die Axt im Walde aufgeführt hatte, herrisch, großspurig und arrogant wie eh und je.

Am meisten Schuld für die Ereignisse vom Dezember 1865 trifft Wagner selbst. Nicht nur, dass er finanziell das Maximale für sich herausholen wollte. Er unterschätzte auch die Macht der Minister und Beamten und überschätzte die Möglichkeiten seines Gönners und Königs, der auf einen funktionierenden Staatsapparat angewiesen war.

Wagner lancierte Artikel in den Zeitungen, in denen er die Bevölkerung Bayerns »vor einer selbstsüchtigen Clique um den König« warnen wollte. Er meinte damit natürlich die Hofschranzen. Man hätte aber auch darauf kommen können, dass er damit gemeint war. Zwischen Ludwig und seinem Kabinett tat sich eine Kluft auf und als die Minister ihren Rücktritt anboten, musste Ludwig Schadensbegrenzung betreiben. Wagner konnte er ja schlecht zum Ministerpräsidenten ernennen.

Auch die Beziehung Richard Wagners zur Frau seines Freundes Cosima von Bülow lieferte Anlass zu Spekulationen und Skandalen. Wagner, Cosima und ihr Mann Hans von Bülow hielten die Dreierbeziehung vor Ludwig lange geheim. Wagner und Cosima, um die Gunst Ludwigs nicht zu verlieren, Hans von Bülow, um seinen gut dotierten Job in München zu behalten. Bereits am 10. April 1865 gebar Cosima Isolde, das erste gemeinsame Kind mit Wagner. Als Gerüchte um die Vaterschaft Wagners auftauchten, verfasste Ludwig auf Wagners Wunsch hin eine Ehrenerklärung für den Komponisten. Aber auch Ludwig hatte Augen im Kopf und so konnte es ihm nicht verborgen bleiben, dass der Meister ein Frauenheld war.

Ludwig zog die Konsequenzen: Fortan trennte er den Komponisten Wagner vom Menschen Wagner. Den genialen Komponisten werde er weiter fördern, so lange er lebe. Auch Verehrung und Zuneigung werde er ihm weiter entgegenbringen. Aber der Mensch Wagner war ab diesem Zeitpunkt für ihn erledigt. Mit diesem selbstsüchtigen Emporkömmling wollte er nichts mehr zu tun haben. Für Ludwig dürfte dies die schlimmste Enttäuschung seines Lebens gewesen sein. Der von ihm vergötterte und in den Himmel gehobene, von allen irdischen Sorgen befreite Künstler hatte sich als mieser kleiner Tunichtgut erwiesen.

Auch die späteren Briefe und Treffen der beiden können über diesen Bruch nicht hinwegtäuschen. Ludwig korrespondierte mit dem verehrten Komponisten, nicht mehr mit dem väterlichen Freund und Berater. Hier hatte Wagner versagt, so wie schon die Eltern Ludwigs und die Erzieher. Ludwig suchte Zeit seines Lebens einen Freund, einen wahren Freund, der ihn als Menschen akzeptierte und beriet, nicht aber als König ausnutzte und für seine Zwecke einsetzte. Trotzdem war ihre Beziehung auf eine gewisse Art immer noch sehr eng, einigen wir uns einfach darauf, dass das Verhältnis von nun an zwiespältig war.

Am 6. Dezember 1865 setzte Oberappellationsgerichtsrat Dr. Johann von Lutz Wagner davon in Kenntnis, dass er Bayern verlassen möge. Wagner tobte, als er seine Niederlage erkannte.

Als Ludwig an diesem Abend ins Theater ging, um sich »Iphigenie« anzusehen, begann das Theaterpublikum zu zischen, als er die Königsloge betrat. Wagner war zu einer Belastung der Beziehung zwischen König und Volk geworden. Ludwig musste handeln, auch wenn es ihm schwer gefallen sein dürfte, vom seinem Komponisten und Idol abzurücken.

Die unvermeidliche Annäherung an den »Nord«-Deutschen Bund

Während Ludwig und Bayern mit der Affäre um »Lolus«-Wagner beschäftigt waren, begann sich ein Krieg abzuzeichnen. Nachdem Preußen und Österreich 1864 im so bezeichneten Deutsch-Dänischen Krieg die Länder Schleswig und Holstein den Dänen entrissen hatten, konnten sich die beiden Supermächte im Deutschen Bund nicht über die weitere Strategie ihrer Länder einigen.

Deutschland war damals nur ein sehr locker organisierter Staatenbund. Dominiert wurde er von Preußen und Österreich. Daneben existierten eine Vielzahl von mittelgroßen Staaten wie Bayern, Baden, Württemberg, Sachsen usw. Es war die Vision von Ludwigs Vater Maximilian, diese Mittelstaaten zu einem einheitlichen Machtblock, der Preußen und Österreich die Stirn bieten konnte, zusammenzufassen. Diese »Trias-Idee« scheiterte aber an der Unwilligkeit der anderen Länder, Bayern die Führungsposition zuzugestehen.

Das Anliegen von Max II. war gut nachzuvollziehen. Im Osten und Süden seines Landes befand sich das katholische Österreich, das in den zurückliegenden Jahrhunderten Bayern immer mal wieder militärisch besetzte hatte. Das Verhältnis zum protestantischen Preußen war angespannt, seit Bayern im Zuge der napoleonischen Neuordnung Deutschlands etliche Gebiete erhalten hatte, die zuvor den Hohenzollern, dem preußischen Herrschergeschlecht, gehörten.

Der preußische Ministerpräsident Otto von Bismarck verfolgte bei der Einigung Deutschlands seine eigenen Ziele. Er wollte den gefährlichen Vielvölkerstaat Österreich nicht in diesem Staatenbund haben. Man darf sich fragen, warum er dieses Land partout nicht in ein neues deutsches Reich integrieren wollte.

Bismarck ging aber noch weiter: Er trat aus dem Deutschen Bund aus und marschierte mit den preußischen Truppen in Sachsen, Hannover und Kurhessen ein. Da Bismarck damit den Deutschen Bund praktisch aufgelöst hatte, blieb Bayern gar nichts anderes übrig, als für Österreich zu kämpfen, um das Bundesrecht mit Waffengewalt zu erhalten.

Ludwig wollte keinen Krieg. Warum musste ausgerechnet er als erster bayrischer König seit den napoleonischen Kriegen einen Krieg führen? Und den auch noch gegen den deutschen Bruderstaat Preußen. Alle Königshäuser in Deutschland waren miteinander verwandt, seine Mutter eine preußische Prinzessin. Und gegen deren Familie muss man jetzt Krieg führen?

Ein Zivilist als Kriegsherr?

Es rächte sich nun, dass die bayerischen Könige Max I. Joseph, Ludwig I. und Maximilian II. zwar vielerlei Interessen hatten, das Militär aber nicht dazu gehörte. Die bayerischen Truppen waren schlecht ausgerüstet und auf keine kriegerische Auseinandersetzung vorbereitet. Und an der Spitze des Staates ein Jüngling, der lieber Zivil als Uniform trug, der die Jagd nicht mochte und von Militärstrategie überhaupt nichts verstand. Das konnte nur schief gehen! Das war auch Ludwig klar. Zum ersten Mal dachte er an Abdankung. Sein Bruder Otto, der nächste Verwandte und potenzielle Thronerbe, wenn Ludwig zurückträte, war den militärischen Dingen mehr zugeneigt.

Am 10. Mai verkündet Ludwig die Mobilmachung für den 22. Juni. Eine Mobilmachung ist das Zeichen für das Militär sich bereit zu machen. Dann heißt es, die Munition bereitzustellen, Pferde, Wagen und Waffen in einen kriegseinsatzfähigen Zustand zu bringen und die Truppen zu sammeln, Reservisten einzuberufen usw.

Fluchtversuche Ludwigs

Nachdem Ludwig diese schwere Entscheidung getroffen hatte, machte er sich aus dem Staub. Zusammen mit seinem Adjutanten Paul von Thurn und Taxis und dem Reitknecht Völk sattelte er die Pferde und ritt zum Starnberger See, dort suchte er auf der Roseninsel, mitten im See gelegen, Abstand zur Welt. Diese Reaktion wurde ihm natürlich von kritischen Geistern als Verstecken vor dem Feind ausgelegt. Aber was sollte er anderes machen? Sollte er vor seinen Soldaten aufmunternde Reden halten und sie auffordern, möglichst brutal auf die Gegner einzuschlagen und möglichst viele von ihnen umzubringen? Nein, für solche Reden war Ludwig nicht zu haben.

Seine Minister empfing er nicht mehr. Mit einem kleinen Kahn wurden wichtige Papiere zur Roseninsel geschafft, die der König dann abzeichnete. Und zur Ablenkung ließ er auf der Roseninsel ein Feuerwerk abbrennen.

Von Berg aus reiste Ludwig, zunächst unbemerkt, in die Schweiz. Am 22. Mai feierte Richard Wagner in Triebschen am Vierwaldstätter See seinen Geburtstag. Hier lebte er seit seiner Vertreibung aus München, noch immer fürstlich von Ludwig unterstützt. Als es klopfte, meldete sich beim Hausdiener ein gewisser Walther von Stolzing, eine Figur aus der Oper »Die Meistersinger von Nürnberg«, an der Wagner gerade arbeitete. Ludwig suchte Rat beim noch immer verehrten Idol. Auch über seine Abdankungspläne wurde gesprochen. Ludwig wollte sich, ausgestattet mit einer ordentlichen Apanage, ganz der Förderung des Meisters widmen. Wagner riet davon ab. Er befürchtete, dass das Geld für zwei ausgeprägte Verschwender nicht reichen könnte.

Als Ludwig nach zwei Tagen wieder nach Berg zurückkehrte, war der Ärger groß. Ein König, der sich in einer so kritischen Phase einfach davonmacht und dann ausgerechnet zu Wagner in die Schweiz reist, war nicht akzeptabel! Als er am 27. Mai in München den Landtag eröffnete, wurde er während der Fahrt von den Passanten beschimpft, allerdings aus gebührender Entfernung. »Behurrat« worden ist er schon gar nicht mehr, merkte Chlodwig zu Hohenlohe-Schillingsfürst an. Der König hatte sich vom Volk entfernt.

Der Krieg beginnt

Am 15. Juni 1866 begann der preußisch-österreichische Krieg um die Vorherrschaft in Deutschland. Die bayerische Armee wurde von den beiden »Oldies« Generalfeldmarschall Prinz Karl von Bayern und Generalleutnant Ludwig Freiherr von der Tann geleitet. Beide waren sich einig, dass Österreich diesen Krieg nicht gewinnen konnte. Als Kriegsminister fungierte Eduard von Lutz, von dem Franz Herre, ein Biograph Ludwigs II., schreibt, dass sich der »Militärbürokrat, als er sich aufs Pferd setzte, mit dem Kopf an die Tür stieß«. Bayern hatte seinen ersten Verletzten, noch ehe der Krieg richtig begonnen hatte.

Mit 40.000 Soldaten zog die bayerische Armee in den Deutschen Bruderkrieg. In späterer Zeit wurde oft mit Bedauern erzählt, dass der Krieg 1866 für Bayerns Bürger die letzte Gelegenheit gewesen sei, »ungestraft« auf Preußen zu schießen. Danach wurde dieses Delikt dann zum Mord.

Am 3. Juli wurde die österreichische Armee bei dem kleinen böhmischen Ort Königgrätz vernichtend geschlagen. Auch die Lage in Bayern war desolat. Die preußische Armee wurde in den fränkischen Regionen Bayerns, also den ehemals von Hohenzollern beherrschten Gebieten, keineswegs wie Angreifer, sondern eher wie Befreier vom bayerischen Joch empfangen. Die protestantischen Bewohner Frankens hofften, von ihren Glaubensbrüdern in deren preußisches Reich aufgenommen zu werden. Daran änderte zunächst auch der Besuch Ludwigs im Bamberger Hauptquartier am 26. und 27. Juni nichts. Danach zog er sich wieder nach Schloss Berg am Starnberger See zurück. Die Preußen rückten weiter in Franken vor. Am 31. Juli wehte auf der von hohenzollerschen Grafen gebauten Nürnberger Kaiserburg die schwarz-weiße Fahne Preußens. Bayern war geschlagen, der Krieg verloren.

Bayerns Ohnmacht: Schwierige Friedensverhandlungen

Wie es die Politik so will, verhandeln nach einem Krieg die Politiker über den Frieden, die vorher nicht imstande gewesen sind, den Krieg zu verhindern. So auch nach dem Deutschen Bruderkrieg.

In Berlin wurden die Friedensverhandlungen geführt. Diese begannen mit einem großen Schock für die bayerischen Politiker: Preußen verlangte von Bayern 20 Millionen Taler Kriegsentschädigung, Landesabtretungen an Hessen, die Abtretung von Kulmbach, Hof, Lichtenfels, Kissingen, Brückenau und Hammelburg. Insgesamt hätte Bayern etwa 700 000 Bürger und erhebliche Gebiete verloren.

Verschlimmernd kam noch hinzu, dass Bayern die schlechteste Verhandlungsposition aller am Krieg beteiligten Parteien hatte. Österreich hatte mit Frankreich plötzlich einen gewichtigen Fürsprecher. Sachsen hatte in Frankreich und Österreich machtvolle Partner gewonnen. Das Herrscherhaus in Baden war eng verwandt mit den preußischen Herrschern und die Württemberger und Hessen-Darmstadt suchten sich in Russland einen Verbündeten bei den anstehenden Friedensverhandlungen. Und Bayern? Außer dass Ludwigs Mutter eine preußische Prinzessin war, konnte man nicht viel aufbieten. So konnte man nicht verhindern, dass Bayern zum Spielball der Großmächte wurde. Kaiser Napoleon III. von Frankreich ließ beim preußischen Gesandten, Graf Golz, ausrichten, dass er interessiert wäre, Landau und Saarlouis wieder in das französische Staatsgebiet einzugliedern, das 1814 verloren gegangen war. Und überhaupt meinte man, dass die bayerische Pfalz unter den bedürftigen Ländern im Westen aufgeteilt werden könnte. Dass daraus nichts wurde, ist Bismarck zu verdanken, der in seiner längerfristigen Planung den Konflikt mit Frankreich auf der Liste hatte. Warum sollte man dem nächsten Kriegsgegner jetzt noch deutsche Landesteile abtreten? Doch von diesen Spielchen im Hintergrund hatten die bayerischen Unterhändler keine Ahnung. Vielmehr agierten sie ungeschickt, arrogant und tölpelhaft.

Dass Bayern letztendlich »nur« 30 Millionen Gulden Reparationsleistungen zu zahlen hatte und die Gebiete Gersfeld und Orb in Franken an Preußen abtreten musste, ist wohl dem Respekt Bismarcks vor Ludwig zu danken, der nach langen Beratungen mit seinem Kabinett dem Ergebnis zustimmte. Eine Kröte mussten die Bayern allerdings noch schlucken: Zwischen Preußen und Bayern wurde ein geheimes Schutz- und Trutzbündnis geschlossen, durch das im Kriegsfall der König von Preußen auch den Oberbefehl für die bayerischen Truppen erhalten sollte.

Im Nachhinein ist viel spekuliert worden, warum Bayern doch noch so glimpflich bei den Friedensverhandlungen weggekommen ist. Zu danken ist dies in erster Linie dem Fürsten Bismarck. Er war von Anfang an nicht daran interessiert, das bayerische Territorium zu verkleinern. Dadurch wäre es in Bayern zu einer weiteren Verbitterung gegenüber Preußen gekommen. Das wollte sich der Fürst, mit Blick auf seine zukünftigen Pläne, ersparen.

Natürlich war auch dem preußischen König Wilhem I. daran gelegen, sein Gebiet zu vergrößern und ehemalige Gebiete wieder zu erlangen. Es gelang aber Bismarck, seinen König zur Vernunft zu bringen und so einen akzeptablen Frieden zu erreichen. Vielleicht hat auch Ludwigs Brief an den König von Preußen einen Gesinnungswandel bewirkt.

»Gottlob, dass Friede ist«, sagte Ludwig, nachdem er den Friedensvertrag unterschrieben hatte, und stahl sich in seine geliebte Bergwelt davon. Seinen 21. Geburtstag feierte er auf einer Hütte in den Bergen. Dort hatte er viel Zeit zum Nachdenken. Wieder beschlichen ihn Rücktrittsgedanken. Ein Schattenkönig von Preußens Gnaden wollte er nicht sein. Vielleicht sollte er seinem Bruder Otto die Regierungsmacht übergeben?

Die erfolgreichlosen Truppen wollte der König nicht empfangen. Das kam einem Eklat nahe. Während Ludwig also in den Bergen weilte, diskutierte die Familie Wittelsbach in München, ob Ludwig wirklich der richtige Mann an der Spitze des Staates sei. Kaum zwei Jahre auf dem Thron, schon einen Krieg verloren und in die Berge abgehauen. Dazu noch die Förderung dieses grauenhaften Komponisten. Wäre es nicht besser, den jungen Herrn abzufinden und seinen Hobbys nachgehen zu lassen? Aber noch hatte niemand in der Familie die Kraft oder den Mut, den König vom Thron zu stoßen.

Die triumphale Frankenreise

Ludwig wusste natürlich auch, dass seine Lage prekär war. Es musste etwas geschehen, und zwar schnell. So kam er auf die – auch von Richard Wagner unterstützte Idee – die vom Krieg verwüsteten Gebiete in Franken zu bereisen.

Was zunächst nach einem Canossa-Gang aussah, verwandelte sich in einen einzigartigen Triumphzug. In seinem mit französischen Barockmöbeln eingerichteten Hofzug setzte er sich am 10. November 1866 in Richtung Franken in Bewegung.

Bayreuth

Die erste Station seiner Reise war Bayreuth, die Hauptstadt des Bezirks Oberfranken. Die kleine Barock- und Rokokostadt Jean Pauls und der Markgräfin Wilhelmine von Bayreuth sollte in späteren Jahren noch eine große Bedeutung für Ludwig erlangen.

Zunächst nahm Ludwig Quartier im so genannten Neuen Schloss. Dieser zauberhafte Rokoko-Bau dürfte dem König von Bayern gut gefallen haben. Und natürlich wird er sich gedacht haben, dass es ganz gut wäre, die Bürger auf seiner Seite zu haben, schon allein um die schönen Schlösser und Parks in Franken weiter behalten zu können.

Nachdem Ludwig am Bahnhof noch einem offiziellen Empfang aus dem Wege gegangen war, zeigte er sich später trotz strömenden Regens – huldvoll die Bayreuther grüßend. Schnell brandete Jubel auf und die Hochrufe wollten kein Ende nehmen. Endlich hatten die Bayreuther wieder einen fürstlichen Bewohner in ihrer Residenz, wenn auch nur für kurze Zeit.

Am folgenden Tag besuchte Ludwig die Eremitage, die etwas außerhalb von Bayreuth liegt, ein wunderschöner Landschaftspark mit vielen Parkgebäuden, Schlösschen und Wasserspielen. Trotz Wind und Regen wurden für Ludwig die vielen Wasserspiele in Betrieb genommen, sodass er einen Eindruck vom »fränkischen Arkadien« der Markgräfin Wilhelmine gewinnen konnte.

Am 12. November besuchte er im Rokoko-Opernhaus das Konzert des so genannten »Musikdilettantenvereins«.

Hof

Ludwigs nächste Station war die Grenzstadt Hof. Auch dort wurde er von den Honoratioren der Stadt empfangen, Ehrenjungfrauen überreichten Blumengebinde und sagten Gedichte auf.

Bamberg

Von Hof ging es weiter nach Bamberg, auch »fränkisches Rom« genannt, weil die Stadt auf sieben Hügeln zu stehen scheint.

Am Bahnhof fand die schon routinemäßig ablaufende Begrüßungszeremonie statt. Eine Besonderheit war, dass ein weiterer Wittelsbacher, genau genommen auch ein König, in Bamberg residierte. Und das kam so: Zwischen 1833 und 1862 regierte Otto I., ein Bruder von Ludwigs Vater Maximilian, Griechenland. Als er 1862 abgesetzt wurde, kehrte er nach Bayern zurück, wo ihm in Bamberg die Residenz als Wohnsitz zur Verfügung gestellt wurde. Auch wenn er keine Macht mehr hatte und über kein Volk mehr herrschte, König war er noch immer. So einen Titel verliert man nicht. Man wird dann eben zum König a.D.

So wurde Ludwigs Besuch in Bamberg auch zu einem kleinen Familientreffen in der Neuen Residenz genutzt.

Im barocken Wasserschloss »Concordia« führte man das Festprogramm zu Ludwigs Ehren am folgenden Tag mit einer Tanzveranstaltung fort, an der er, sehr zur Freude der vier Damen, mit denen er getanzt haben soll, regen Anteil nahm.

Im Jahr 1910 kehrte Ludwig noch einmal nach Bamberg zurück. Nein, natürlich nicht der leibhaftige Ludwig, sondern ein Denkmal, das noch heute im Theresienhain steht.

Kissingen

Im Sommer 1864 versammelte sich der europäische Hochadel in diesem altehrwürdigen Kurbad, mit Ludwig als ihrem Gastgeber. Nun war Kissingen schwer gezeichnet vom gerade beendeten Krieg. Einer der Hauptkampfplätze des Krieges war Kissingen.

Da sich Ludwig durch das schlechte Wetter eine Erkältung zugezogen hatte, fiel eine Reihe von Terminen aus und er hütete das Bett. Trotzdem besuchte er am folgenden Tag einige Schlachtfelder des Krieges und legte an den Gräbern Blumen nieder.

Aschaffenburg

Die nächste Station von Ludwigs viel bejubelter Frankenreise war das unterfränkische Aschaffenburg. Nach der Abwicklung des üblichen Fest- und Begrüßungsprogramms besuchte Ludwig das Pompejanum. Sein Großvater, König Ludwig I., hatte sich hoch über dem Main ein Landhaus im Stile der Villa des Castor und Pollux errichten lassen. Zur Zeit Ludwigs I. waren die Ausgrabungen und Entdeckungen in der untergegangenen Stadt Pompeji gerade sehr angesagt. Und so ließ er in Aschaffenburg, wegen des milden Klimas auch das »bayerische Nizza« genannt, eine Villa im Stile der Villen von Pompeji bauen.

Nach den Zerstörungen im zweiten Weltkrieg ist das Pompejanum wieder mustergültig aufgebaut worden. Erst vor einigen Jahren wurden die letzten Arbeiten abgeschlossen. Ein Besuch dieses exotischen Bauwerks auf bayerischem Boden lohnt sich in jedem Fall!

Logiert hat Ludwig aber nicht in der Villa seines Großvaters, sondern in der fürstbischöflichen Residenz Schloss Johannisburg.

Würzburg

Von Aschaffenburg ging es mit der Bahn quer durch den Spessart nach Würzburg. In der Umgebung von Würzburg fanden eine Reihe blutiger Schlachten statt, die viele Opfer forderte. Vielleicht auch aus diesem Grund reagierte die Öffentlichkeit auf Ludwigs Besuch eher nüchtern. Die örtliche Tageszeitung berichtete so gut wie gar nicht über die Reise des Königs und am Tag seiner Ankunft in Würzburg schrieb sie nur von seiner baldigen Rückfahrt nach München.

Trotzdem erfüllte Ludwig gewissenhaft seine Pflicht, besuchte die Schlachtfelder Roßbrunn, Helmstadt und Uttingen. Jedes Grab am Friedhof von Uttingen schmückte er mit Blumen. Nach diesem Tag war Ludwig so ergriffen, dass er am Abend keine Kraft mehr hatte, einer Theateraufführung beizuwohnen.

Residiert hat Ludwig in der Würzburger Residenz, einem der großartigsten Bauwerke des Barock, das von Napoleon einmal als »das schönste Pfarrhaus in Deutschland« bezeichnet wurde, weil es von den Fürstbischöfen als Residenz erbaut und genutzt wurde.

Nürnberg

Mit Ludwigs Ankunft in Nürnberg besserte sich endlich auch das Wetter. Unter dem Gedonner von 101 Kanonenschüssen und stürmisch begrüßt von Tausenden von Nürnbergern bezog Ludwig die über der Stadt thronende Kaiserburg. Dort hatte sein Vater eine Reihe von Zimmern im von ihm so geschätzten neugotischen Baustil einrichten lassen. Angetan von der Freundlichkeit der Bürger und der heimeligen Stadt schrieb er einen Brief an Richard Wagner, in dem er ihm seine Überlegungen zu einer Verlegung der Hauptstadt von München nach Nürnberg vorstellte. Wörtlich schreibt Ludwig:

> *»Die Bevölkerung ist intelligent und durchaus edel, unterscheidet sich darin so vorteilhaft von dem Münchener Plebs«*

Auch die Idee, das große Theater, das in München gescheitert war, nun in Nürnberg zu erbauen wurde von Ludwig erwogen. Aber aus all diesen Plänen ist nichts geworden.

Fürth

In Fürth erreichte die erste Eisenbahn 1835 ihr Ziel. Bis heute bewegt sich Fürth immer etwas im Schatten der Metropole Nürnberg. Erzählen Sie das aber bloß keinem Fürther, es gibt da gewisse Empfindlichkeiten. Ob Ludwig von diesen Komplexen gewusst hat, ist nicht bekannt. Wichtig für Fürth war, dass er auch dieser Stadt einen Besuch abstattete. Dort besuchte er die Synagoge, die von dem bekannten Rabbiner Dr. Löwy geleitet wurde. Von diesem wurde er durch die Synagoge geführt und er zeigte sich an allen Dingen sehr interessiert. Mit dem Rabbiner führte Ludwig einen intensiven Dialog. Dr. Löwy forderte ihn auf, in die Fußstapfen seines Vaters zu treten und die Emanzipation der Juden weiter zu unterstützen. Ludwig beteuerte, dass er das tun wolle.

Die Rückreise

Am 10. Dezember 1866 machte sich der königliche Hofzug auf den Rückweg nach München. Dort wurde der König mit lauten Hurra- und Vivat-Rufen willkommen geheißen. Es hatte sich herumgesprochen, dass der König in den fränkischen Regionen begeistert empfangen worden war. Und natürlich wollten »seine« Münchner, die ihn in den letzten Monaten so übel behandelt hatten, nun ihr Verhalten wieder vergessen machen. Hatten sie doch Wagner verjagt und gemurrt, als der Krieg, den Ludwig nicht wollte, auch noch verloren wurde?

Kabinettswechsel

Das Ziel von Ludwigs Reise war erreicht, das Zusammengehörigkeitsgefühl in Bayern war wieder intakt. Er war wieder beliebt.

Die Gründe dafür waren:

- ✔ Ludwig konnte keine Schuld am Ausbruch des Krieges angehängt werden.
- ✔ Die Schuld für die Niederlage lag eindeutig bei der militärischen Führung von Prinz Karl und General von der Tann.
- ✔ Der glückliche Friedensschluss war auch ein Verdienst des Königs.

Ob das so zutraf oder ob die Bevölkerung dies lediglich glaubte, ist für die Frage, warum er auf einmal wieder geliebt wurde, eigentlich unerheblich.

Leider hat Ludwig eine große Reise durch sein Land nie mehr wiederholt. Auch das mag dazu beigetragen haben, dass er in späten Jahren keinen Rückhalt im Volk mehr hatte und sich gegen seine Gegner nicht wehren konnte.

Vorläufig aber saß er als König von Bayern wieder fest auf seinem Thron und war eins mit seinem Volk.

Diese Gunst der Stunde nutzte Ludwig auch dazu, eine alte Rechnung mit den ärgsten Widersachern Richard Wagners zu begleichen. Er hatte nicht vergessen, wer damals maßgeblich an der Vertreibung des Komponisten beteiligt war. »Pfi. + Pfo.«, wie sie von Wagner genannt wurden: Ministerpräsident von der Pfordten und Kabinettssekretär von Pfistermeister mussten ihre Posten räumen. Der Ministerpräsident wurde durch Fürst Chlodwig zu Hohenlohe-Schillingsfürst ersetzt, der Hofsekretär durch Staatsrat von Neumayr.

Wenn die Preußen zweimal klingeln (1867 – 1870)

6

In diesem Kapitel

- Verliebt, verlobt, getrennt: Sophie, die verbrannte Braut
- Die Wohnung und der Wintergarten in der Münchner Residenz
- »Studienreisen« nach Eisenach und Frankreich
- Die Meistersinger von Nürnberg
- Orient in 1866 Metern Höhe
- Kein Jäger, aber viele Jagdhütten
- Neuschwanstein – die Gralsburg
- Rheingold und Walküre
- Nach dem Krieg ist vor dem Krieg

Nach seiner triumphalen Frankenreise gönnte sich Ludwig etwas Ruhe in Hohenschwangau. Er hatte die kritische Situation, die ihm aus dem verlorenen Krieg erwachsen war, souverän gemeistert. An ihm blieb kein Makel hängen. Auf diesem Weg wollte er weitergehen.

Zwischen Parzival und Drosselbart

Wie es sich für einen ordentlichen Regenten gehörte, war es auch für Ludwig Pflicht, sich eine Frau zu nehmen, um mit ihr die Thronfolge sicherzustellen. Aber mit Frauen, vor allem mit gleichaltrigen Frauen, hatte er bislang kaum Kontakt gehabt. Seine Mutter, die Erzieherinnen, die Gemahlinnen seiner Minister und Berater, aber auch die Damen von der Oper waren in der Regel ein gutes Stück älter als er. Das lag vor allem daran, dass Ludwig noch so unglaublich jung war, als er auf den Thron gelangte. Zeit, »sich die Hörner abzustoßen«, hatte er nicht gehabt.

Der Damenwelt gegenüber zeigte er sich von der galanten und nicht von der wilden Seite. Annäherungen gegenüber verhielt er sich aber ablehnend und zuweilen recht unbeholfen und linkisch.

Lila Bulykowsky – Maria Stuart in Hohenschwangau

Die aus Ungarn stammende Schauspielerin Lila Bulykowsky wurde zum Rezitieren sogar einmal nach Hohenschwangau eingeladen. Endlich eine Frau im Schloss! Aber Ludwig sah in ihr nur die Rollen, die sie auf der Bühne verkörperte, nichts anderes. Als sie nun beim Vortragen eines Werkes dem König immer näher kam, flüchtete er sich in die Ecke des Zimmers und verabschiedete die Dame recht ungnädig.

Im Jahr 1872 nahm Lila Abschied vom Münchner Hoftheater und damit auch von Ludwig, der die Schauspielerin gern an seinem Theater gehalten hätte.

Josephine Scheffsky - eine Walküre geht baden

Wagner-Sängerinnen und Sänger brauchten in der Zeit vor dem Lautsprecher einen ordentlichen Körperumfang, der als Resonanzkörper dienen konnte. Auch die Sängerin Josephine Scheffsky war eine »stattliche« Person, beziehungsweise »ziemlich dick«. Ludwig lud die Sängerin einmal in seinen Wintergarten auf dem Dach der Residenz ein. Bei einer Kahnfahrt auf dem kleinen See war der Nachen aber leider etwas überladen und kenterte mit dem damals auch schon ziemlich dicken Ludwig und der Sängerin. Statt nun der Sängerin zu helfen, rettete sich Ludwig zunächst selbst aus dem unfreiwilligen Bade und rief dann seine Diener, damit sie die in den Fluten treibende Sängerin herauszogen.

Keine Braut weit und breit

In den Innenhöfen der Münchner Residenz lustwandelten immer viele ältere Frauen der Münchner Gesellschaft mit ihren Töchtern, in der Hoffnung, dass der König einen Blick oder auch mehrere auf sie werfen möge. Aber hier ging gar nichts. Der König nahm keine Notiz von den jungen Damen.

Es schien, als habe Ludwig überhaupt kein Interesse daran, sich zu vermählen, Kinder zu zeugen und damit den für die Erhaltung der Dynastie wichtigen Thronfolger zu produzieren.

Die Traumfrau - Elisabeth

Eine Traumfrau gab es allerdings in Ludwigs Leben: Elisabeth, auch Sisi genannt, die Kaiserin von Österreich. Sie war einige Jahre älter als Ludwig und wohnte in Feldafing quasi gegenüber. Gegenüber heißt: auf der anderen Seite des Sees.

Sisi erwies sich als Wesensverwandte für Ludwig. Sie war ähnlich exzentrisch, kunstliebend und ständig auf der Flucht vor den lästigen Repräsentationspflichten.

Das gemeinsame Versteck auf der Roseninsel

Auf der Roseninsel im Starnberger See ließ König Maximilian im Rahmen seiner großen Planungen für das Schloß in Feldafing ein kleines Parkschlösschen errichten. Damit gab es einen Punkt, der von Berg und von Possenhofen aus, dem Sommersitz von Sisi, gut zu erreichen war. Hier trafen sich der König und die Kaiserin recht häufig. Auch wenn der Andere gar nicht vor Ort war, tauschten sie ihre Botschaften dort aus. Für eine Schreibtischschublade hatten Ludwig und Sisi jeweils einen Schlüssel.

In den letzten Jahren wurden das Schlösschen auf der Roseninsel und der kleine Park von der Bayerischen Schlösserverwaltung vorbildlich instand gesetzt. Da die Insel aber sehr klein ist, können immer nur wenige Besucher mit einem Kahn übergesetzt werden. Ein Besuch lohnt sich aber auf jeden Fall. Auch wenn die kleine Villa nicht von Ludwig II. erbaut wurde, war sie doch ein Ort, an dem Ludwig gern und lange verweilte.

In späteren Jahren war Elisabeth mit ihrem – später ebenfalls tragisch aus dem Leben geschiedenen – Sohn Rudolph Ludwigs Gast im Wintergarten und in seinen Schlössern. Viele Gäste hat Ludwig in seinen Schlössern nicht empfangen, weshalb diese Einladungen ein großes Zeichen der Verehrung und Zuneigung waren.

Verliebt, verlobt, getrennt: Sophie, die verbrannte Braut

Sisi hatte eine jüngere Schwester, Sophie. Bei Ludwigs Besuchen in Possenhofen mag sich Ludwig eines Tages gedacht haben, wenn ich schon die Sisi nicht bekomme, dann nehme ich halt die Schwester. Dass er mit Sophie recht eng verwandt, sie nicht nur Cousine, sondern auch seine Tante war, störte dabei nicht.

Sophie wurde einige Male eingeladen, auch in den Wintergarten und nach Hohenschwangau. Man fand gemeinsamen Zugang zum Werk Richard Wagners, wobei man nicht weiß, ob Sophie wirklich an Ludwigs Ausführungen zu Vertonung, Dichtung und Bedeutung von Musikdramen interessiert war oder dies nur vorgab. Auffällig war schon damals, dass Ludwig Sophie fast nie »Sophie« nannte, sondern ihr einen Namen aus Lohengrin zuwies: »Elsa«. Sie wiederum nannte ihn »Heinrich«.

Sophies Mutter Ludovika, die man sich gewissermaßen als »Mutter der Kompanie« vorstellen muss, gefiel das Herumgeturtel von Anfang an nicht. So schritt sie zur Tat und stellte die Mutter des Königs zur Rede. Und wie Mütter so sind, wurden Nägel mit Köpfen gemacht. Ludwig und Sophie wurden aufgefordert, sich zu verloben.

In seinem ersten Schrecken wies Ludwig jede Heiratsabsicht weit von sich. Schließlich sei er erst 21 Jahre alt und noch viel zu jung, um sich für den Rest seines Lebens fest zu binden. Daraufhin wurde auf Geheiß der »Noch-nicht-Brautmutter« der rege Briefwechsel, in dem es nach wie vor um die Musik Wagners ging und weniger um Liebe und Zweisamkeit, untersagt.

Schon damals dürfte Sophie geahnt haben, dass sie bei Ludwig nur die zweite Stelle nach dem verehrten Meister einnehmen würde. Aber das schien ihr nichts auszumachen. Wagner war ja weit weg in der Schweiz. Erst einmal verheiratet, würde sich das schon ändern.

Seinem Pflichtgefühl gehorchend, wagte Ludwig den entscheidenden Schritt und hielt um Sophies Hand an. Am 22. Januar 1867 schrieb er ihr: »Willst Du meine Gattin werden? Genossin meines Thrones? Königin von Bayern?«

Abbildung 6.1: König Ludwig II. von Bayern mit seiner Braut, Prinzessin Sophie Charlotte in Bayern, Ludwig II.-Museum, Herrenchiemsee

Wagner gegenüber meldete er »Vollzug«, als er ihm mitteilte, dass »Siegfried« nun seine »Brünhilde« gefunden habe. Gleichzeitig versicherte er dem Komponisten aber auch: »Meiner Sophie bleibe ich treu bis zum Tod, bis in den Tod aber bleibe ich Ihnen treu, Herr meines Lebens.«

Die Hofmaschinerie fing an zu laufen. Der Hochzeitstag wurde festgelegt, zuerst dachte man an den 25. August, den Geburtstag des Königs, doch Ludwig ging das zu schnell, er wollte den 12. Oktober als Tag der Trauung, der Tag, an dem auch sein Vater und sein Großvater geheiratet hatten. Schließlich wurde der Hochzeitstag noch einmal auf den 12. November verschoben. Der Ablauf der Feier wurde geplant, was durch die ständige Terminverschiebung gar nicht so einfach war. Schließlich sollten an dem Festtag auch viele andere Paare in ganz Bayern auf Kosten der Krone heiraten.

In der Residenz wurden die so genannten »Hofgartenzimmer« für die Braut geschmackvoll mit französischen Möbeln eingerichtet. Die zukünftige Königin Bayerns hätte also auch im selben Gebäudetrakt wie ihr Herr Gemahl logiert, allerdings zwei Stockwerke tiefer als dieser.

Und was tat Ludwig in all der Zeit? Er begann eine Gegenstrategie zur drohenden Hochzeit zu entwickeln. Seiner Braut machte er kostbare Geschenke und schickte ihr Blumen, die von den Boten meist mitten in der Nacht abgeliefert werden sollten. Dann verschwand er wieder auf einige Zeit zu Studienreisen auf die Wartburg und nach Paris. Dazwischen schrieb er seiner Braut einige Briefe, die sich deutlich von den liebevoll-schwärmerischen Briefen, die er an Wagner schrieb, unterschieden. Es waren eher nüchterne, amtlich gehaltene Briefe.

Die Braut wusste nicht mehr so recht, woran sie glauben sollte, als Ludwig einmal mitten in der Nacht auftauchte mit der Königskrone unter dem Arm. Diese wollte er Sophie »probeweise« aufsetzen, um den passgenauen Sitz zu überprüfen. Die herzogliche Familie war längst zu Bett gegangen und musste sich auf die Schnelle wieder in einigermaßen standesgemäße Kleidung werfen, um den hohen Gast willkommen zu heißen. Nachdem der königliche »Kronen-Sitz-Prüfer« wieder abgezogen war, brach Sophie unter Tränen zusammen und sagte zu ihrer Mutter:

> *»Er liebt mich nicht, er spielt nur mit mir!«*

Die Sache wurde immer bizarrer, ebenso wie Ludwigs Verhalten. Als Fürst Hohenlohe, der Ministerpräsident Bayerns, einen Empfang für das junge Paar gab, stahl sich Ludwig gegen zehn Uhr davon, um dem Schlussakt eines Theaterstückes beizuwohnen. Die Braut stand alleine da wie ein begossener Pudel.

Nachdem der Hochzeitstermin ein weiteres Mal verschoben wurde, griff sich Sophies Vater, Herzog Max, ein gütiger und sehr volksnaher Adeliger, ein Herz und schrieb Ludwig einen Brief, in dem er ihn darauf hinwies, dass man ihm Sophie nun wirklich nicht aufdrängen wolle, aber es wäre doch schön, wenn endlich Nägel mit Köpfen gemacht werden könnten.

Sophie und der Hofphotograph

Klatsch und Tratsch sind die Schmiermittel der Boulevardpresse. Heute wie damals. Und so wollten die Gerüchte nicht aufhören, Sophie hätte heimlich, auch während ihrer Verlobungszeit, eine Beziehung mit dem Hofphotographen Edgar Hanfstaengel. Auf Schloss Pähl am Ammersee und anderswo hätten sich die beiden ein Stelldichein gegeben. Es wurde sogar gemutmaßt, Ludwig hätte die beiden bei einem heimlichen Tete-a-tete erwischt und aus diesem Grund die Hochzeit platzen lassen.

Im ersten Ludwig-II.-Musical wurde diese Affäre ausführlich dargestellt.

Als Ludwig den Brief gelesen hatte, nahm er eine Büste Sophies, die auf seinem Schreibtisch gestanden hatte, und schmetterte sie auf das Pflaster des Innenhofes der Residenz, wo die Büste in tausend Stücke zerbrach. Ludwig war empört, dass es ein Untertan wagte, ihm, dem König, ein Ultimatum zu stellen. Nun war es offiziell: Aus der Heirat wurde nichts. An Sophie schrieb er einen Brief, in dem er die Schuld am Scheitern der Hochzeit bei Herzog Max ablud.

Ein Feuerwerk

Ludwig ließ über dem Starnberger See ein großes Feuerwerk abbrennen, das den ganzen Schlosspart in Possenhofen in ein unwirkliches Licht getaucht wurde. Doch nicht zu Ehren seiner ehemaligen Verlobten, wurde das Feuerwerk gezündet. Ludwig hatte abermals die russische Zarin Maria Alexandrowna zu Gast. Mit dieser speiste er auf der Roseninsel, während nebenbei die Raketen in den Himmel stiegen.

Das weitere Schicksal der Braut

Ziemlich genau ein Jahr nach der Auflösung der Verlobung heiratete Sophie den Herzog von Alençon. Ihr »Ja« vor dem Altar soll allerdings eher nach »meinetwegen« oder »wenn es denn sein muss« geklungen haben.

Im Mai 1897 fand Sophie einen grausamen Tod, als während eines Wohltätigkeitsballs in Paris ein Feuer ausbrach. Die Herzogin bestand darauf, dass, bevor sie gerettet würde, erst die jungen Mädchen zu retten seien. Für Sophie kam dann jede Hilfe zu spät, sie starb an ihren Verbrennungsverletzungen.

Die Wahrheit im Tagebuch Ludwigs

Seinem Tagebuch vertraute Ludwig an, wie froh er über die geplatzte Vermählung war. Am 7. Oktober notierte er: »Sophie abgeschrieben. Das düstere Bild verweht …« Und am 29. November wiederum:»Gott sei gedankt, nicht ging das Entsetzliche in Erfüllung! (mein Hochzeitstag sollte heute sein).«

Ludwig blieb allein. Es war nicht seine Art, sich irgendeinem Menschen wirklich zu öffnen. Und von denjenigen, denen er sich anvertraute, wurde er enttäuscht. Auch seine Männerfreundschaften, die er in den späteren Jahren hatte, währten nie lange.

Die Wohnung und der Wintergarten in der Münchner Residenz

Ludwig kehrte zu sich selbst zurück und begann damit, sich eine Welt zu schaffen, in der er leben konnte, eine Welt, die ganz und gar auf ihn und seine Wünsche zugeschnitten sein sollte. Der Bauherr begann sich zu entwickeln.

Abbildung 6.2: Ludwig vor seinem Dampfer »Tristan«, mit dem er zur Roseninsel fuhr. Im Hintergrund zu erkennen: Schloss Berg mit dem Turm »Isolde«, Archiv Ludwig II.-Museum (Wittelsbacher Ausgleichsfonds, München)

Die Wohnung in der Residenz

Schon kurz nach seiner Thronbesteigung hatte sich Ludwig mit dem Nibelungengang einen repräsentativen Zugang zu seinen Gemächern anlegen lassen. Auch die Wohnung wurde etwas aufwändiger möbliert.

Leider wurden 1944 bei einem Luftangriff auf München auch die Residenz und Ludwigs Wohnung schwer beschädigt. Man beschloss, die Wohnung nicht zu rekonstruieren, sodass heute nur noch einige Möbel im Ludwig-II.-Museum besichtigt werden können.

Die hängenden Gärten Ludwigs

Eine absolut sagenumwobene Schöpfung Ludwigs II. war sein Wintergarten. Für alle Passanten war das tonnenförmige Gebilde auf dem Dach des Festsaalbaus zu sehen, hinein kamen aber nur sehr wenige Menschen. Nur wer wirklich in Ludwigs Gunst ganz oben stand, dem wurde diese große Ehre zuteil.

Ludwigs »Farbleitsystem« für die Zimmer

Ob es die Wohnung Ludwigs in der Residenz oder seine Schlösser betrifft, ob es ein Barockgebäude ist, eine Rokoko-Villa oder eine Burg, in jedem von Ludwigs Bauten sind

- ✔ die Schlafzimmer in der Grundfarbe Blau,
- ✔ die Speisezimmer in der Grundfarbe Rot,
- ✔ und die Arbeitszimmer in der Grundfarbe Grün

eingerichtet. Vielleicht wollte Ludwig damit sicherstellen, dass er zu jedem Zeitpunkt wusste, wo er gerade war, z.B. »Grün – ich bin gerade im Arbeitszimmer«.

Es ist aber auch denkbar, dass die Kühle der Farbe Blau das Schlafzimmer gerade im Sommer etwas angenehmer erscheinen ließ. Das Rot der Speisezimmer verweist auf das Rot von Fleisch und Blut. Und Grün – die Farbe der Ruhe hatte vielleicht einen guten Einfluss auf seine Arbeit.

Wie so oft bei Ludwig zu beobachten, startete er zunächst mit einem kleinen, sehr überschaubaren Projekt. An das Arbeitszimmer schloss sich ein kleiner, giebelbekrönter Wintergartenpavillon an. Ein Bauwerk, wie wir es heute ähnlich an vielen neu gebauten Reihenhäuschen sehen. Es war eigentlich eher eine verglaste Dachterrasse von der Dimension 6,5 mal 4,5 Meter. Dieser Pavillon dürfte 1867 vollendet worden sein und kaum fertig, wünschte sich Ludwig mehr.

Der komplette Dachbereich des westlichen Festsaalbaues sollte von einer tonnengewölbten Halle aus Eisen und Glas gekrönt werden. So wuchs der Wintergarten auf eine Länge von ca. 80 Metern und eine Breite von ca. 17 Metern an. Um im Inneren das Schlauchartige dieses Baues etwas abzumildern, wurde eigens im Kaiserhof der Residenz ein vorspringender Gebäudeteil, ein so genannter Mittelrisalit, errichtet, sodass sich der Wintergarten dort erweitern konnte.

Betrat man nun den Wintergarten, fand man zur Rechten eine begehbare Tropfsteingrotte mit einem kleinen Wasserfall. Die Beleuchtung der Grotte mit wechselndem Licht bereitete den Technikern viel Mühe. Ludwig beschwerte sich häufig, dass das Blau mal zu gelb sei, dann wieder zu grün. Vom Eingang in Richtung Osten zog sich ein gerader Laubengang an der Nordseite des Wintergartens entlang.

Neben der Grotte erhob sich ein maurischer Pavillon, den Ludwig eigens für den Wintergarten bauen ließ. Da dieser orientalische Kiosk Ludwig nicht gefiel, lies er ihn durch einen neuen, reicher ausgestatteten Pavillon ersetzen. Der alte Pavillon wurde abgebaut und im Schlosspark von Berg wieder aufgestellt. Nach dem Tod Ludwigs wurde der kleine orientalische Pavillon nach Straßburg verkauft und im Park der dortigen Orangerie aufgestellt. Dort verliert sich seine Spur wie auch die Spur des zweiten orientalischen Pavillons. Bei einem Bombenangriff wurde er 1944 endgültig zerstört.

Abbildung 6.3: Der Wintergarten auf dem Dach der Residenz. Blick über den See hinweg zum orientalischen Pavillon

Dem Wegverlauf folgend gelangte man nach einigen Schritten zum See des Wintergartens. Diese Wanne aus Kupfer war ca. 22 Meter lang, 12 Meter breit und gut einen Meter tief. Also tief genug, um mit einem kleinen Kahn darauf herumzuschippern, was Ludwig auch gerne tat.

Direkt am See befand sich die indische Fischerhütte, ein kleiner Holzbau, der mit verschiedenen Kunst- und Handwerksgegenständen ausgestattet war.

Wenn man den leicht geschwungenen Pfad um den See herum weiterging, sah man zur linken Hand, hinter exotischen Büschen und Bäumen versteckt, ein blaues, mit vielen goldenen Stickereien verziertes orientalische Zelt. Der König konnte unterschiedliche Szenen dort aufziehen lassen. Einmal war eine Himalaya-Landschaft zu sehen, ein anderes Gemälde stellte den Blick auf einen indischen Palast dar. Im unteren Teil der Bilder war hinter einer verglasten Wand eine Beleuchtungsmaschine angebracht, mit deren Hilfe man die Gemälde gut ausleuchten konnte. Da Ludwig den Wintergarten hauptsächlich nachts besuchte, müssen sich hier großartige Perspektiven ergeben haben, die die Größe des Wintergartens bis fast ins Unendliche dehnten.

Nur wenige Gäste hat Ludwig in seinen »hängenden Gärten« empfangen. Für ihn war die große orientalische Halle auf dem Dach der Residenz ein Zufluchtsort, in dem er versuchte, die wenigen Wochen, die er sich in München aufhalten musste, so angenehm wie möglich zu verbringen.

Der Wintergarten wurde von einer Vielzahl von Tieren bevölkert. Pfauen, Schwäne und Papageien, aber auch Gazellen sollen dort untergebracht gewesen sein. Im Bassin spielten Goldfische miteinander fangen. Den Wunsch des Königs, einen jungen Elefanten im Wintergarten anzusiedeln, wurde dem König mit dem Argument des Wachstums dieses Tieres und den damit verbundenen statischen Problemen ausgeredet.

Nach Ludwigs Tod verkam der Wintergarten sehr schnell. Das Becken wurde ausgelassen, die Pflanzen wurden aus der Wintergartenhalle entfernt und das Metallgerüst verkauft.

Ludwigs Studienreisen

Je mehr sich Ludwig mit der Sagenwelt Richard Wagners befasste, umso mehr wuchs in ihm der Wunsch, die Orte kennen zu lernen, an denen die Opern spielten. Noch als Kronprinz hatte Ludwig die Oper »Tannhäuser« gesehen, die zum großen Teil auf der Wartburg bei Eisenach spielt.

Derart vorbereitet, war Ludwig ganz wild darauf, den Ort des Sängerkrieges auf der Wartburg kennen zu lernen.

Begleitet von seinem Bruder Otto und einigen wenigen Dienern machte sich Ludwig inkognito mit der Bahn auf den Weg nach Eisenach. Nur kurz konnte aber die Identität des vornehmen, groß gewachsenen jungen Herrn geheim gehalten werden. Als es aufflog, welch hoher Gast hier als Tourist unterwegs war, bat Ludwig, allein in den Sängersaal eingeschlossen zu werden, um sich in Ruhe den vorbildlich restaurierten Saal ansehen zu können.

Am folgenden Tag besichtigte man noch den Hörselberg, auf dem Venus, wenn man Wagners Beschreibung folgt, ihren Wohnsitz hatte und Tannhäuser den Kopf verdrehte.

Für Ludwigs spätere Bauplanungen war diese Reise von entscheidender Bedeutung. Sie bestärkte ihn in dem Vorhaben, eine eigene Ritterburg zu bauen. Kurze Zeit nach dieser Visite begann Ludwig mit den Bauplanungen für Neuschwanstein.

Inkognito nach Frankreich

Unter dem Decknamen »Graf von Berg« machte sich Ludwig auf den Weg zur Pariser Weltausstellung, die auf dem Marsfeld stattfand.

Zwischen Bayern und Frankreich hatten in der Vergangenheit immer wieder enge Bande bestanden. Auch wenn Ludwig es nicht so gerne hörte: Die Königskrone verdankte seine Familie weniger Gottes Gnaden, sondern vielmehr der Gnade des französischen Kaisers Napoleon I. Die gewaltige Vergrößerung des bayerischen Territoriums um die fränkischen Gebiete verdankten ihm die Bayern ebenso. Aber – wie das häufig so ist – die Bayern waren alles andere als gut auf den korsischen Emporkömmling zu sprechen.

Tannhäuser (und der Sängerkrieg auf der Wartburg)

Uraufführung 1845

Tannhäuser, ein großer Sänger vor dem Herrn, ist Geliebter der Venus, aber das ist ihm zu langweilig. Als anständiger Ritter will er Abenteuer erleben und verlässt die Göttin. Wie verschmähte Menschen sind aber auch verschmähte Götter etwas angesäuert und so macht Venus ihm eine nette Szene. Kaum wieder in der Welt der Menschen angekommen, trifft Tannhäuser seine alten Kumpanen Hermann und Wolfram. Hermann ist ein netter Kerl und ein guter Sänger, richtig sympathisch macht ihn auch noch der Umstand, dass er eine bildhübsche, wenn auch züchtige Nichte hat. Die Gute war Venus' Vorgängerin bei Tannhäuser und Hermann lädt seinen alten Kumpel zu sich nach Hause ein.

In Herrmanns Haus wird ein Sängerstreit ausgemacht und Elisabeth hat das Vergnügen der Hauptpreis zu sein. Wie dem auch sei, sie freut sich, ihren Verflossenen zu sehen und schmettert mit ihm ein herzzerreißendes Duett. Nun beginnt der Sängerstreit und Tannhäuser kann es sich nicht verkneifen, in seinem Beitrag damit anzugeben, dass er etwas mit einer Göttin hatte. Mit einer Göttin? Der Ungläubige! Die Anwesenden fühlen sich nun verpflichtet, Tannhäuser zu zeigen, was sie unter christlicher Nächstenliebe verstehen, und wollen ihn erschlagen. Das Herzchen Elisabeth ist ergriffen und setzt sich für ihren Ex ein, sie ist somit der erste und vermutlich auch letzte Mensch, den die Geschichte, wie der Ex sich anderweitig verlustiert, ergreift. Da wollen die anderen auch nicht so sein und Tannhäuser wird aufgetragen, Vergebung beim Papst zu suchen. Tannhäuser marschiert dann nach Rom.

Elisabeth und Wolfram, Tannhäusers Freund, warten zusammen auf die zurückkehrenden Rompilger. Tannhäuser kehrt abgerissen zurück: Nur wenn aus dem Stab des Papstes grüne Knospen sprießen, würde Tannhäuser vergeben werden. Tannhäuser fühlt sich schlecht und sucht Ablenkung bei Venus, die gerne bereit ist, ihn wieder in ihre Arme zu schließen. Wolfram bittet ihn zu bleiben, bringt Elisabeth ins Spiel, Tannhäuser zaudert und Venus zieht beleidigt ab. Nun hat sich Elisabeth aber schon für Tannhäuser geopfert, sprich sie ist tot. Tannhäuser, beide Frauen gleichzeitig verloren und wieder solo, bricht zusammen und stirbt. Da kommt der Gesandte des Papstes, den Stab tragend – er ist von hellem Grün bedeckt. Schließlich ist Tannhäuser seine Schuld doch noch losgeworden. Der Zuschauer erfährt leider nicht, welcher Teufel Tannhäuser ritt, als er Venus und ein Leben in Saus und Braus verließ.

Ludwigs Frankreichliebe setzte früher an: Sein Idol war nicht der Kaiser der Franzosen, sondern der Sonnenkönig Ludwig XIV. Schließlich war der Bourbonenkönig mit den Wittelsbachern verwandt. Und Ludwig XVI. war Taufpate Ludwig I. von Bayern, als dieser 1786 in Straßburg getauft wurde.

In Frankreich regierte im Jahre 1867 aber kein Bourbone, sondern der Neffe Napoleons, Kaiser Napoleon III. Aber das war Ludwig eigentlich egal. Ihn interessierte die Weltausstellung und die Kultur des von ihm verehrten Frankreich. Ludwig wusste auch nichts von der zwielichtigen

Rolle, die Napoleon III. während der Friedensverhandlungen nach dem verlorenen Krieg 1866 gespielt hatte, als er sich an der bayerische Pfalz gütlich tun wollte.

Ludwig machte beim Kaiser der Franzosen in den Tuilerien seine Aufwartung. Gemeinsam besuchten sie einen Teil der Weltausstellung. Als besondere Auszeichnung – vielleicht plagte Napoleon auch sein schlechtes Gewissen Ludwig gegenüber – wurde der König von Bayern in das wieder aufgebaute Schloss Pierrefonds eingeladen.

Auf der Weltausstellung besichtige Ludwig unter anderem den maurischen Kiosk, dem deutschen Beitrag zu dieser Weltausstellung. Gerne hätte Ludwig diesen Pavillon gekauft, nur leider war der schon weg. Der spätere Eisenbahnhkönig Bethel Henry Strousberg hatte bereits zugegriffen und das kleine Gebäude gekauft. Erst 1876 kam Ludwig zum Zuge, nachdem sich der Eisenbahnmagnat verspekuliert hatte und in Konkurs ging. Aus der Konkursmasse erwarb Ludwig dann den Pavillon für 10 000 österreichische Gulden.

Der geplante Höhepunkt der Frankreichreise aber, der Besuch von Schloss und Park von Versailles, musste abgesagt werden. Ludwig wurde in Bayern erwartet. Sein Onkel Otto, der ehemalige König von Griechenland war unerwartet verstorben. Bei der Trauerfeier musste der König von Bayern anwesend sein.

Die Meistersinger von Nürnberg

Ludwig hielt sich im Dezember des Jahres 1866 auf seiner Frankenreise für längere Zeit in Nürnberg auf. Kurzfristig erwog er sogar, seine Residenz ganz von München nach Nürnberg zu verlegen. Da er aber in Nürnberg zu weit von seinen geliebten Bergen entfernt gewesen wäre, verfolgte er die Pläne nicht weiter.

Die Liebe Ludwigs zu Nürnberg hatte aber wieder – wen wundert's? – mit einer Oper Richard Wagners zu tun.

Im Jahr 1862 begann der Komponist mit der Konzeption dieser Oper die, im Gegensatz zu vielen anderen seiner Opern, ein Happy-End hat, ohne dass irgendjemand sterben muss. Das Komponieren wurde immer wieder unterbrochen durch Wagners Geldprobleme und die damit in Verbindung stehenden Fluchten. Erst als er vom bayerischen König aufgepäppelt worden war, machte er sich wieder daran, die Oper zu vollenden, die, wie es der Zufall will, im Königreich seines Förderers angesiedelt war.

Seit Wagners Vertreibung war viel passiert, man hatte einen Krieg verloren, Ludwigs Herrschaft hatte sich wieder stabilisiert und auch über die Sache mit Wagner war etwas Gras gewachsen. In der Bevölkerung wurden die Opern Wagners weniger verkrampft gesehen, so dass man sich daranmachen konnte, ein neues Werk auf die Bühne zu bringen.

Am 21. Juni 1868 war es endlich so weit. König und Mäzen feierten im königlichen Hof- und Nationaltheater einen überragenden Triumph bei der Uraufführung der Oper »Die Meistersinger von Nürnberg«.

Die Meistersinger von Nürnberg

Uraufführung 1868

Die schöne Eva flirtet in einer Kirche mit dem feschen Walther von Stolzing. So weit so gut, dummerweise ist Madame aber schon dem Sieger des morgigen Sängerwettstreits versprochen. Das ist schlecht. Noch schlechter ist, dass nur Mitglieder der Sängerzunft an diesem Wettstreit teilnehmen dürfen und am allerschlechtesten ist, dass Walther kein Mitglied der Zunft ist. Aber unverdrossen versucht Walther sein Glück, der Zunft beizutreten.

Die Jury des Wettsingens tritt auf, alle selbst Meistersänger: Pogner, Evas Vater, Beckmesser, der gemeine Stadtschreiber, und Hans Sachs, Schumacher und Arbeitgeber von David, seinem Lehrjungen, den er auch im Singen unterrichtet. Hans Sachs ist ein netter Kerl, so eine Art Johnny Cash der Frühen Neuzeit. Die Regeln: Beckmesser notiert die Fehler während des Vortrags und auch bei den Liedern werden genaue Vorgaben gemacht. Walther trägt vor, will zu viel und verpatzt seinen Auftritt nach Strich und Faden. Sachs glaubt bei Walther so etwas wie Talent herausgehört zu haben, damit steht er allerdings allein: Walther wird abgelehnt und stürmt davon.

Walthers Auftritt und Abgang werden schnell Stadtgespräch und so erfährt auch Eva, wie es ihrem Herzbuben erging. Sie plant mit Walther die Flucht. Sie tauscht die Kleidung mit ihrer Amme und hofft, so unbemerkt die Stadt verlassen zu können.

Das Ganze endet natürlich in einem Fiasko, sonst wäre die Oper ja auch schon Mitte des zweiten Aktes vorbei. Beckmesser, der gemeine Kerl, kommt vorbei, durchschaut die Verkleidung, und weil er Eva auch ganz hübsch findet, singt er ihr sein Wettbewerbslied vor. Jetzt kommt David vorbei, der durchschaut die Verkleidung nicht, denkt Beckmesser singt der von ihm geliebten Amme ein Liedchen vor und verdrischt den Nebenbuhler nach Strich und Faden. Ein Sommernachtstraum in Nürnberg.

Einfach im Traum fällt Walther ein tolles Lied ein, er singt es Sachs vor, der es dann auch aufschreibt. Er erkennt das Hit-Potenzial. Wie immer kurz vor Schluss eines Stückes haben auch hier die Schurken Oberwasser und so bekommt Beckmesser das alles mit und nimmt das Stück an sich, als die anderen den Raum verlassen. Eva und Walther suchen und finden erfolgreich allerlei Vorwände einander zu treffen und Walther singt seiner Maid auch sein Wettkampflied vor.

Der Wettstreit beginnt: Beckmesser tritt auf. Dummerweise für ihn und netterweise für Walther konnte er das Stück nicht richtig üben und setzt den Vortrag in den Sand. Er macht das Stück schlecht, aber Sachs antwortet einfach, das Lied sei gut, nur der Vortrag sei schlecht gewesen – und nun, was ein Wunder, ist Walther an der Reihe und die Menge ist außer sich vor Begeisterung. Walther bekommt Eva und wird Mitglied der Meistersingerzunft.

Meister Wagner und Mäzen Ludwig feierten mit der Uraufführung der Oper einen großen Triumph. In der königlichen Loge des Opernhauses saßen sie nebeneinander. Für den Komponisten war dies ein weiterer Beweis der Gunst seines Königs. Zum Schluss eines jeden Aktes wurde Wagner vom Publikum dazu gedrängt, sich an der Brüstung zu zeigen, um die Huldigungen in Empfang zu nehmen.

Die Oper passte in die Zeit. Nichts mythisch-abgehobenes, sondern ein Stück aus einer vergangenen Zeit, die damals schon die »gute alte Zeit« genannt wurde. Nürnberg im Mittelpunkt, auch damit konnte das Münchner Publikum gut leben.

Nach der Aufführung der»Meistersinger von Nürnberg«, die König und Künstler noch einmal an alte gemeinsame Zeiten erinnerten, gingen sie auseinander, um sich in den kommenden acht Jahren nicht mehr zu sehen.

Orient in 1866 Metern Höhe: Das Schachenhaus

Ludwig übernahm, als er König wurde, alle Jagdhütten seines Vaters. Gerne hielt er sich einige Tage, weit ab von der restlichen Welt, in ihnen auf, auch ohne zu jagen. Ein großer Jäger wurde Ludwig nie.

Neben den Schlössern Berg und Hohenschwangau, die auch schon Ludwigs Vater zur Verfügung standen, hielt sich Ludwig fast nur an Orten auf, die er schon aus seiner Jugend kannte und die er schon mit seinen Eltern besucht hatte. Nur dreimal ist er von dieser Regel abgewichen: Beim Bau des Schlosses Herrenchiemsee, bei den Planungen zur Burg Falkenstein und eben beim Königshaus auf dem Schachen.

Dort, vor der gewaltigen Wand des Wettersteingebirges, ließ er zwischen 1869 und 1872 einen Bau errichten, dem man von außen nicht ansieht, welche Pracht sich in seinem Inneren verbirgt.

Im Erdgeschoss des Baues finden sich fünf relativ nüchtern ausgestattete Zimmer, die man in so einem Bau erwartet. Neben einem Wohnzimmer, einem Schlafzimmer und einem Speisezimmer finden sich dort ein Gästezimmer und ein Raum für einen Diener. Die Räume des Erdgeschosses sind mit einfachem Holz vertäfelt. Der einzige Schmuck sind die Bilder an den Wänden, die Ansichten von Ludwigs Schlössern, aus dem Wintergarten der Residenz oder Szenen aus Wagneropern darstellen. Das wäre es eigentlich gewesen, wäre das nicht ein Projekt des Märchenkönigs gewesen. Denn während der Bauarbeiten beschloss Ludwig, eine Etage aufstocken zu lassen, um dort einen orientalischen Saal einzurichten. Dieses »Türkische Zimmer« orientierte sich an den türkischen Palästen Beylerbey und Yelditz. Ringsum waren Bänke angebracht und in der Mitte des Raums befand sich ein großer Springbrunnen.

Um die Stimmung des Orients einzufangen, wurden die Diener Ludwigs in orientalische Trachten gewandet und mussten, auf den Sofas liegend, Tabak rauchen und Mokka trinken.

Nun war Ludwig ganz weit weg. Er befand sich in seiner Vorstellung nicht mehr im Königreich Bayern, sondern sah sich in einem Tal in Afghanistan oder Pakistan, also dort, wo er gerne als wirklich absoluter Monarch regieren würde.

Auch auf dem Schachen ist Ludwig seinen Dienstgeschäften gewissenhaft nachgegangen. Der spätere Biograph des Königs, Friedrich Lampert, berichtet von »hundertfachen Tintenspuren«, die der König im Wohnzimmer hinterlassen habe, wenn sich ihm bei den Anfragen seiner Herrn Minister die Feder sträubte.

Kein Jäger, aber viele Jagdhütten

Ludwig fand Gefallen an den schlichten Berghütten, die er von seinem Vater geerbt hatte, obwohl diese in sehr starkem Kontrast zu den prachtvollen Schlössern und Residenzen stand, in denen er sich sonst aufhielt. Aber die großartige Landschaft schien den reduzierten Komfort wieder wettzumachen.

Einem festen Plan folgend machte er Jahr für Jahr zur selben Zeit an derselben Jagdhütte oder im Schloss Station.

Am Walchensee

Im Gebiet des Walchensees finden sich gleich fünf Hütten und Häuser, die Ludwig oft ansteuerte.

Die schlichte Unterkunft seines Vaters auf dem Herzogstand lies er modernisieren und etwas aufwändiger ausstatten, ohne allerdings orientalische oder sonstige Phantasien auszuleben. Etwas entfernt vom Haupthaus wurden einige Aussichtspavillons, von denen man weit in die Ferne sehen konnte, gebaut.

Die Schönheitengalerie König Ludwigs II.

Ludwigs Großvater, König Ludwig I., hatte eine Galerie anlegen lassen, in der die schönsten Töchter seines Landes porträtiert wurden. Neben adeligen Damen fanden dort auch »gewöhnliche Frauen« Einzug. Das einzige Auswahlkriterium für die Aufnahme in diese Galerie war die Schönheit der Damen.

Auch Ludwig II. legte so eine Galerie an. Doch nicht schöne Töchter seines Bayernlandes wurden porträtiert, sondern die Lieblingspferde des Königs:

Eine ganz besondere Ehre wurde »Cosa Rara« zuteil. König Ludwig liebte es, in freier Natur zu speisen. So wurde für ihn vor dem Königshaus in Linderhof der Tisch festlich gedeckt. Aber die Ankunft des Königs zog sich hinaus. »Cosa Rara«, eines der Lieblingspferde Ludwigs, hatte sich irgendwie aus dem Stall befreit, trottete auf den gedeckten Tisch mit dem königlichen Mahl zu und tat sich daran gütlich. Als der König ankam, wollten die aufgebrachten Diener das Pferd sogleich mit wilden Gesten und lautem Geschrei verscheuchen, Ludwig jedoch fand die Szene so herrlich, dass er seinen Hofmaler beauftragte, diese im Bild festzuhalten. In aller Ruhe durfte das Pferd zu Ende speisen. Als später einmal die Szene wiederholt werden sollte, war das Pferd aber so nervös, dass es den ganzen gedeckten Tisch umstieß.

Heute befindet sich an der Stelle des Königshauses ein Berggasthof. Das alles ist heute mit einer Seilbahn, die es zu Ludwigs Zeiten noch nicht gab, gut zu erreichen. Auch wenn die Spuren von Ludwig, abgesehen von einer König-Ludwig-Büste, weitgehend verschwunden sind, lässt sich hier doch sehr schön ein Eindruck davon gewinnen, was Ludwig empfunden haben mag, als er sich hier oben aufhielt.

Neuschwanstein - die Gralsburg

Gleich zu Beginn dieses Kapitels müssen wir einen Irrtum aufklären: »Neuschwanstein« heißt gar nicht »Neuschwanstein«. Ludwig II. kannte den Namen »Neuschwanstein« nicht. Während der gesamten Bauzeit wurde das Vorhaben »Neue Burg Hohenschwangau« genannt. Erst ab 1891 wurde der Begriff Neuschwanstein eingeführt, um Verwechslungen mit Hohenschwangau, der Burg Maximilians II., zu vermeiden.

Maximilian hatte als Kronprinz die Burgruine Hohenschwangau gekauft und mustergültig restauriert. Von Hohenschwangau aus hatte man einen guten Blick auf die Ruinen der Burgen Vorder- und Hinterhohenschwangau, also dorthin, wo sich heute Neuschwanstein erhebt. In der Romantik des 19. Jahrhunderts träumte man davon, im großen Stil alte Burgruinen wiederaufzubauen. Am Rhein engagierte sich König Friedrich Wilhelm IV. von Preußen bei Burg Stolzenfels. Bei Hechingen bauten die Hohenzollern ihren Stammsitz feudal wieder auf.

Auch im Allgäu träumte man davon, nach der Restaurierung von Hohenschwangau die Burgen Vorder- und Hinterhohenschwangau, die Burgruine Falkenstein sowie die Burg Hohen-Freyberg wiederaufzubauen. Schon Maximilian II. ließ von seinem Architekten Eduard Riedel im Jahre 1855 einen kleinen Aussichtspavillon für Hinterhohenschwangau entwerfen. Gebaut wurde er jedoch nicht – wie so vieles bei Maximilian.

Ludwig kündigte seinem Freund Richard Wagner sein Bauvorhaben in einem Brief vom 13. Mai 1868 an:

> *»Ich habe die Absicht, die alte Burgruine Hohenschwangau bei der Pöllatschlucht neu aufbauen zu lassen, im echten Styl der alten deutschen Ritterburgen, und muss Ihnen gestehen, dass ich mich sehr darauf freue, dort einst (in 3 Jahren) zu hausen; mehrere Gastzimmer, von wo man eine herrliche Aussicht genießt auf den hehren Säuling, die Gebirge Tyrols und weithin in die Ebene, sollen wohnlich und anheimelnd dort eingerichtet werden; Sie kennen Ihn, den angebeteten Gast, den ich dort beherbergen möchte; der Punkt ist einer der schönsten, die zu finden sind, heilig und unnahbar, ein würdiger Tempel für den göttlichen Freund, durch den einzig Heil und wahrer Segen der Welt erblühte.*
>
> *Auch Reminiscenzen aus Tannhäuser (Sängersaal mit Aussicht auf die Burg im Hintergrunde), aus Lohengrin (Burghof, offener Gang, Weg zu Kapelle werden Sie dort finden; in jeder Beziehung schöner und wohnlicher wird diese Burg werden als das untere Hohenschwangau, das jährlich durch die Prosa meiner Mutter entweiht wird; sie werden sich rächen, die entweihten Götter, und oben weilen bei Uns auf steiler Höh', umweht von Himmelsluft.«*

Abbildung 6.4: Entwurf zu einem Aussichtsturm in Neuschwanstein, Ludwig II.-Museum, Herrenchiemsee

Wie üblich war der König in der Berechnung der Bauzeit (»in drei Jahren«) recht ambitioniert. Tatsächlich erlebte Ludwig seine Burg nur als Baustelle, die erst nach seinem Tod mit dem Bau der Kemenate einigermaßen abgeschlossen wurde.

Schon lange ärgerte Ludwig, dass er seine Mutter als »Untermieterin« in Hohenschwangau erdulden musste. Er hatte nicht vergessen, dass sie ihm den Besuch Richard Wagners vermiest hatte, als sie eine Krankheit vorgab, um eine musikalische Aufführung ebendort zu vereiteln.

Die Vorentwürfe

Im Brief an Richard Wagner hatte Ludwig das Konzept schon umrissen. Bei Neuschwanstein sollte es sich um ein Stein gewordenes Bühnenbild der Opernwelt Richard Wagners handeln. Deshalb wurde der Theatermaler Christian Jank beauftragt, einige zeichnerische Vorentwürfe für den Burgbau abzuliefern. Zuerst wurden topographische Vermessungen des Geländes durchgeführt. Dann wurden erste Baupläne vom Architekten Eduard Riedel erstellt, die der Theatermaler dann in malerische Ansichten der Burg und der umgebenden Landschaft umsetzte.

Die ersten Vorentwürfe zeigten noch eine relativ kleine Anlage, die mit ihren Türmen und Erkern an die Nürnberger Kaiserburg erinnern. Um aber alle Vorlagen der Wagner-Opern realisieren zu können, musste ständig erweitert werden. Im Jahr 1869 zeichnete der Theatermaler Jank den Entwurf, der dem heutigen Neuschwanstein recht nahe kommt. Allerdings wurde der die gesamte Anlage beherrschende Bergfried, in dessen Sockelgeschoss die große Kapelle untergebracht werden sollte, sowie der Garten hinter dem Palas nicht realisiert. Auch fehlt in dieser Ideal-Ansicht noch der charakteristische Knick des Palas, welcher der topographischen Lage geschuldet wurde.

Der Palas war ursprünglich das Hauptwohngebäude in einer Burg, später bezeichnete man alle Gebäude einer Burg, die der Repräsentation dienten, als Palas.

Abbildung 6.5: Vorentwurf zur Burg Neuschwanstein von Christian Jank, 1869, Archiv Ludwig II.-Museum (Wittelsbacher Ausgleichsfonds, München)

Der Bau beginnt

Die Arbeiten begannen 1869 mit der Anlage einer Fahrstraße zum Bauplatz der Burg. Sodann schlossen sich Planierungsarbeiten an den Fundamenten der Burg an. Die offizielle Grundsteinlegung erfolgte am 5. September 1869, bei der Ludwig allerdings nicht anwesend war. Der Grundstein aus Untersberger Marmor enthielt:

- ✔ den Bauplan auf Pergament verewigt,
- ✔ das Bildnis des Königs in dreifacher Ausfertigung und
- ✔ je ein Stück der Gold- und Silbermünzen, die während Ludwigs Regierungszeit geprägt wurden.

Wie es sich gehört, wurde als erstes der Torbau errichtet. Er war Ende 1873 vollständig fertig und möbliert. Ab diesem Zeitpunkt konnte Ludwig auf seiner Burg Quartier nehmen. Die Räume des Königs sind heute leider nicht beim Rundgang durch das Schloss zu sehen.

Nach der Fertigstellung des Torbaus ging es mit ganzer Kraft an die Erstellung des Palas. Im September 1872 war der Keller eingewölbt, sodass man mit der Übermauerung beginnen konnte. Im November 1876 war der Palas bis zum ersten Stockwerk errichtet. Für das Jahr 1881 verlangte Ludwig die Fertigstellung seiner Wohnräume in der Burg, 1883 sollte der Festsaal im vierten Stockwerk und 1885 der Thronsaal vollendet sein. Für das Jahr 1887 war der Bau der Kapelle und des Bergfrieds vorgesehen. Bis 1892 sollten laut Plan die Bauarbeiten beendet sein.

Dies war aber nur zu gewährleisten, wenn Jahr für Jahr die vorgesehenen Zahlungen durch die königliche Kabinettskasse erfolgten und keine gravierenden Um- oder Neuplanungen vorzunehmen waren. Die Schlossbauten in Linderhof und später auf Herrenchiemsee machten diesen Planungen einen dicken Strich durch die Rechnung.

Im Lauf der Zeit wandelte sich Neuschwanstein von der Burg Tannhäusers und Lohengrins immer mehr in die Gralsburg Parzivals. Das mag mit der Opernwelt Wagners zu tun haben, der die Oper Parzival als letzte im Jahr 1881 zur Aufführung brachte. An der Raumgestaltung, aber auch an den Entwürfen kann man diese Entwicklung sehr genau erkennen. Ursprünglich war Neuschwanstein eine gotische Burg, eine neogotische, um genau zu sein, denn sie wurde nicht im originalen gotischen Stil entworfen, sondern in einer modernen Form der Gotik, also »neo«. Im Lauf der vielen Jahre wurde die Burg jedoch immer mehr romanisch gestaltet. Lediglich das Schlafzimmer konnte als neogotische Raumarchitektur überdauern.

Ursprünglich waren im westlichen Teil des Palas ein großer Bankettsaal und ein kleiner Thronsaal vorgesehen. Je mehr sich Ludwig aber mit der Gralssage befasste, umso mehr wuchs in ihm der Wunsch, einen großen Thronsaal in Neuschwanstein zu realisieren. Ab 1876 wurden erste Pläne für diesen Thronsaal erstellt. Der ausführende Architekt Ludwigs, Georg von Dollmann, verwies auf zusätzliche Kosten der Änderungen an den Plänen und auch auf statische Probleme. All das hielt den König aber nicht ab. So wurde ab 1878 ein großer, über zwei Etagen reichender Thronsaal eingeplant. Wegen statischen Schwierigkeiten griff man zu einem Trick: Die Kuppel des Thronsaales wurde nicht mit Steinen gemauert, sondern aus Eisen gebogen. Gewaltige eiserne T-Träger wurden eingezogen, die mit Ziegelmauerwerk verblendet wurden, um die Masse der Kuppel und des Gewölbes zu tragen. Damit kamen in der »modernen« Burg Neuschwanstein neueste Bautechniken zum Einsatz. Ludwig meinte dazu sinngemäß: Wenn unseren Vorfahren solche Technik zur Verfügung gestanden hätten, dann hätten sie diese auch eingesetzt. An anderer Stelle sagte er:

»Ich will nicht wissen, wie es gemacht wird, ich will nur die Wirkung sehen.«

Im Lauf der Zeit wurde der Bau immer strenger, romanischer und weniger verspielt. Das mag auch mit der Reife des Königs zu tun haben. Als junger König – mit 23 Jahren – begann er die Burg in Neuschwanstein. Als die entscheidenden Architekturdetails Erker, Ecktürmchen, Türme festgelegt wurden, war er etwa 10 Jahre älter und wünschte sich strengere, hoheitsvollere und damit auch nüchternere Details in seiner Burg.

Gotisch, Romanisch, tralala

Auch für den Laien und nicht nur für den Architekten sind Gotik und Romanik recht leicht unterscheidbar. In der Gotik drängt sich alles nach oben und läuft irgendwie spitz zu. Der Kölner Dom oder der Straßburger Münster und viele sakrale Bauten sind Zeugnisse dieses Baustils. Bei dem romanischen Baustil ist alles irgendwie rund, was in der Gotik spitz ist. Die Fenstereinfassungen in Neuschwanstein bilden oben einen Halbkreis. Auch im Wohnzimmer, im Arbeitszimmer und in anderen Räumen der Burg finden sich viele Säulen, die nach oben halbrund zulaufen. **R**omanisch = **R**und, so kann man sich das merken und mit diesem Wissen angeben.

Ein Rundgang durch Ludwigs Burg

Etwa ab 1881 begann der Innenausbau des Haupthauses unter der Leitung des Architekten Julius von Hofmann, der für den leitenden Architekten Georg von Dollmann bereits die Raumdekorationen entworfen hatte. Der Architekt setzte die Vorstellungen des Königs sehr exakt um.

Schlafzimmer

Ein zentraler Raum in allen Bauten Ludwigs war das Schlafzimmer. Wie bereits geschildert, wurde dies im gotischen Stil eingerichtet. Der reich geschnitzte Aufbau über dem Bett erinnert an die Verzierungen von Altären in gotischen Kirchen. Immerhin waren 14 Holzschnitzer viereinhalb Jahre lang mit den Schnitzarbeiten beschäftigt. Das Bett wirkt in dem dunklen Raum fast wie ein Sarg. Ob Ludwig tatsächlich gut darin geschlafen hat, ist nicht überliefert.

Den Waschtisch ziert ein silberner Schwan als Wasserspender. Ebenso beachtenswert ist die reiche figürliche Schnitzerei an dem Bündelpfeiler und in den Nischen über den Türen.

Wie üblich war die textile Grundfarbe des Schlafzimmers blau gehalten. Alle Schlafzimmer Ludwigs waren blau, das in der Residenz und später auch die Schlafzimmer in Linderhof und Herrenchiemsee.

Von den Fenstern des Schlafzimmers hatte Ludwig einen wunderschönen Panoramablick auf den Wasserfall und die Brücke der Pöllatschlucht, wo das Wasser rauschend in die Tiefe stürzt.

Hauskapelle

Neben dem Schlafzimmer befindet sich ein kleiner gotischer Raum, der als Ludwigs Andachtsraum diente. Den Altar ziert eine Darstellung des französischen Königs Ludwig IX., auch der Heilige genannt. Die Wandgemälde und das Glasfenster zeigen die Taten und das Leben dieses heiligen Königs.

Speisezimmer

Vor dem Schlafzimmer ist das Speisezimmer des Königs. Gemälde vom Hof des Landgrafen von Thüringen und weitere Wartburgsagen schmücken diesen Raum. Interessant ist auch der Tischaufsatz, der Siegfrieds Kampf mit dem Drachen darstellt. Etwa 17 000 Gulden ließ sich Ludwig dieses Zweieinhalb-Zentner-Monstrum kosten.

Ankleidezimmer

Verließ Ludwig das Schlafzimmer in die andere Richtung, gelangte er in das Ankleidezimmer, das Walther von der Vogelweide und Hans Sachs gewidmet war. Von diesem freundlichen Raum aus hat man einen wundervollen Blick in den Burghof und auf die gesamte Burganlage.

Wohnzimmer

Vom Ankleidezimmer kommt man in das Wohnzimmer. Dieser Raum ist zweigeteilt durch eine Bogenstellung von Marmorsäulen. An den Wänden sind Bilder aus der Lohengrin-Sage nach den Entwürfen des Malers Hauschild angebracht. Auch von diesem Raum aus hat man einen schönen Blick in den oberen Schlosshof.

Grotte

Nachdem man das Wohnzimmer durchschritten hat, tritt man in einen Raum, der zunächst durch seine Dunkelheit verwirrt. Von der Sagenwelt Lohengrins gelangt man unvermittelt in die Themenwelt des Ritters Tannhäuser. Dieser hielt sich ja recht gern in der Grotte der Venus auf, so erzählt es zumindest die Oper Richard Wagners. Der Theaterarchitekt August Dirigl hatte den Auftrag, aus Pappmachee eine Höhle mit künstlichem Wasserfall und farbiger Beleuchtung einzubauen. Um dieses Vorhaben umzusetzen, verzichtete Ludwig sogar auf einige Quadratmeter seiner Toilette, die sich hinter dem Schlafzimmer befand.

Von der Grotte gelangte man nun in den kleinen Wintergarten, der im Kontrast zur höhlenartigen Architektur ein heller Raum war, der einen weiten Blick ins umliegende Land erlaubte. Gleich einem Adlerhorst »klebt« dieser Raum dicht am Gemäuer des Burgpalas.

Arbeitszimmer

Die Raumarchitektur der Grotte macht richtig Sinn, wenn man in das Arbeitszimmer betrachtet, das mit Szenen aus der Oper Tannhäuser geschmückt ist. Am reich verzierten Holzschreibtisch erledigte Ludwig seine Amtsgeschäfte und las die Eingaben, die seine Minister an ihn richteten.

Der Thronsaal ohne Thron

Wenn man im dritten Obergeschoss der Burg vom Treppenturm kommend in den Vorsaal tritt und nicht nach links zur Wohnung Ludwigs geht, sondern nach rechts, gelangt man in den Thronsaal. Dieser Raum lässt Ludwigs Traum von Größe erahnen.

Betritt man ihn, ist man zunächst überwältigt von der Größe und der prachtvollen und bunten Ausmalung dieses zweigeschossigen Saales. Rechts, über der Apsis, der Nische in der sich der Thron befinden sollte, thront Christus zwischen Johannes dem Täufer und Maria. Davon seitlich abgesetzt, finden sich in zwei Reihen die Apostel und unterhalb der heiligen Familie erkennt man die Bildnisse von sechs heilig gesprochenen Königen:

- ✔ Ludwig von Frankreich,
- ✔ Kasimir von Polen,
- ✔ Stephan von Ungarn,
- ✔ Kaiser Heinrich II.,
- ✔ Ferdinand von Spanien und
- ✔ Eduard von England.

Sie waren die Idole Ludwigs: Könige, die es geschafft hatten, heilig gesprochen zu werden. Wahrscheinlich fragte sich Ludwig immer beim Betrachten der Gemälde, was er tun müsse, um eines Tages ebenfalls heilig gesprochen zu werden.

Auffallend in der Apsis ist, dass dort, wo sich der Thron erheben sollte, eine Lücke klafft. Verschiedene Entwürfe für einen prachtvollen Thron, der von einem Baldachin gekrönt wurde, waren bereits erstellt. Es gelang jedoch bis zum Tode Ludwigs nicht, den Thron in Auftrag zu geben.

Auch das ist ein Zeichen für das Scheitern von Ludwigs Herrschaft: Er baute einen der prächtigsten Thronsäle in Europa, nur das Zentrum dieses Raumes, den Thron, den bekam er nicht mehr fertig.

Hätte Ludwig auf seinem Thron gesessen und auf die gegenüberliegende Wand geblickt, hätte er das Gemälde vom Kampf des heiligen Sankt Georg im Kampf mit dem Drachen gesehen. In diesem Gemälde ist ein kleines Detail besonders interessant. Im Hintergrund ist ein Fels zu erkennen, auf dessen Gipfel sich eine Burg erhebt. Vorlage für die Formen dieser Burg waren die zu diesem Zeitpunkt schon entstandenen Pläne für Ludwigs nächstes Burgprojekt, die Burg Falkenstein.

Die Wandgemälde im Thronsaal widmen sich den Taten der heilig gesprochenen Könige. Hier greift Ludwig also erstmals in Neuschwanstein nicht unmittelbar auf die Sagenwelt Richard Wagners zurück.

Gold und Marmor, porphyr- und lapislazulifarbene Säulen und die vielen bunten Gemälde geben diesem Raum eine feierliche Pracht. Das wird noch unterstützt vom dominanten Leuchter, der – einer Krone gleich – in der Mitte des Saales angebracht ist.

Tritt man vom Thronsaal aus auf den Söller, hat man einen wundervollen Blick über den Alpsee, hinunter auf die Burg Hohenschwangau und auf die Tiroler Alpen.

Der Sängersaal - ein Raum, in dem niemals gesungen wurde

Den eigentlichen Ausgangspunkt für das Bauprojekt in Neuschwanstein bildet Ludwigs Beschäftigung mit der Oper Tannhäuser. Im Jahre 1867 besuchte er die Wartburg in Thüringen. Ab diesem Zeitpunkt war für ihn klar, dass er den Sängersaal in seiner Burg nachbilden wollte.

Abbildung 6.6: Der Sängersaal in Neuschwanstein nach einer Ansicht von Christian Jank, 1878, Ludwig II.-Museum, Herrenchiemsee

Ursprünglich wurde sogar daran gedacht, für die Wandgemälde Themen aus Till Eulenspiegel zu verwenden. Als gegen 1879 und in den Folgejahren die Ausmalung festgelegt wurde, hatte sich Ludwig verändert. Aus dem hoffnungsvoll-jugendlichen Ludwig war der schwermütige

König geworden. Aus Lohengrin wurde Amfortas, der sieche König der Oper Parzival. Die Erlösung von aller Pein und Qual des Gralskönigs war auch für Ludwig zum zentralen Thema seines Lebens geworden.

So behandelt der Tribünengang die Geschichte Gahmurets und Garwans, im eigentlichen Sängersaal wird die Geschichte des Ritters Parzival behandelt. Ihren Höhepunkt findet die Malerei in der Sängerlaube, in der Parzival als König des Grals verehrt wird, und auf der anderen Seite sein Sohn Lohengrin von der Gralsburg aufbricht.

Der Sängersaal war folglich nicht mehr der fröhliche Raum eines Wettstreits unter Minnesängern aus dem Tannhäuser, sondern der düstere Raum aus der Sagenwelt der Gralsritter.

Zu Ludwigs Lebzeiten hat nie ein Sänger oder gar ein Orchester diesen Raum betreten und Lieder aus den Opern Richard Wagners vorgetragen. Erst nach Ludwigs Tod fanden hier im Sommer Konzerte statt. Der märchenhafte Zauber dieses Raumes offenbart sich, wenn in der Dämmerung die leuchtenden Gemälde ihre Sagen zu erzählen beginnen.

Die erste Nacht in der Traumburg

In der Nacht vom 12.12.1880 bewohnte Ludwig seine Burg zum ersten Mal. Die Burg glich damals noch einer Baustelle, genau genommen war sie auch eine. In einige Räume der Königswohnung waren nur provisorische Fenster eingelassen, um dem König seinen Traum endlich zu erfüllen.

Das unvollendete Neuschwanstein

Die wichtigsten Räume in Ludwigs Gedankenwelt, Sängersaal und Thronsaal, waren in Neuschwanstein noch zu Lebzeiten des Königs vollendet worden, das Schloss als Ganzes jedoch nicht.

Die Innenausstattung des Ritterbaus war nicht fertig gestellt und die Kemenate wurde erst nach dem Tod Ludwigs errichtet, um den oberen Burghof zu schließen. Für die Räume in Ritterbau und Kemenate existiert eine Reihe von Entwürfen, die sich an der Sagenwelt Richard Wagners orientierten. So war vorgesehen, in der Kemenate ein Schlafgemach einzurichten, das dem Brautgemach der Oper Lohengrin entsprechen sollte. Zur Ausführung kam nichts davon.

Der maurische Saal

Aber auch im Palas waren noch eine Reihe interessanter Räume vorgesehen. So hätte unterhalb des Thronsaales ein maurischer Saal entstehen sollen. Im Jahr 1882 verlangte Ludwig den Einbau eines solchen Saales. Der Raum wurde für das 1. und 2. Obergeschoss gebaut, wo sich ursprünglich Räume für die Dienerschaft befinden sollten. Da Ludwig nur noch von einigen wenigen Dienern begleitet wurde, waren diese Räume nicht mehr notwendig. Dieser fast quadratische Raum sollte in der Mitte einen Springbrunnen nach dem Vorbild der Alhambra in Spanien erhalten.

Das Ritterbad

Dieser Raum wäre eine Art Vorraum zum im Parterre gelegenen Badegemach gewesen. Auch auf der Wartburg existierten Entwürfe für ein zweigeschossiges Ritterbad, das aber erst nach dem Tode Ludwigs ausgeführt wurde. Ludwig dürfte aber diese Pläne gekannt haben. Ursprünglich dachte man in Neuschwanstein daran, das Königsbad in Form einer Grotte zu errichten. Als die Grotte jedoch in der Königswohnung realisiert worden war, konnte man beim Bad auf andere Vorbilder zurückgreifen. Vom Bad aus sollte man Zugang zum Terrassenanbau haben, der unterhalb des Söllers des Thronsaales entstehen sollte.

Bergfried und Kapelle

Ein weiteres, die Burg dominierendes Bauensemble wurde ebenfalls nicht verwirklicht. An der Schnittstelle zwischen unterem und oberem Burghof sollte sich der höchste Turm der Burg, der Bergfried erheben. In dessen Sockelgeschoss sollte eine große Kapelle eingebaut werden. Die Pläne dazu waren bereits fertig gestellt. Die zunehmenden Geldprobleme des Königs und sein früher Tod verhinderten aber ihre Realisierung.

Ludwig erlebte seine Burg nur als Baustelle. Immer neue Änderungswünsche des Königs, aber auch seine Geldsorgen verhinderten die Fertigstellung. Die zentralen Räume, die Ludwig unbedingt wollte, Sängersaal und Thronsaal, wurden aber weitgehend fertig gestellt.

Die Gralsburg des Königs von Bayern, der Ort, an dem er den Idealen der absoluten Macht nachhing, wurde auch zum Ort seiner bittersten Niederlage: In der Nacht vom 11. zum 12. Juni 1886 wurde ihm in Neuschwanstein die Nachricht von seiner Absetzung als König und seiner Verbringung nach Schloss Berg überbracht.

Der Rothschildschatz in Neuschwanstein

Als Ludwigs Geldsorgen immer größer wurden, versuchte er, in ganz Europa Kredite aufzunehmen. Eine der damals reichsten Familien auf dem Kontinent waren die Rothschilds. Ein Kreditvertrag kam damals nicht zustande.

Im zweiten Weltkrieg raubten die Nazis überall in Europa Kunstschätze, die sie nach dem Krieg in ihren Palästen und Museen auszustellen gedachten. Darunter befand sich auch der Schatz der Familie Rothschild aus Paris. Nachdem die Bombenangriffe auf die Städte im Deutschen Reich immer heftiger wurden, brachte man einen Teil dieser Schätze zusammen mit anderen Raubgütern nach Neuschwanstein. Dieses lag, vereinfacht gesagt, »weit genug weg vom Schuss«, und hatte, da viele Räume leer standen, genügend Platz, um die Schätze einzulagern.

Nach der Niederlage entdeckten amerikanische Soldaten die Kunstschätze in der Burg und gaben sie an ihre ursprünglichen Besitzer zurück.

Rheingold und Walküre

Am 27. August 1869 war die Hauptprobe für die Uraufführung der Oper »Rheingold« im Münchner Hof- und Nationaltheater angesetzt. Nach dem Erfolg mit den »Meistersingern« rechnete man mit einem neuen Höhepunkt Wagner'scher Komponierkunst.

Zwischen Ludwig und Wagner war es seit der Meistersinger-Premiere zu einigen Verstimmungen gekommen. Bei einer Aufführung des Lohengrin hat Ludwig für die Rolle des jugendlichen Helden Lohengrin einen anderen Darsteller gewünscht als den von Wagner vorgeschlagenen Tichatschek. Den sechzigjährigen Greis nannte Ludwig nur »den Ritter von der traurigen Gestalt«. König und Künstler saßen bei der Aufführung nebeneinander, ohne miteinander zu sprechen. So hatte er sich den Held der Oper seiner Jugendtage nicht vorgestellt. Die Rolle wurde dann mit Heinrich Vogel, gegen den Widerstand Wagners, neu besetzt. Beleidigt fuhr Wagner nach Triebschen zurück.

Auch das mag ein Beweis sein, dass sich Ludwig weniger für die Musik als vielmehr für die Stimmungen, die Bühnenbilder und die Personen der Oper interessierte und die Musik nur als Hintergrundbeschallung betrachtete.

Wagner hatte ursprünglich vorgesehen, den »Ring des Nibelungen« mit seinen vier Opern nur komplett am Stück, also eine Oper jeden Tag, aufzuführen. Bis aber mit der Götterdämmerung der letzte Teil fertig gestellt war, dauerte es Ludwig zu lange. Er drängte darauf, dass die Oper, sobald sie fertig wäre, auch aufgeführt würde. Darüber kam es mit dem Komponisten zu erneutem Streit. Aber Ludwig bestand auf sein Recht. Schließlich war es sein Geld, mit dem er den Komponisten unterstützte. »Das Werk gehört mir!«, sagte Ludwig.

Das Rheingold

Uraufführung 1869

Da müssen die drei armen Nixen schon den lieben langen Tag im Rhein schwimmen und vor sich herträllern und dann kommt da noch ein hässlicher, linkischer Gnom namens Alberich und belästigt sie. Wenn Selbsterkenntnis der erste Schritt zur Besserung ist, hat Alberich noch einen langen Weg vor sich und so hat er auch wenig Skrupel, sich an die schwimmenden Mädels ranzumachen. Da die Nixen zwar blond, aber nicht blind und blöd sind, geben sie Alberich einen Korb, eine Reuse oder was man auch immer dazu unter Wasser sagt. So weit so gut, aber leider sind die Nixen zwar nicht blind und blöd, dafür aber außerordentlich geschwätzig und so erzählen sie dem verwachsenen Zwerg, dass sie einen Goldschatz bewachen, der, zu einem Ring gegossen, dem Träger unermessliche Macht verleihe. Im Gegenzug muss der Träger aber auf Liebe verzichten. Sie glauben als hübsche Wesen natürlich, dass niemand so dumm wäre, auf die Liebe nur für Macht zu verzichten und sind entsprechend unachtsam. Da haben sie aber ihre Rechnung ohne Alberich gemacht, der von der Liebe nichts mehr wissen will, zumal er gerade schon wieder abgeblitzt ist. Kurz und gut: Der Zwerg macht sich mit dem Gold aus dem Staub.

An einer anderen Stelle, in einem fernen Land: Wotan hat sich in Walhalla gerade sein Schloss von den Riesen Fasolt und Fafner bauen lassen. Als Lohn sollen die beiden Wonneproppen Freia, die Liebesgöttin, bekommen. Ja, auch hier haben wir eine Frau als Preisgeld. Die Riesen stehen nun vor der Tür und freuen sich auf ihre Bezahlung. Obwohl es ein sehr schönes Schloss ist, das sie gebaut haben, verweigert Wotan ihnen den versprochenen Lohn. Es geht ihm nicht in erster Linie um das Gefühlsleben der Göttin, sondern um Äpfel. Genau genommen um die Freias Äpfel, die den Göttern ewige Jugend geben.

Wotan will aber nicht als Prellbruder dastehen und schickt Loge, den ethisch eher ambivalenten Feuergott, auf die Erde, um nach angemessenem Ersatz zu suchen. Loge schlägt, wen wundert's, den magischen Ring Alberichs als Preis vor. Mit unbegrenzter Macht können sich die Riesen anfreunden und willigen ein.

Wotan und Loge beamen sich in die Unterwelt, um den Ring zu stibitzen. Sie treffen Alberich und dem Guten ist seine Allmacht inzwischen zu Kopf gestiegen: Zu allem Überfluss hat er auch noch eine magische Tarnkappe. Damit kann er sich in jedes Lebewesen verwandeln oder auch unsichtbar machen. Loge fordert ihn auf, das zu beweisen. Alberich zögert nicht lange, verwandelt sich erst in einen Drachen und dann in eine Kröte. Wotan und Loge packen sofort nach der Kröte und fesseln sie. Ja, ich weiß, der Trick ist nicht der Neueste und originell ist er schon gar nicht, aber Alberich ist nicht die hellste Perle im Rosenkranz. Wie dem auch sei, sie nehmen Alberich mit nach Walhalla. Sie nehmen ihm Kappe und Ring ab, aber Alberich verflucht den Ring.

Wotan könnte jetzt die Riesen bezahlen, aber er will den Ring auch gerne behalten. Da erscheint Erda, dreimal dürfen Sie raten, für wen oder was diese Göttin zuständig ist, und rät Wotan den Ring abzugeben. Wotan besinnt sich und gibt den Riesen den Ring. Dass der Fluch gut wirkt, merkt man sofort: Die Riesen geraten miteinander in Streit, und Fafner erschlägt seinen Bruder Fasolt.

Jetzt erstrahlt Walhalla in neuem Glanz und Wotan kann endlich anständig Hof halten.

Die Generalprobe wurde eine Katastrophe. Die hölzerne Götterburg im Hintergrund, ein hölzerner Regenbogen und eigenartige Schwimmbewegungen der Rheintöchter hinterließen einen merkwürdigen Beigeschmack. Wagner-Anhänger waren unangenehm berührt und die Wagner-Gegner jubelten ob der komischen Vorstellung.

Auch Wagner, der nicht nach München kam, hörte von der Katastrophe. Er verbot dem Dirigenten die Uraufführung zu dirigieren. Dieser gehorchte, sehr zum Ärger des Königs. Um zu retten, was noch zu retten war, fuhr Wagner nach München, konnte jedoch wenig ausrichten, da sich der König in die Berge davongemacht hatte. Ludwig bestand auf der Uraufführung am 22. September 1869.

Die Walküre

Uraufführung 1870

Was zwischen den Stücken geschah: Wotan fühlt sich ohne den Ring nicht wohl und wie man das als Gott eben so macht, begibt man sich auf Mutter Erde und zeugt paar Kinderlein. In diesem Fall sind es die Zwillinge Sigmund und Sieglinde. Die beiden wachsen allerdings getrennt voneinander auf.

Es regnet Hunde und Katzen, Sieglinde und ihr Mann Hunding machen es sich in ihrem kargen Heim gemütlich, als plötzlich ein Fremder in ihrem Haus Schutz sucht. Was ein Wunder, der Fremde ist ihr Bruder Sigmund.

Sieglinde fühlt sich zu dem Fremden hingezogen und der tischt ihr erst einmal seine Lebensgeschichte auf. Als kleiner Junge kam er eines Tages heim: Haus abgebrannt, Zwillingsschwester weg. Später wurde er auch noch von seinem Vater getrennt. Ja und außerdem versucht er kürzlich eine junge Frau zu retten, die einem gemeinen Kerl namens Hunding zwangsverheiratet werden sollte. Hunding erkennt den Fremden wieder und beschließt, sich am nächsten Morgen an ihm zu rächen

Aber Sieglinde betäubt ihren Gatten und geht zu ihrem Bruder. »Walküre« nennt man im Szenejargon bisweilen auch »Inzest-Oper«.

Wotan hat in der Zwischenzeit auch noch mit Erda einige Kinder gezeugt, die so genannten Walküren. Brünnhilde ist davon die bekannteste und auch der kleine Liebling des werten Herrn Papa. Wie so oft bei Patchworkfamilien wird es jetzt etwas kompliziert: Wotan bittet seine Tochter Brünnhilde, ihrem Halbbruder Sigmund zu helfen. Wotans Frau Fricka hat andere Interessen, erstens findet sie es nicht so prickelnd, dass Siegmund einem Seitensprung ihres Gatten entsprang und zweitens ist sie als Göttin der Ehe von Seitensprung und Inzest auch nicht so angetan. Also fängt sie an, auf ihren Mann einzureden. Wotan windet sich erst, willigt dann aber ein, seinen Sohn Sigmund sterben zu lassen. Brünnhilde will ihren Halbbruder aber trotzdem beschützen und bekommt deshalb Ärger mit Wotan.

Sigmund und Sieglinde haben derweil andere Sorgen, sie fliehen von dem wütenden gehörnten Ehemann Hunding. Hunding stellt das Paar und es kommt zu einem Kampf. Wotan, angestachelt von seiner Gemahlin, zerstört Sigmunds Schwert, Hunding tötet Siegmund und Wotan tötet aus Gram Hunding. Was Jupiter darf, darf der Ochse noch lange nicht (Das bezieht sich zwar auf die göttliche Konkurrenz, passt hier aber ganz gut). Sieglinde fällt in Ohnmacht, wird aber von ihrer Halbschwester Brünnhilde gerettet. Jetzt ist Wotan richtig sauer.

Zu allem Überfluss ist Sieglinde auch noch von ihrem Bruder schwanger. Der werdende Großvater Wotan verstößt Brünnhilde und will sie in einen Tiefschlaf versetzen, bis ein Held kommt, um sie zu retten und zu heiraten. Brünnhilde verteidigt ihr Vorgehen ihrem Vater gegenüber und der zeigt sich beeindruckt. Er erlaubt, dass ihr schlafender Körper von einem Feuerring umgeben wird, so dass nur ein richtig großer Held zu ihr vordringen kann.

Im Vergleich zu den eher bodenständigen »Meistersingern von Nürnberg« ist die Oper »Rheingold« schon recht abgehoben und damit nicht jedermanns Sache. Heute wird das Gesamtwerk »Der Ring des Nibelungen« von Musikkennern und Wagner-Fans gerade zu ekstatisch verehrt. Für den damaligen Geschmack waren der Inhalt und die neuartige Musik von Richard Wagner nur etwas für seine treuen Anhänger oder diejenigen, die unbedingt dazugehören wollten. Noch heute ist für viele Münchner Besucher von Wagneropern das Drumherum, das Sehen und Gesehenwerden wichtiger als die Oper, die man dann halt so mitnimmt. Hauptsache, man ist dabei gewesen bei einem »einmaligen Kunstgenuss!«

Im Jahr nach der Uraufführung der Rheingold stand die Premiere der »Walküre« an. Seinen Hoftheaterintendanten Karl von Perfall wies Ludwig an, die Inszenierung der neuen Oper voranzutreiben, ohne auf die Briefe und das Klagen von Wagner zu achten. Schließlich wollte Ludwig wissen, wie es weitergeht mit den Göttern, dem Zwerg Alberich und den anderen Konsorten.

Zähneknirschend beugte sich Wagner Ludwigs Befehlen und lieferte schön brav alles ab, was er so zusammenkomponiert hatte. Schließlich lebte er von den Alimenten des Königs und auch zur damaligen Zeit durfte der Satz gegolten haben: »Wes Brot ich ess, des Lied ich sing.«

Am 26. Juni 1870 war es so weit. Im königlichen Hof- und Nationaltheater stand die Premiere der Walküre auf dem Spielplan. Weder bei den Proben noch bei der Premiere war der Komponist dabei. Auch Ludwig wohnte der Uraufführung nicht bei. Er sah sich erst die letzte der drei Aufführungen an.

Für »Wotan« Wagner war es wirklich schwer zu ertragen, dass die Aufführungen der ersten zwei Opern seines Bühnenweihfestspiels im verhassten München stattfanden. Er schwor sich: »Die nächsten Opern werden in einem eigenen Theater von mir aufgeführt.« Und tatsächlich plante er ab etwa 1870 seine Rückkehr nach Bayern. Aber nicht nach München wollte er zurück! Wagner erinnerte sich an Bayreuth. Die kleine Stadt in Oberfranken, ein kleines kulturelles Zentrum, das in der Zeit der Markgräfin Wilhelmine residenzstädtischen Glanz erhielt, bekam den Zuschlag von Wagner. Das war weit genug weg vom Münchner Intrigantenstadel, aber immer noch im Einflussgebiet seines Gönners.

Die Stadtoberen stellten sich sehr schlau an, um den eitlen Komponisten zu ködern: Für sein Festspielhaus schenkten sie ihm einen Bauplatz, für damalige Verhältnisse recht weit draußen auf einem grünen Hügel vor den Toren der Stadt, aber immerhin kostenlos.

Nach dem Krieg ist vor dem Krieg

Der Krieg von 1866 und die damit einhergehende Niederlage war gerade einigermaßen verdaut und etwas Gras war über die Sache gewachsen. Die Herrschaft des Königs galt als effizient, auch wenn sich der immer noch junge Herr gern für etliche Wochen davonstahl und in den Bergen umherfuhr und umherritt.

Die leidige Sache mit dem Komponisten Wagner war auch weitgehend vergessen. Immerhin hat man eine Reihe von Uraufführungen und Premieren moderner Opern erleben können. Und auch die geplatzte Verlobung des Königs war in der Zwischenzeit vom Tisch.

Da brauten sich am politischen Horizont plötzlich dunkle Wolken zusammen. Bismarcks Reichsgründung durch »Blut und Eisen« verlangte nach einem neuen Waffengang, bei dem, quasi als Nebeneffekt, endlich auch die süddeutschen Staaten offiziell dem »Nord«-Deutschen Reich beitreten sollten.

Österreich war als Machtfaktor im Deutschen Reich bereits ausgeschaltet. Für Bismarck gab es nur noch einen Feind, den es zu bezwingen galt: Frankreich.

Bayern und Frankreich

Ludwig passte ein Krieg mit Frankreich gar nicht, er verehrte das Land. Mit den Bourbonen-Königen war er verwandt. Ludwig XIV. war sein großes Idol, weil er so reich und mächtig war. Er sprach fließend französisch, bevorzugte französische Literatur. Napoleon I. hatte er die Königswürde und Gebietsvergrößerungen, aber auch den Verlust von großen Teilen in der Pfalz, zu verdanken. Auch mit dem Haus Bonaparte waren die Wittelsbacher verwandt. Der Onkel des Kaisers Napoleon III., Eugène Beauharnais, war mit einer Schwester von Ludwigs Großvater verheiratet. Das hatte Napoleon I. damals so verfügt, um seine Verwandtschaft in den großen Herrscherhäusern Europas gut zu verankern. (Trotzdem war diese politische Ehe eine sehr glückliche! Das ist doch auch mal schön!)

Napoleon III. besuchte sogar eine Zeit lang das Augsburger Gymnasium von St. Anna und sprach recht gut Deutsch, allerdings mit einem schwäbischem Akzent.

Die Rolle, die Napoleon III. während der Friedensverhandlungen von 1866 gespielt hatte, war damals noch nicht bekannt. Man wusste aber, dass er einige größere Staaten in Deutschland anstelle eines geeinten Deutschen Reiches bevorzugte. Lieber mehrere kleine Gegner als einen großen und machtvollen! Napoleon versuchte, mit Österreich und auch mit Bayern eine Allianz zu schmieden, um eines schönen Tages doch noch einmal Preußen zu überfallen oder sich zumindest die verhassten Preußen vom Hals zu halten. Aber Franz Joseph von Österreich und Ludwig waren weder in der Lage noch willens gegen Preußen zu rüsten. Ganz abgesehen davon hatte Ludwig nach dem verlorenen Krieg von 1866 ein geheimes Schutz- und Trutzbündnis mit den Preußen geschlossen, so dass er diesen beistehen musste, wenn sie in einen Krieg verwickelt würden. Davon wusste man allerdings in Frankreich nichts, schließlich handelte es sich um ein »geheimes« Bündnis.

Im Juli 1870 eskalierte in Zusammenhang mit der so genannten »Emser Depesche« die Situation. Die Preußen fragten bei den Bayern an, mit welcher Unterstützung sie rechnen könnten, nachdem nun der Bündnisfall gegeben wäre. Der bayerische Kriegsminister, Freiherr von Pranckh verpflichtete sich, genau nach den Bestimmungen ein Kontingent an Soldaten bereitzustellen.

Ludwig mal wieder auf der Flucht vor der Unterschrift

Um die Soldaten aber mobil zu machen, brauchte man die Unterschrift des Königs. Und der hatte sich, wie so oft, wenn es wirklich brenzlig wurde, nach Schloss Berg verdrückt. Folglich setzte wieder die übliche Pendelei zwischen München und Berg ein, die Minister fuhren hin und her, um ihrem König die Unterschrift zur Mobilmachung abzuhandeln. Natürlich wusste auch Ludwig, was die Stunde geschlagen hatte. Aber er bekniete und beschwor seine Minister, doch den Frieden zu erhalten und alles zu tun, was möglich wäre, um auf beide Kriegsparteien Einfluss zu nehmen. Schulterzuckend mussten die Minister zugeben, dass sie hier absolut machtlos waren. Das Bündnis verlangte Gehorsam. Bismarck präsentierte den zweiten Teil der Rechnung, die 1866 ausgehandelt worden war. In diesem Moment wurde nicht nur Ludwig seine Ohnmacht offenbar, auch die Herren Minister mussten erkennen, worauf sie sich da eingelassen hatten. Und sie, reife Männer, die schon viele Jahre diplomatischen Dienst auf dem Rücken hatten, hätten es besser wissen müssen, als ihr jugendlicher König, der nun, noch nicht einmal 25 Jahre alt, schon in seinen zweiten Krieg hineinstolperte.

Als alles nichts half, setzte sich Ludwig an den Schreibtisch und verfasste in französischer Sprache (!) das Telegramm zur Mobilmachung. Dazu sagte er: »Mein Entschluss ist gefasst, bis dat qui cito dat«(»doppelt gibt, wer schnell gibt«).

Wie auch schon beim letzten Krieg baten die Beamten und Minister, der König möge doch in die Residenzstadt zurückkehren. In gewohnter Manier lehnte Ludwig das Ansinnen ab, um es dann aber doch zu tun. Jubelnd wurde der König in seiner Residenz begrüßt.

Ludwig war überrascht über die Menschen, die jubelnd dem Tod entgegensahen. Er wusste auch, dass nicht ihm der Jubel galt, sondern dem verantwortungsvollen König, der zu seinen Bündnisverpflichtungen zu stehen hatte.

Der Preußentölpel kommt

Am 27. Juli 1870 kam der preußische Kronprinz Friedrich nach München, um dort das Kommando über das bayerische Heer zu übernehmen. Bei der Begegnung zwischen König und Kronprinz gab Ludwig seiner Hoffnung Ausdruck, dass Bayern, das als selbstständiger Staat in diesen Krieg zu ziehen hatte, auch als selbstständiger Staat nach diesem Krieg noch existieren würde.

Den Jubel, der auf den Straßen aufbrandete, wenn er sich mit dem ungeliebten Preußen-Vetter zeigte, konnte Ludwig nicht recht zuordnen: Freuten sich die Bürger, ihren König zu sehen, oder jubelten sie dem ungeliebten Preußentölpel zu?

Im Hoftheater sahen 2000 Menschen eine Festvorstellung von »Wallensteins Lager«, zu dessen Beginn der Schauspieler Ernst Possart einen Prolog vortrug, der den Dynastien Wittelsbach und Hohenzollern Ehre erwies: »Bayerns Löwe und Preußens Aar«. Ludwig konnte angesichts der jubelnden Zuschauer nicht umhin, mit dem preußischen Kronprinz eine Umarmung anzudeuten.

Des Kaisers König (1870 – 1874)

7

In diesem Kapitel

- Der Krieg gegen Frankreich
- Kaiserbrief und Reichsgründung
- Gepriesen sei der »Welfenfonds«
- König ohne Macht – der erste »Vasallenritt«
- Versailles in Bayern
- Linderhof – die Villa
- Die Separatvorstellungen
- Die Frankreichreisen
- Auf der Suche nach einem neuen Land
- Otto

Nachdem der preußische Kronprinz die bayerischen Truppen in Empfang genommen hatte, führte er sie als dritte deutsche Armee gemeinsam mit den preußischen Truppen in die Schlacht. 55 000 Mann umfassten die bayerischen Truppenteile. Auch Freiherr von der Tann durfte wieder mitmachen. Es sollte ihm Gelegenheit gegeben werden, die Scharte von 1866 auszuwetzen. Von der Familie Wittelsbach waren Ludwigs Bruder Otto, Onkel Luitpold, dessen Söhne Leopold und Arnulf mit von der Partie.

Der Krieg gegen Frankreich

Ihre Feuertaufe erlebten die bayerischen Soldaten bei den Schlachten von Weißenburg und Wörth. Der preußische Kronprinz konnte sich auf die bayerischen Soldaten, die noch vier Jahre zuvor gegen ihn gekämpft hatten, verlassen. Beim Sturm auf Fröschweiler konnte das 2. Bayerische Infanterieregiment den ersten französischen Adler erbeuten. Allerdings wurden diese frühen Erfolge auch mit einem hohen Blutzoll erkauft: 213 Offiziere und 4000 Mann fielen in den ersten Wochen und Monaten.

Ludwig litt unter den hohen Verlusten. »Die kalten Fluten des Alpsees ziehen mich an«, notierte er in sein Tagebuch. Er dachte mal wieder an Abdankung. Angesichts der militärischen Jubelmeldungen von der Front forderten die Minister Ludwig auf, sich im deutschen Hauptquartier zu zeigen. Aber das war nun wirklich das Letzte, was sich Ludwig wünschte. Als Kriegstourist, der nichts zu sagen hat, sich von prahlenden Preußenprinzen großsprecherische Reden anzuhören, nein, das würde er nicht tun. »Ein König muss niemals etwas!«, herrschte er seine Berater an. Wieder dachte er an Abdankung.

Bei der Entscheidungsschlacht von Sedan geriet Kaiser Napoleon III. zusammen mit 83 000 französischen Soldaten in Gefangenschaft. Die Huldigung seiner Münchner Bürger zu diesem großen Erfolg wollte Ludwig nicht in Empfang nehmen. So schickte er seine Mutter vor, die sich an einem Fenster der Residenz stehend von den Münchnern feiern ließ.

Auch der preußische Kronprinz lobte seine bayerischen Truppen. Und ein Soldat erwiderte: Hätte der preußische Kronprinz die bayerischen Truppen im Krieg 1866 gegen die Preußen geführt, hätte man es den »Saupreißn« so richtig gezeigt.

Kaiserbrief und Reichsgründung

Bismarck wusste, dass er nun Nägel mit Köpfen machen musste. Die Bevölkerung aller deutschen Staaten war in einen Taumel geraten, aus dem er politisches Kapital schlagen musste. Die Gründung eines Deutschen Reichs stand vor der Tür!

Aber wie sollte er vorgehen? Sein König Wilhelm war nicht begeistert von der Idee, Deutscher Kaiser zu werden. Er fürchtete das Ende seines eigenen Landes, weil auch das in dem geeinten Reich aufgehen würde. Das wollte er auf keinen Fall. Er wollte, wie auch Ludwig, die Eigenständigkeit seines Landes behalten.

Wilhelm I. sah sich immer in erster Linie als Preuße und nicht als Deutscher. Deshalb wollte er auch »Kaiser von Deutschland« werden und nicht »Deutscher Kaiser«. Bismarck gelang es in einer dramatischen Szene dies abzuwenden, weil er Widerstand der Fürsten fürchtete. Wilhelm war so wütend, dass er Bismarck während der Erhebungszeremonie nicht die Hand gab.

Das Eisen ist zu schmieden, solange es heiß ist, dachte sich Bismarck und griff zu einer List. Er lud Ludwig nach Versailles ein, wo inzwischen das preußische Hauptquartier war. Bei einer Zusammenkunft des Königs von Bayern und des Königs von Preußen sollte Ersterer, als Herrscher im zweitgrößten Land des neuen Deutschen Reiches, dem Preußenkönig die Deutsche Kaiserkrone anbieten. Aber das Treffen scheiterte am Widerstand Ludwigs. Er hatte keine Lust, das von ihm bewunderte Schloss des verehrten Sonnenkönigs zu besuchen, auf dem die preußische Flagge wehte.

Aber auch Ludwig erkannte die Gunst der Stunde. Seinen Ministern und Graf Holnstein trug er auf, Bismarck mitzuteilen, dass er sich Hoffnung auf etwas Geld mache und dass man das Gebiet von Bayern vergrößern könne, um die politischen Kompetenzen, die man verliere, zu kompensieren. Ludwig dachte an eine Verbindung zwischen dem rechtsrheinischen Bayern und dem Gebiet der bayerischen Pfalz. Die Gebiete um Heidelberg und Mannheim hatten die Wittelsbacher im Zuge der Neuordnung Deutschlands durch Napoleon I. verloren. Allerdings hätte der Großherzog von Baden, Schwiegersohn Wilhelms I., dazu Gebiete an Bayern abtreten müssen. Das hätte man mit den Gebieten von Elsass und Lothringen ausgleichen können. Es fällt auf, dass Ludwig hier ebenso wie Kaiser Napoleon III. nach dem Krieg von 1866 agierte und sich großzügig an der Verschiebung von Grenzen und am Schacher von Ländern beteiligte.

Der Vorschlag Ludwigs, die Kaiserkrone zwischen den Häusern Hohenzollern und Wittelsbach hin- und herwechseln zu lassen, wurde nicht einmal ernsthaft diskutiert. Immerhin hätte das

Ludwig die Chance verschafft, eines Tages selbst Deutscher Kaiser zu werden, wenn der Onkel in Berlin, der damals immerhin schon über 70 Jahre alt war, sterben würde. Aber eigentlich wollte Ludwig das gar nicht. Ihn nervten schon seine Repräsentationspflichten in Bayern.

Der preußische Kronprinz tobte angesichts dieser Frechheiten seines bayerischen Vetters und drängte Bismarck, dem Bayern zu zeigen, wer die wahre Macht hat. Aber Bismarck blieb vernünftig. Ihm war klar, dass er Ludwig brauchte, und er band Oberstallmeister Graf Holnstein, von dem er wusste, dass er bei Ludwig hohes Ansehen genoss, in seine Pläne ein.

Aber Ludwig sträubte sich noch, den Weg für einen preußisch-deutschen Einheitsstaat freizumachen. Ein Vasall der Hohenzollern wollte er nicht sein. Sollte doch Otto König werden! Er schickte nach seinem Bruder. Am 5. November trafen sich die Brüder in Hohenschwangau, wohin Ludwig sich zurückgezogen hatte. Beim Anblick seines Bruders zuckte Ludwig zusammen. Das war nicht mehr der fröhliche und wagemutige Otto, der ihm da gegenüberstand, sondern ein bleicher und zittriger junger Mann mit ruinierten Nerven. Die brutalen Schlachten hatten Otto gezeichnet. Ludwig wurde klar, dass Otto niemals König von Bayern werden könne. Er musste weitermachen und fügte sich ins Unvermeidliche.

In den Mittelpunkt der Verhandlungen rückten nun die Sonderrechte Bayerns im deutschen Reich sowie Finanzspritzen, die Ludwig gut für seine Bau- und Kunstpläne brauchen konnte.

Eine Reihe von Reservatrechten konnte Ludwig für Bayern heraushandeln:

- ✔ Diplomatisches Vertretungsrecht
- ✔ Ständiger Vorsitz Bayerns im diplomatischen Ausschuss des Bundesrates
- ✔ Militärhoheit im Frieden und eigenes Heeresfinanzwesen
- ✔ Bayerische Post, Telegraphie und Eisenbahn
- ✔ Beibehaltung des Heimat- und Niederlassungsrechts
- ✔ Besteuerung von Bier und Branntwein (eine nicht zu unterschätzende Einnahmequelle in Bayern!)

Ludwig war klar, was sich Bayern eingehandelt hatte: Das Ende Bayerns als souveräner Staat.

Nun musste alles sehr schnell gehen, damit der Bayernkönig nicht noch umfiel. Bismarck setzte im Beisein von Graf Holnstein einen Entwurf für den Kaiserbrief auf, mit dem Ludwig dem preußischen König die Kaiserkrone und die Präsidialrechte über alle deutschen Staaten antragen sollte. In einem weiteren Brief wies Bismarck Ludwig darauf hin, dass nur der zweitmächtigste Fürst, nach dem König von Preußen diesem die Kaiserwürde antragen könne. Alles andere wäre ein Affront, auch Ludwig gegenüber. In einem weiteren Schreiben diente sich Bismarck dem König von Bayern als treuer Diener an, der die Interessen auch der kleineren Bundesstaaten stets im Auge haben wollte.

Mit diesen Schriftstücken ausgestattet machte sich Graf Holnstein auf den Weg zu Ludwig. In Schloss Hohenschwangau wurde er zunächst nicht vorgelassen. Der König habe Zahnschmerzen und könne niemand empfangen. Holnstein ließ dem König mitteilen, dass er Punkt 18 Uhr die Rückreise nach Versailles antreten würde – mit oder ohne Kaiserbrief. Auf die Folgen für Bayern und Ludwig musste er nicht hinweisen. Nachdem Ludwig noch einige Zeit zögerte, schritt er notgedrungen zum Schreibtisch. Aber – was ein Zufall – es lag kein königliches Briefpapier im Schreibtisch. Als Holnstein die Diener beauftragte, solches zu beschaffen, war dann doch plötzlich genug Papier vorhanden.

Mit kleinen Abänderungen schrieb Ludwig den von Bismarck verfassten Kaiserbrief ab. Holnstein eilte zurück nach Versailles, wo nun der nächste Akt vollzogen werden konnte.

Am 3. Dezember 1870 überreichte Prinz Luitpold König Wilhelm I. den Kaiserbrief seines Neffen, König Ludwig von Bayern.

Selbstverständlich bereute Ludwig sofort, was er getan hatte. Er hatte die Souveränität Bayerns aufgegeben. Allerdings wäre alles noch schlechter für ihn gelaufen, hätte er es nicht getan. In Versailles war bereits alles vorbereitet. Die Kaiserproklamation hätte auch ohne den Kaiserbrief des Königs von Bayern stattgefunden. So hat Ludwig immerhin für Bayern einige Sonderrechte ausgehandelt und für sich eine neue Einnahmequelle erschlossen.

Mit großem Tschingdarassabum wurde am 18. Januar im Spiegelsaal zu Versailles König Wilhelm I. von Preußen zum Deutschen Kaiser Wilhelm I. proklamiert.

Gepriesen sei der Welfenfonds

Oberstallmeister Graf Holnstein fungierte als Kurier zwischen Bismarck und Ludwig. Am 25. November 1870 wies er Bismarck nochmals auf die Geldwünsche des Königs von Bayern hin. Dem Mann konnte geholfen werden.

In Form eines Darlehens (»ohne die Hoffnung auf jemalige Rückzahlung«, wie Bismarck bemerkte) erhielt Ludwig ab dem Jahr 1873 – ein kleiner Anstandsabstand musste schon eingehalten werden – jährlich 300 000 Mark. In den letzten Jahren, als Ludwig durch seine vielen Bauprojekte immer mehr in eine finanzielle Schieflage geriet, sollen sogar erheblich höhere Beträge geflossen sein. Alles in allem dürfte Ludwig etwa 5 Millionen Mark als »Schmerzensgeld« für seinen Machtverlust erhalten haben. Auch der Vermittler, Graf Holnstein, ging nicht leer aus. Er erhielt zehn Prozent der Summe, quasi als Maklerprovision.

Um die Tarnung perfekt zu machen, wurde das Geld nicht an die Staatskasse, sondern an die Hofkasse Ludwigs überwiesen.

Das Geld Bismarcks stammte aus dem Vermögen des welfischen Hauses, dem so genannten »Reptilienfonds«. Der entthronte König von Hannover sollte als Entschädigung 48 Millionen Mark erhalten. Da er sich aber weigerte, formell zurückzutreten, bleib das Geld bei Bismarck. Er nutzte diese Gelder, um Journalisten (daher die Bezeichnung »Reptilien«) in seinem Sinne zu beeinflussen, aber auch um politische Ziele zu erreichen.

Erst Jahre nach Bismarcks Tod wurden die geheimen Zahlungen nach Bayern von seinem Nachfolger entdeckt. Lange konnten sich die preußischen Finanzbeamten keinen Reim darauf machen, wozu Jahr für Jahr erhebliche Summen nach Bayern flossen. Erst nach und nach kamen sie der Sache auf den Grund, dass damit für ihren König die Kaiserwürde erkauft wurde.

Graf Holnstein, der auch von den Geldflüssen profitiert hatte, quittierte daraufhin seinen Dienst und zog sich auf seine Besitzungen in der Oberpfalz zurück.

Man kann deshalb mit Fug und Recht behaupten, dass die Traumschlösser Ludwigs II. von Bayern zu einem erheblichen Teil mit den Zahlungen von Bismarck finanziert wurden. Nur hört das heute keiner mehr so gern.

Der Beziehung von Ludwig zu Bismarck hatten wir uns schon an anderer Stelle in diesem Buch zugewandt. Ludwig wusste, dass er im Deutschen Reichskanzler einen verlässlichen Partner hatte, mit dem eine vernünftige Zusammenarbeit möglich war. Bismarck hatte seinen König und Kaiser gut im Griff. Man könnte auch sagen, Bismarck war es egal, wer »unter ihm« Kaiser war.

»Schmieröl« bei den Kaiserkrönungen

Dass die Kaiserwürde mit Gold und Geld erkauft wird, ist keine Erfindung des 19. Jahrhunderts. Schon die Fugger finanzierten so manchen Habsburger, der nach der Kaiserkrone des Heiligen Römischen Reichs Deutscher Nation gegriffen hatte. Nahezu keine Kaiserkrönung ging ohne den Einsatz finanzieller Mittel über die Bühne. Die wahlberechtigten Kurfürsten ließen sich ihre Zustimmung zum jeweiligen Kandidaten gern hoch honorieren.

König ohne Macht - der erste »Vasallenritt«

Dennoch hatte Ludwig Angst vor den heimkehrenden bayerischen Truppen, die er in München zu empfangen hatte. Die Soldaten im Feld hatten Seit' an Seit' mit den Preußen gekämpft. Und das unter der Führung des preußischen Kronprinzen, der auch nächster Kaiser des Deutschen Reiches werden würde. Was würden sie von ihrem König halten, der sich kein einziges Mal an der Front zeigte?

Für den 16. Juli 1871 war die große Siegesfeier in München angesetzt. »Heute tue ich meinen ersten Vasallenritt«, bemerkte Ludwig betrübt, als er hoch zu Ross in Galauniform die Ludwigstraße entlang ritt, um sich vor dem Denkmal seines Großvaters Ludwig I. für den Empfang von Kronprinz Friedrich zu postieren. Neben dem Standbild des Königs von Bayern nahmen die Fürsten die Parade ab. Während das Pferd des Preußen ständig hin- und hertänzelte, saß Ludwig auf einem nahezu unbeweglichen Pferd, gleich dem Denkmal, vor dem es platziert war. Ludwigs Pferd wurde vor der Parade »gedopt«, man hatte ihm eine Morphiumspritze verpasst, damit es ruhig bleiben würde angesichts des vielen Rummels.

Immerhin gelang es Ludwig doch noch einen kleinen Eklat zu verursachen und dem gebieterisch auftretenden Hohenzollern seine Grenzen aufzuzeigen. Der Dichter Ernst von Possart wollte in seinem Prolog den preußischen Kronprinzen als »Jung-Deutschlands Siegfried« bezeichnen. Aber »Jung-Siegfried«, das war immer noch Ludwig! Schließlich war er der Förderer des Komponisten. Auf Intervention der Bayern wurde daraus nun die Formulierung »des Reiches erster Ritter«. Die Preußen waren fürs erste Mal richtig schön blamiert, da sie den »Jung-Siegfried«-Text vorher kannten und über die nachträgliche Änderung sehr irritiert waren.

Am Tag darauf hatte Ludwig Friedrich leichtsinnigerweise zu einem Essen auf die Roseninsel eingeladen. Dabei wollte er ihm die Ulanenuniform überreichen, quasi als Auszeichnung. Der Preußenprinz aber lehnte das Geschenk ab, da er für diese schnittige bayerische Uniform zu korpulent wäre und weil dies der Kaiser erst genehmigen müsse. Ludwig war beleidigt und blieb der für den Abend angesetzten Militärtafel im Glaspalast fern. Ohne sich vom Preußenprinzen zu verabschieden, reiste er in aller Frühe nach Schloss Berg ab.

Versailles in Bayern

Schon lange befasste sich Ludwig mit der Geschichte Ludwigs XIV. und seiner Nachfahren. Die Entfaltung monarchischer Pracht in Versailles zur Zeit des Sonnenkönigs faszinierte den immer machtloser werdenden Bayernkönig.

Im Graswangtal besaß Ludwigs Vater Max ein stattliches Jagdhaus, das auch Ludwig gerne aufsuchte. In diesem abgeschiedenen Tal wollte er seinen Plan verwirklichen, dem Franzosenkönig mit einem Schlossdenkmal zu huldigen. Schließlich war auch Versailles, weit draußen vor den Toren der Hauptstadt Paris, ein kleiner Weiler, mit einem Jagdschloss König Ludwigs XIII. von Frankreich, ehe sein Sohn daraus eines der bedeutendsten Schlösser Europas machte, das zum Vorbild für unzählige Schlossbauten des Barock wurde.

Die ersten Vorentwürfe zum Graswangtal-Versailles liefen unter dem Decknamen »Meicost Ettal«. Das hatte aber nichts mit dem nahe gelegenen Kloster Ettal zu tun, sondern stellt ein Anagramm der angeblichen Devise Ludwigs XIV. »L'état c'est moi«, »Der Staat bin ich«, dar.

Zunächst wollte sich Ludwig darauf beschränken, die Spiegelgalerie, den »Saal des Friedens« und den »Saal des Krieges« sowie das Paradeschlafzimmer zu bauen. Diese Räume wollte Ludwig nicht einmal selbst bewohnen. Sie waren für einen anderen Untermieter gedacht: Sie sollten ein Denkmal für den Sonnenkönig sein und von diesem – imaginär in der Vorstellung Ludwigs – bewohnt werden. Für sich selbst verlangte Ludwig nur drei etwas reicher und eleganter ausgestattete Zimmerchen. Und tatsächlich hat Ludwig im später gebauten Herrenchiemsee neben einem Schlafzimmer, dem Arbeits- und dem Speisezimmer nur noch zwei kleine Kabinette für seine persönlichen Bedürfnisse einrichten lassen. Der Rest des Schlosses war dem Andenken an die großen französischen Könige gewidmet.

Murnaus entgangene Chance

Die Enge des Graswangtales verhinderte aber eine weitere Ausdehnung der Schlossanlage. So sah sich Ludwig nach neuen Bauplätzen für sein Versailles um. Zuerst dachte er an die Insel Wörth im Staffelsee bei Murnau. Dieser Ort lag im Zentrum seines »König-Ludwig-Landes« zwischen Lech und Isar und wäre von den anderen Schlössern und auch von München aus gut zu erreichen. Aber die Eigentümer der Insel weigerten sich, diese an den König zu verkaufen.

Im Jahr 1873 kaufte Ludwig die Insel Herrenwörth im Chiemsee. Württembergische Spekulanten hatten die Insel kurz zuvor erworben und wollten nun die ganze Insel abholzen lassen, um das Holz gewinnbringend zu verkaufen. Durch Bürgerproteste aufmerksam geworden, erwarb Ludwig, als »Öko-Aktivist«, kurzerhand das Eiland im bayerischen Meer. Für die Gegend um den Chiemsee, das ließ er jedermann wissen, sei er nicht besonders eingenommen. Zu weit lag das Gebiet von seinem engeren Umfeld entfernt.

Erst auf der Insel Herrenchiemsee konnte nun an die Realisierung des riesigen Schlossbaues gegangen werden. In den Jahren nach 1873 wurden vor allem die Innenraumarchitekturen entwickelt.

Linderhof - die Villa

Wenn sich schon die Pläne für das bayerische Versailles nicht verwirklichen ließen, wollte Ludwig wenigstens im Graswangtal einen behaglicheren Wohnsitz haben als das Jagdhaus des Vaters. In achtjähriger Bau- und Planungszeit wurde daraus das Schloss Ludwigs, das er vollenden und mehrere Jahre bewohnen konnte.

Der Schlossbau

Wie so oft bei Ludwig begann er seine Vorhaben zuerst mit ganz kleinen Schritten. Zunächst bewohnte Ludwig das Jagdhaus, das sein Vater erbauen ließ. In den Jahren 1869/70 wurde das Jagdhaus modernisiert und etwas aufwändiger möbliert. Im folgenden Jahr ließ Ludwig dem einfachen Gebäude im Nordosten des Hauses einen Flügel mit drei Räumen anfügen. Von außen gesehen war der Sockel gemauert und oben ein Aufbau mit Holz angefügt. Im Inneren war aber schon die Pracht zu erkennen, die alle Ludwig-Bauten kennzeichnet.

Zwischen 1871 und 1872 wurde der soeben errichtete Flügel wieder abgebrochen, um einer größeren Anlage Platz zu machen. Nach diesem Umbau bestand das Schloss aus drei größeren Räumen und vier kleinen, hufeisenförmigen Kabinetten, welche die Räume verbanden.

1874 wurde das alte Königshäuschen endgültig abgebrochen und an der Stelle wieder aufgebaut, an der es heute noch steht. Die vorhandene Anlage wurde um drei weitere Räume ergänzt. Das Schloss hatte damit seine endgültige Form gefunden. Es bestand nun im ersten Stock aus zehn Räumen, die der König bewohnte.

Die Fassade

Die Frontfassade kennzeichnet ein von vier Atlanten gestützter Balkon mit gegliederten Säulen, die das Hauptgesims tragen. An der Brüstung sind vier Amoretten, zur Musik, Dichtkunst, Bildhauerei und Architektur, zu erkennen. Der Giebel wird vom bayerischen Wappen gekrönt, links und rechts finden sich vier Statuen, die Ackerbau und Handel sowie Handwerk und Wissenschaft darstellen. In der Mitte des Giebelaufbaus ist Atlas postiert, der auf seinen Schultern die Weltkugel trägt.

Atlanten und Atlanten, zwei Bedeutungen eine Wurzel. Statuen mit einer tragenden Funktion nennt man Atlanten und eine Sammlung von Landkarten auch, zumindest im Plural. Beide Namen leiten sich von Atlas, dem Herrn in der griechischen Mythologie, der die Erdenkugel trug, ab.

Abbildung 7.1: Schloss Linderhof mit dem kleinen Galawagen. Zeichnung von Heinrich Breling, 1881, Ludwig II.-Museum, Herrenchiemsee

Ein Rundgang durch Ludwigs Villa im Graswangtal

Vom Vorplatz aus gelangt man durch drei schmiedeeiserne Türen in den ersten Raum des Schlosses.

Vestibül

Sofort beim Betreten der kleinen Eingangshalle fällt die auf einem Marmorsockel stehende und den Raum beherrschende Bronzestatue auf, die Ludwig XIV. von Frankreich darstellt. Die Decke oberhalb der Statue zeigt eine goldene Sonne mit ihren ausgreifenden Sonnenstrahlen.

Darin findet sich die lateinische Inschrift »nec pluribus impar«, die so viel sagt wie »auch vielen überlegen«.

Immer wenn Ludwig diesen Raum betrat, nahm er seine Kopfbedeckung ab und grüßte den Sonnenkönig.

Treppenhaus

Ganz modern wird das Treppenhaus durch ein Glasoberlicht erhellt. Da Ludwig seine Schlösser aber zumeist nur in der Nacht nutzte und den Tag über schlief, ist auch im Treppenhaus ein großer Lüster mit 36 Lichtern angebracht.

Trotz des relativ kleinen Treppenhauses wurde auch in Linderhof nicht darauf verzichtet, eine doppelläufige Anlage zu installieren. Dies hat mit der Tradition der alten Schlösser zu tun. Damals machte man einen genauen Unterschied, wer welchen Treppenaufgang benutzen durfte. Weltliche Besucher beschritten einen Treppenaufgang, geistliche Würdenträger den anderen.

Erstes Gobelinzimmer

Der erste Raum der Wohnung Ludwigs, den man vom Treppenhaus kommend betritt, ist das so genannte erste Gobelinzimmer. An den Wänden sieht man imitierte Gobelinbilder. Anders als bei richtigen Gobelins sind hier die Bilder auf die Wände gemalt und nicht textile Arbeiten.

Ein vergoldetes Piano wurde von einer Münchner Firma hergestellt. Es war Ludwigs Wunsch, dass ihm Richard Wagner auf diesem Instrument seine Entwürfe vorspielen würde. Aber Richard Wagner besuchte Linderhof nie, sodass er auch nicht auf dem Piano spielte.

Gelbes Kabinett

Vom Gobelinzimmer gelangt man in das gelbe Kabinett. Dieser kleine Raum fungiert als Durchgangsraum. Auffallend in diesem hufeisenförmigen Raum sind die Schnitzereien, die im Unterschied zu allen anderen Räumen des Schlosses versilbert wurden, während sonst alle Schnitzereien vergoldet sind.

Die Medaillons an den Wänden stellen die vier Weltteile und die vier Elemente dar. Die kleineren Bilder zeigen die zwölf Tierkreiszeichen.

Prominente Zeitgenossen der Könige Ludwig XIV. und XV. werden auf den Pastellbildern dargestellt.

Arbeitszimmer

An das gelbe Kabinett schließt sich das ovale Arbeitszimmer an. Wie in allen Arbeitszimmern Ludwigs dominiert hier neben Gold und Weiß die Grundfarbe Grün den Raum. Vor dem Thron und dem Schreibtisch des Königs entdeckt man auf der einen Seite das Gemälde »Das Königtum« und auf der anderen Seite »Die Religion«, in der Vorderwand »Kunst und Wissenschaft« sowie »Handel und Gewerbe«.

Die Vorhänge des Throns und der Baldachin sind mit Hermelin-Pelz gefüttert. Im Hintergrund des Baldachins ist das bayerische Wappen eingefügt. Bekrönt wird der Baldachin von vier Amoretten, die Straußenfedern halten.

Lila Kabinett

Nach dem Arbeitszimmer betritt man das lila Kabinett an. Dieser hufeisenförmige Raum entspricht in seiner Größe dem gelben Kabinett. Die Pastellbilder stellen

- ✔ Herzogin Marie Anne von Chatreauroux,
- ✔ König Ludwig XV,
- ✔ Marquise de Pompadour und
- ✔ Herzog Etienne Francois von Choiseul-Stainville

dar.

Wie im gelben Kabinett ist die Wandbespannung aus Seide.

Schlafzimmer

Der größte Raum des Schlosses ist das in den Farben Blau, Weiß und Gold gehaltene Schlafzimmer. Im Jahr 1885 wurde der Raum nochmals zur Baustelle, weil Ludwig eine Vergrößerung wünschte.

Hinter der reich geschnitzten goldenen Balustrade steht das mächtige Bett des Königs. Dieses ist umgeben von einem Waschtisch mit Spiegel, Kandelabern, einem Betschemel mit dem Bild des heiligen Georg sowie einem Lehnsessel, oder Fauteuil, wie der vornehme Franzose zu sagen pflegt. Die Rückwand des Bettes ziert das bayerische Wappen.

Der mächtige Kronleuchter mit seinen 108 Kerzen wurde von der Wiener Firma Lobmeyer geliefert.

Rosa Kabinett

Die Verbindung zwischen dem Schlafzimmer und dem Speisezimmer des Königs bildet das rosa Kabinett. Zu Lebzeiten des Königs diente der Raum als Ankleidezimmer Ludwigs.

Ludwig hatte in späteren Jahren die Angewohnheit, sich imaginäre Gäste aus der Zeit des Sonnenkönigs einzuladen. Aus diesem Grund mussten auch immer mehrere Gedecke aufgelegt werden.

In den vier Kabinetten sind eine Reihe dieser Persönlichkeiten abgebildet, die häufiger zu Gast in Linderhof waren und mit denen sich der König ausgiebig auf Französisch unterhielt. Das wirkte natürlich auf seine Umwelt etwas befremdlich und hat in großem Ausmaß dazu beigetragen, dass ihm von seiner Umwelt eine veritable »Vollmeise« attestiert wurde. Selbstgespräche, das wissen wir heute, sind allerdings nichts Ungewöhnliches bei einsamen Menschen. Ludwig war die meiste Zeit seines Lebens allein.

Speisezimmer

Im in roter Farbe gehaltenen Speisezimmer sind die Wände mit allegorischen Darstellungen von Jagd, Fischerei, Landwirtschaft und Gärtnerei geschmückt.

Über dem Esstisch findet sich ein vielarmiger Lüster aus Meißner Porzellan. Dieser Tisch ist der technische Höhepunkt dieses Raumes. Es handelt sich dabei um das sagenumwobene »Tischlein-deck-dich«. Der Tisch konnte in die darunter liegende Küche abgelassen und bestückt werden. Der Boden darüber schloss sich danach, sodass man über die nun frei gewordene Stelle gehen konnte.

Abbildung 7.2: Schloss Linderhof, Speisezimmer mit »Tischlein-deck-dich«

»**Tischlein-deck-dichs**« hatten in den Schlössern des Barock und Rokoko eine große Tradition. Ludwig XV. hatte in seinem Appartement im Schloss Versailles und auch im Petit-Trianon einen derartigen Tisch einbauen lassen. Die russische Zarin Katharina wollte in Schloss Zarskoje-Selo nicht auf so eine Einrichtung verzichten. Und auch Friedrich der Große benutzte im Berliner Stadtschloss und in Potsdam einen preußisch-korrekt als »Konfidenz-Tafelzimmer« bezeichneten Raum, in dem er ungestört von der Dienerschaft dinieren konnte.

Allerdings müssen wir an dieser Stelle erneut mit einem Vorurteil aufräumen: Der Tisch in Linderhof wurde nicht genutzt, damit der König keine Diener sehen musste. Nach jedem Gang hätte dann der Tisch versenkt werden müssen, was einige Zeit in Anspruch genommen hätte. Bei einem normalen Menü des Königs, das leicht aus sieben bis acht Gängen bestand, hätte der König jedes Mal aufstehen müssen, Tisch runter, Tisch rauf, Ratterratterratter, wieder hinsetzen, weiter essen, nächster Gang, nächstes Spiel.

Es ist auch schwer vorstellbar, dass sich Ludwig selbst die Suppe aus der Schüssel nahm, oder dass er sich ein Stück Fleisch vom Braten herunterschnitt. Hier wurde er von seinen Dienern umsorgt. Der Tisch wurde nur abgelassen, damit man ihn in Ruhe decken und später abräumen konnte.

Östliches oder zweites Gobelinzimmer

Analog zum ersten Gobelinzimmer findet sich als Abschluss der Raumfolge der östlichen Zimmer ein zweites Gobelinzimmer. Auch hier sind keine echten Gobelins, sondern Gobelins imitierende Wandgemälde angebracht.

Spiegelkabinett

Vom Gobelinzimmer gelangt man in das prächtige Spiegelkabinett, den am reichsten ausgestatteten Raum des Schlosses.

Die großen gegenüberliegenden Spiegel täuschen eine endlose Flucht von Räumen vor und vergrößern so den Raum ins Unendliche. Die Kamine dieses Raumes sind mit Lapislazuli verkleidet.

Dieser Raum war das Wohnzimmer des Königs in Linderhof. Hierhin zog er sich zum Lesen zurück, weshalb sich auch ein Bücherregal in diesem Raum befindet. Während der Umbauarbeiten am Schlafzimmer nutzte Ludwig das Spiegelkabinett vorübergehend als Schlafraum. Im Alkoven wurde dazu ein Bett aufgestellt.

Die Parkanlage

Die Gartenanlage von Linderhof ist ein Meisterstück des königlichen Gartenarchitekten Carl von Effner, der bereits Ludwigs Wintergarten betreut hatte.

Im Parterre, unmittelbar vor dem Schloss, wurde ein Wasserbecken ausgehoben, in dessen Zentrum eine Figurengruppe der Göttin Flora steht. Hieraus erhebt sich eine 30 Meter hohe Fontäne.

Abbildung 7.3: Schloss Linderhof, Hauptfassade mit Parterre und Fontäne

An der Nordseite des Schlosses, auch Hennenkopf genannt, stieg der Hang sehr steil an, sodass keine großartige Anlage hier Platz fand. Doch Effner hatte die Idee, diesen Hang mit einer Kaskade zu schmücken, auf der das Wasser in 30 Stufen zum unmittelbar vor dem königlichen Schlafzimmer gelegenen Neptunbrunnen hinabplätschern konnte. Gespeist wurde diese Kaskade von einem großen Wasserbecken, das weit oberhalb lag. Eine aus Blumen gebildete Bourbonen-Lilie erinnerte an Ludwigs große Idole aus Frankreich, deren Symbol diese Blume ist.

Um 1878 waren die Arbeiten an der Parkanlage fertig. Die Kosten beliefen sich auf gut 2 Millionen Mark.

Die Parkbauten

Linderhof war und ist mit einer Vielzahl interessanter Parkbauten ausgeschmückt, von denen ich Ihnen eine Auswahl im Folgenden vorstellen werde. Einige Parkbauten befinden sich heute nicht mehr an ihrer ursprünglichen Stelle, da sie entweder verkauft oder zerstört wurden. Viele weitere Projekte waren für Linderhof geplant, wurden jedoch nicht ausgeführt. Die vielen Planungen beweisen, dass sich Ludwig im Graswangtal sehr wohl fühlte.

Venusgrotte

Zwischen 1875 und 1877 wurde eine große, begehbare Höhle erbaut. Diese Grotte basiert wieder auf der Sagenwelt Richard Wagners. Es handelt sich dabei um die Venusgrotte aus der Oper Tannhäuser.

Nachdem in Neuschwanstein nur Platz für eine kleine Grotte zwischen Wohn- und Arbeitszimmer vorhanden war, ging Ludwig das Grottenprojekt in Linderhof erneut an. Diesmal sollten keine beengten Platzverhältnisse den Grottenbau beschränken.

Abbildung 7.4: Schloss Linderhof, Nordhang mit Kaskade und Neptunbrunnen

In der etwa 10 Meter hohen Hauptgrotte wurde, der Oper Wagners entsprechend, das Gemälde »Tannhäuser bei Frau Venus« angebracht.

Auf der Suche nach dem richtigen Blau

Großen Wert legte Ludwig auch auf die Beleuchtung der Grotte. Seinen Maler Otto Stöger trieben die Wünsche des Königs fast zur Verzweiflung. Einmal leuchtete das Blau zu wenig blau, dann wieder zu sehr weiß. Ludwig wollte neben der Grotte Tannhäusers auch die Capri-Grotte und deren berühmtes blaues Licht nachbilden, von dem er gelesen hatte. So schickte er seinen engen Vertrauten, Stallmeister Hornig, eigens zweimal nach Capri, um sich das blaue Licht ganz genau einzuprägen. Ludwig hatte das Blau nie gesehen. Aber was ihm seine Techniker lieferten, gefiel ihm lange Zeit nicht.

Entnervt kam Stöger einige Tage nicht zur Arbeit. Und als der König zur Visite auftauchte und nach Stöger fragte, beschied man ihn mit der Aussage: »Der Stöger macht heute blau.« Ludwig, der nicht wusste, dass man mit dieser Aussage etwas ganz anderes ausdrücken wollte, als das Rühren in Farbeimern, antwortete, so zumindest nach der Erzählung von Luise von Kobell, recht befriedigt: »Ah, das ist recht, er soll nur so fortfahren.«

Als Ausstattung für die Höhle wählte Ludwig eine Reihe von Korallenleuchtern und Korallenstühlen sowie einen Muschelthron, von dem aus er die Beleuchtung, den See, das Gemälde und den Wasserfall betrachten konnte.

Auf dem kleinen See, in dem man auch gut schwimmen konnte, ließ sich Ludwig des Öfteren von einem Diener in seinem einer Muschel nachgebildeten Kahn umherfahren.

Eines der ersten Elektrizitätswerke in Bayern

Eine Reihe der Einbauten in der Linderhofer Grotte, wie die Beleuchtungsmaschine, die Wellenmaschine für den See und die Bogenlampen, wurden von 24 Dynamomaschinen angetrieben. Somit war die Höhle von Linderhof eines der ersten Bauwerke in Bayern und in ganz Deutschland, das elektrisches Licht hatte.

Wie so oft hat sich Ludwig die neuesten Entwicklungen der Technik zunutze gemacht, um seine Traumbilder zu verwirklichen, getreu seinem Motto: »Ich will nicht wissen, wie es gemacht wird, ich will nur die Wirkung sehen«.

Einige dieser Dynamos können heute im Deutschen Museum in München als Zeugnisse aus der bayerischen Elektrizitätsgeschichte bestaunt werden.

Neben den elektrischen Dynamos kamen auch sieben Öfen zum Einsatz, um die Raumtemperatur von 20 Grad zu erreichen.

Maurischer Pavillon

Nicht weit von der Grotte entfernt erhebt sich das orientalische Gebäude des Maurischen Pavillons. Schon auf der Weltausstellung 1867 in Paris war Ludwig von diesem kuppelgekrönten Gebäude sehr angetan.

Für das Gebäude wurde am Hennenkopf ein Fundament gemauert, worauf der Pavillon zu stehen kam und bis heute steht. Von der Treppenanlage, die nach Süden ausgerichtet ist, hat man einen großartigen Blick über den süd-westlichen Teil des Landschaftsgartens und die Berge des Graswangtales.

Abbildung 7.5: Schloss Linderhof, Venusgrotte mit Muschelkahn, Wasserfall und Tannhäuser-Gemälde, Aquarell von Heinrich Breling, 1881, Ludwig II.-Museum, Herrenchiemsee

Im Inneren wurde der Pavillon den Ansprüchen Ludwigs gemäß reich ausgestattet. Ein in Paris angefertigter Pfauenthron wurde in der Thronnische aufgestellt. Die Mitte des Raumes dominierte ein marmorner Springbrunnen.

Marokkanisches Haus

Ursprünglich weiter vom Schloss entfernt als heute, unter der Kreuzspitze, befand sich im Linderhofer Schlosspark ein weiterer orientalischer Bau – das marokkanische Haus.

Ebenso wie beim maurischen Pavillon wurde auch dieses kleine Gebäude ordentlich aufgemotzt und mit Stoffen und Teppichen sowie einem Kamin ausgestattet. Die Bemalung erfolgte in den Farben Rot, Blau und Gold.

Nach Ludwigs Tod wurde das marokkanische Haus verkauft und erst in den 1990er Jahren wieder von der Schlösserverwaltung zurückgekauft, aufwändig restauriert und im Schlosspark aufgestellt.

Abbildung 7.6: Der Maurische Kiosk im Schlosspark von Linderhof, Aquarell von Heinrich Breling, 1881

Hundinghütte

In der Oper »Die Walküre« von Richard Wagner spielt der erste Akt in der Behausung Hundings, des Ehemannes von Sieglinde. Dort zeugt sie zusammen mit Sigmund den Knaben Siegfried, während Hunding, von Sieglinde mit einem Trank betäubt, schläft.

In der Mitte der »Einraumwohnung« steht eine Eiche, in der das Schwert »Nothung« steckt. Genau diesen Entwurf, basierend auf der Bühnendekoration der Wagner-Oper, wollte Ludwig in seinem Schlosspark in Linderhof nachgebildet sehen. Ebenso wie in der Oper Wagners ist vor der Holzhütte ein kleiner Weiher angelegt, auf dem ein Einbaum schwimmt.

Mit Bärenfellen und allerlei Nippes, der zur Dekoration gehörte, wurde diese Hütte wohnlich eingerichtet.

Ludwig zog sich zum Lesen gern in diese urwüchsige Hütte zurück. Von Zeit zu Zeit ließ er einige fesche Bauernburschen und Holzfäller einladen, die, in Bärenfelle gekleidet, ein lebendiges Bühnenbild geben sollten.

Abbildung 7.7: Das Marokkanische Haus im Schlosspark von Linderhof, Aquarell von Heinrich Breling, 1881 (Wittelsbacher Ausgleichsfonds, München)

Um die Illusion perfekt zu machen, wurde der Hofkoch des Königs beauftragt, Met zu brauen, der dann stilecht aus Hörnern getrunken wurde. Weil sie den starken Trank nicht vertrugen, waren die unfreiwilligen Schauspieler jedoch ziemlich schnell derart betrunken, dass es manchmal zu wilden Schlägereien in der Hundinghütte kam, bei denen auch der König im Eifer des Gefechts in eine Ecke der Hütte geschleudert wurde. Ob das im Sinne des feinsinnigen Königs war, ist nicht überliefert. Stilecht war es auf jeden Fall, auch die alten Germanen waren als wilde Raufbolde verschrien!

Die Hundinghütte wurde 1945 zerstört und erst in den 1990er Jahren an anderer Stelle im näheren Schlosspark von Linderhof wieder aufgebaut. Ein Besuch lohnt sich, allein schon weil sie Bühnenbilder aus der Sagenwelt Richard Wagners repräsentiert!

Einsiedelei

Unweit der Hundinghütte stand die kleine Einsiedelei des Gurnemanz. Hier realisierte Ludwig ein Bühnenbild aus Wagners Oper Parsifal. Diesmal ging aber die Realisierung des Baus der Uraufführung der Oper voraus. Schon im Sommer 1877 wurde die kleine kapellenähnliche Holzhütte fertig gestellt.

Nach Wagners Dichtung, findet sich die Einsiedelei an einer blumigen Au, nahe bei einer Quelle. Dort wohnt in der Oper Wagners der Eremit Gurnemanz, der gleich zu Beginn der Oper die bisherige Story erzählt. Das alles trägt sich an einem Karfreitag zu. Allerdings spielt die Oper in Spanien, wo um Ostern durchaus schon mal etwas blühen kann. Im rauen Klima der bayerischen Alpen waren die Gärtner des Königs vor eine schwierige Aufgabe gestellt, ihrem Herren den Wunsch zu erfüllen, an einem Ostersonntag in den zumeist verschneiten Bergen eine »Karfreitagswiese« anzulegen. So behalf man sich damit, dass man mit Blumen versehene Rasenstücke an anderer Stelle ausgrub und diese vor der Einsiedelei wieder einsetzte. Die Illusion war perfekt. Und auch für die Tiere aus der Umgebung war es jedes Mal eine große Freude, nach dem langen Winter an frisches Grün zu gelangen. Ruck zuck war die Wiese »abgemäht«.

Die Separatvorstellungen

Zur Zeit Ludwigs II. gab es weder Fernsehen noch Kino. Auch Radio oder Schallplattenspieler gab es noch nicht. Also musste man sich anderweitig behelfen, wenn man in seiner Freizeit gut unterhalten werden wollte.

Ludwig war eine »Leseratte«. Tausende von Büchern hat er im Laufe seines Lebens gelesen. Seine Referenten mussten ebenfalls Bücher wälzen und dann ihrem Herrn im Rahmen von Referaten Vorträge über den Inhalt der Bücher Bericht erstatten.

Vor allem Bücher über Versailles interessierten Ludwig sehr. Aber auch die Stücke Schillers begeisterten ihn, er war sozusagen sein Lieblingsdichter.

In jungen Jahren besuchte Ludwig gern das königliche Hof- und Nationaltheater in seiner Residenzstadt. Sogar von manch offiziellem Bankett verdrückte er sich heimlich, um einer Aufführung beizuwohnen.

Im Lauf der Zeit nervten ihn aber die vielen Zuschauer im Theater. Weil sich ihr König häufig in der Berge verdrückte und in seiner Residenzstadt nicht so präsent war, wie es von ihm erwartet wurde, war er der »Hingucker«, wenn er in seiner Königsloge saß. Die vielen Blicke, mit oder ohne Opernglas, irritierten den König, sodass er Vorstellungen ohne Publikum wollte. Die Idee der Separatvorstellungen war geboren. Gegenüber Intendant Ernst von Possart äußerte er:

> *»Ich kann keine Illusion im Theater haben, solange die Leute mich unausgesetzt anstarren und mit ihren Operngläsern jede meiner Minen verfolgen. Ich will schauen, aber kein Schauobjekt für die Menge sein.«*

Am 6. Mai 1872 fand die erste Separatvorstellung mit dem Lustspiel »Die Gräfin du Barry« statt. Gräfin du Barry war häufig zu Gast in Linderhof – in der Vorstellungswelt Ludwigs – sodass er nun nichts Eingebildetes sehen wollte, sondern eine Aufführung aus der Zeit dieser Mätresse Ludwigs XV. Das, was er aus Büchern wusste, wollte er nun in Fleisch und Blut sehen.

Theaterintendant Karl von Perfall, der mit vielen Separatvorstellungen befasst war, schreibt in seinen Erinnerungen:

> *»Diese Vorstellungen haben trotz der durch sie verursachten unsäglichen Mühen und tiefen Eingriffe in den regelrechten Geschäftsgang einen großen Gewinn für die Münchner Hofbühne gehabt. Dieselbe fühlte sich als Kunstanstalt, große ideale Ziele anstrebend und vollführend, denn die Aufgaben, welche der König stellte, waren groß und konnten so, wie sie der König gelöst wissen wollte, nur von einer Kunstanstalt allerersten Ranges gelöst werden.«*

Der Autor Kurt Hommel unterscheidet in seinem Buch über den »Theaterkönig Ludwig II.« drei Disziplinen, in denen Separatvorstellungen stattfanden:

- ✔ Schauspiel
- ✔ Oper
- ✔ Ballett

Dieser Systematik soll auch hier gefolgt werden.

Das Schauspiel

Die ersten Separatvorstellungen waren Schauspiele. Zunächst begnügte sich der König damit, Stücke anzusehen, die ohnehin auf dem Spielplan des Residenztheaters standen. Mit relativ geringem Mittelaufwand konnte eine zusätzliche Vorstellung ausschließlich für den Landesherrn bewerkstelligt werden.

Vor allem in den Monaten April, Mai und November wurden diese Separatvorstellungen durchgeführt, eben in jener Zeit, in der sich der König notgedrungen in der Hauptstadt aufhalten musste und nicht in der Bergwelt versteckt seinen Träumen nachhing. Immerhin bildeten diese Vorstellungen einen Höhepunkt, der ihm seine Tage in der ungeliebten Residenzstadt versüßte.

Im Lauf der Zeit genügte Ludwig aber der normale Spielplan nicht mehr. Er wollte mehr Stücke, beispielsweise aus der Zeit der großen französischen Könige, sehen. Das war aber im Zuge des normalen Spielplans nicht möglich. Auch genügte Ludwig die Auswahl an Stücken nicht mehr.

So beschäftigte er im Lauf der Zeit vier Autoren, die eigens für ihn Stücke aus dieser Zeit, aber auch zu anderen Themenbereichen, verfassten.

- ✔ August Fresenius (1834 – 1911) galt als sehr guter Übersetzer französischer Stücke. Er dichtete auch zu einigen Ballettstücken Ludwigs II.
- ✔ Karl von Heigel (1835 – 1905) war der Lieblingspoet des Königs. Er schrieb viele Stücke nur für die Aufführungen der Separatvorstellungen.
- ✔ Hermann von Schmid (1815 – 1880) war der dritte der Autoren des Königs. Er verfasste einige Stücke im Stile der Schiller'schen Dramen.
- ✔ Ludwig Schneegans (1842 – 1922) stammte aus derselben Altersgruppe wie der König. Er wurde zunächst als Übersetzer französischer Stücke engagiert. Doch durch sein Talent und seine Kenntnisse des Aufbaus und der Technik von Dramen konnte er bald selbst Stücke verfassen.

Mit allen vier Schreiberlingen stand Ludwig in regem Briefwechsel und Gedankenaustausch. Er ließ ihnen Bücher aus Frankreich zukommen, aus denen sie sich für die jeweiligen Stücke informieren sollten. Geriet ein Stück einmal zu frankreichkritisch, teilte er dies dem jeweiligen Schriftsteller mit, ohne sich den Hinweis zu verkneifen, dass der Autor wohl bei der Abfassung des Stückes zu sehr auf der deutschnationalen Welle geschwommen sei.

Sehr klare Anweisungen gab der König auch zu Kostümen oder Bühnendekorationen. Die bayerische Gesandtschaft in Paris, nach der Reichsgründung ohnehin eigentlich überflüssig, war in erster Linie damit befasst, Literatur für ihren König zu beschaffen. Vom Königshof kamen Aufforderungen bestimmte Bücher zu besorgen oder Stiche und Bilder von französischen Schlössern. Wenn er schon nicht als absoluter Monarch herrschen konnte, dann wollte er zumindest Bühnenstücke ansehen, in denen gezeigt wurde, wie das damals so war – in der längst vergangenen guten alten Zeit.

Viele der für Ludwig aufgeführten Stücke waren eher seichter Natur. Das wusste auch Ludwig. Doch es ging ihm darum, einen Eindruck zu gewinnen, wie es damals hätte sein können, beziehungsweise er wollte wissen, wie bestimmte Räume, in denen die Handlung spielte, ausgesehen hatten. Vor oder nach manchen Aufführungen wurden sogar Bühnenbildentwürfe vorgeführt, die mit der eigentlichen Inszenierung gar nichts zu tun hatten, die aber auf Wunsch des Königs angefertigt wurden.

Ludwig fungierte als Anreger und Ideengeber, als Regisseur, Darsteller und Zuschauer seiner Lieblingsstücke.

Sehr interessiert war Ludwig II. an Stücken aus der Feder von Victor Hugo, dem sich der König sehr nah wähnte. Von diesem französischen Dichter der ersten Hälfte des 19. Jahrhunderts wurde eine Vielzahl von Stücken inszeniert.

Auf dem Spielplan des Königs standen daneben Stücke der Dichter Schiller, Grillparzer, Shakespeare, Byron, Moliere, Racine, Lope de Vega und Kalidasa.

Goethe, Hölderlin, Kleist und Eichendorff findet man in den königlichen Separatvorstellungen selten oder gar nicht. Zum Teil waren die Stücke zu komplex, um sie im Rahmen von Separatvorstellungen zu inszenieren. Mit Goethe, dem deutschen Vorbild- und Markenschriftsteller, konnte Ludwig überhaupt nichts anfangen, so tauchen Goethe-Stücke so gut wie gar nicht in den Spielplänen auf.

Zu Beginn der Separatvorstellungen wurden nur kleinere Stücke eigens für den König inszeniert. Im Lauf der Zeit wagte man sich an immer größere Stücke heran. Mit ausdrücklicher Genehmigung des Königs durften später die für ihn neu inszenierten und ausgestatteten Bühnenstücke in den offiziellen Spielplan der Theater übernommen werden. Der Erfolg dieser Stücke war sehr unterschiedlich, weil sie ausschließlich auf die Interessen und Vorlieben des Königs zugeschnitten waren und keine Rücksicht auf die Wünsche des breiten Publikums genommen wurde.

Auf jeden Fall waren alle mit den Separatvorstellungen befassten Schauspieler, Schriftsteller, Bühnenmaler und Dekorateure von ihrer anstrengenden Zusatzarbeit begeistert. Das hohe Ansehen der Münchner Bühnen auch noch lange nach dem Tod Ludwigs ist ein Ergebnis dieser Aktivitäten des Königs.

Die Oper

Opernaufführungen standen zunächst nicht auf dem Programm der Separatvorstellungen. Neben den Schauspielern und Sängern hätte ja auch noch das gesamte Orchester bezahlt werden müssen. Deshalb nahm es Ludwig auf sich, die regulären Aufführungen im Hof- und Nationaltheater zu besuchen.

1878 war aber auch damit Schluss. Ab diesem Jahr wollte Ludwig auch Opern als Separatvorstellungen genießen.

Das größte Interesse des Königs galt natürlich dem Werk Richard Wagners. Den »Ring des Nibelungen« mit seinen vier Opern schaute er sich drei Mal an. Auch die anderen Werke Wagners, zum Beispiel den »Parsifal«, wollte Ludwig in seinem Münchner Opernhaus aufgeführt sehen. Dabei machte er von seinem Recht als »Zahlmeister Wagners« Gebrauch. Eigentlich war festgelegt worden, dass bis zum Jahre 1913 »Parsifal« nur in Bayreuth aufgeführt werden durfte. Ludwig war das aber egal. Ohne ihn würde es das Werk nicht geben, er hatte es finanziert, nun hatte er auch alle Rechte darauf. Das sah Wagner zwar nicht gern, aber er konnte nichts dagegen machen.

Mit großem Aufwand wurden Dekorationen von Bayreuth nach München geschafft und im Glaspalast provisorisch eingelagert, da im Opernhaus kein Platz für das zusätzliche Material war. Im Mai 1884 ließ sich der König die Oper drei Mal zeigen. Am 20. April 1885 sah er sie zum letzten Mal und damit auch zum letzten Mal in seinem Leben eine Oper Wagners.

Nicht nur Wagner stand auf dem Spielplan, auch Werke von Gluck, Mozart, Verdi, Weber, Meyerbeer, Massenet, Auber, Goldmark und Reinthaler wurden aufgeführt.

Nach Wagner standen die Opern von Christoph Willibald Gluck an zweiter Stelle. Ludwig und Wagner (und gerade das will schon etwas bedeuten!) bewunderten die Kompositionskunst Glucks sehr.

Ballett

Mit den »Damen vom Ballett« hatte es ja Ludwig nicht so sehr. Aber immerhin wurden fünf verschiedene Stücke in elf Aufführungen als Separatvorstellungen vor dem König gezeigt.

Für die Buchhaltung

Insgesamt fanden ab 1872 bis 1885 209 Separatvorstellungen statt:

- ✔ 21 Opern in 44 Aufführungen
- ✔ 60 Schauspiele in 154 Aufführungen
- ✔ 5 Ballettstücke in 11 Aufführungen

Der Verlauf einer Separatvorstellung

Der Ablauf der Separatvorstellungen war vergleichbar mit dem normaler Vorstellungen. Luise von Kobell berichtet: »Wie an einem normalen Aufführungstag war das Haus hell erleuchtet.« Nur herrschte im ganzen Haus Stille. Kein Gezischel und Gehuste im Parkett, kein Geplapper. Alles war von Spannung und Konzentration auf die kommende Aufführung erfüllt. Als der König seine Loge betrat, ertönte ein leiser Glockenschlag, die Aufführung konnte beginnen.

Der Generalintendant saß meist in der Nähe der Bühne, um das Geschehen zu verfolgen. In der Loge unterhalb der Königsloge nahmen meist einige vom König geladene Gäste Platz. So konnte der König sichergehen, dass ihn während der Aufführung niemand beobachtete.

Die königliche Loge war immer leicht erhellt, damit Ludwig die Kostüme auf der Bühne mit den gezeichneten Entwürfen vergleichen konnte. Auch die Textbücher lagen stets griffbereit, damit Ludwig kontrollieren konnte, ob auch jeder der Schauspieler seinen Text beherrschte. Die Texte des großen Schiller konnte der König ohnehin auswendig aufsagen.

In den Pausen ließ Ludwig über seinen Adjutanten Kritik oder Lob verteilen. Nach der Vorstellung wurde auf den Applaus des Königs hin der Vorhang gezogen. Bis Ludwig seine Loge verlassen hatte, mussten die Schauspieler still hinter der Bühne warten. Erst wenn der König aufstand, galt die Vorstellung als offiziell beendet.

Die teilnehmenden Schauspieler erhielten oft vom König wertvolle Geschenke, wenn ihm die Aufführung gefallen hatte.

Zu Lebzeiten des Königs durften die Schauspieler nicht über die Separatvorstellungen sprechen. Sie mussten eine entsprechende »Unterlassungserklärung« unterschreiben. Als jedoch die Wiener Schauspielerin Charlotte Wolter 1885 bei einer Aufführung der Madame Pompadour keinen guten Eindruck hinterließ und von einer weiteren Verpflichtung abgesehen wurde, brach diese, gekränkt wie sie war, ihr Schweigen. In der Wiener »Freien Neuen Presse« und im »Figaro« lästerte sie über die unterirdische Qualität der königlichen Separatvorstellungen. Der Damm war gebrochen. Andere gekränkte und verschmähte Schauspieler gaben ihr Recht. Wieder andere, die hoch in der Gunst des Königs standen, fühlten sich dazu berufen, die Dinge richtigzustellen.

In seinem Buch »Zu Fuß durch Europa« beschreibt der große amerikanische Schriftsteller Mark Twain eine Separatvorstellung des Königs:

> *»In dem riesigen Opernhaus in München gibt es irgendeine Apparatur, mit der man bei einer Feuersbrunst ungeheuere Wassermengen hervorrufen kann. Damit ließe sich, so wurde uns gesagt, die ganze Bühne unter Wasser setzen. Als der König einmal der einzige Zuschauer war, ergab sich eine merkwürdige Szene. In dem Stück kommt ein gewaltiges Unwetter vor, der Theaterdonner rollte, der Theaterwind blies, das Geräusch niedergehenden Regens setzte ein. Der König wurde immer aufgeregter; er geriet außer sich. Er rief aus seiner Loge mit lauter Stimme: ›Gut, sehr gut! Ausgezeichnet! Aber ich will echten Regen haben! Dreht das Wasser an!‹*
>
> *Der Direktor wagte zu widersprechen; er sprach von der Beschädigung der Dekoration, der Seiden- und Samtvorhänge und so weiter, aber der König wollte nicht hören. ›Macht nichts, macht nichts! Ich will echten Regen haben! Dreht den Wasserhahn an!‹ Also geschah es. Das Wasser überschwemmte die Bühne, strömte über die gemalten Blumen, die gemalten Hecken und über die Sommerhäuser; die Sänger in ihren schönen Kostümen wurden von oben bis unten naß, bemühten sich aber, die Lage nicht weiter zu beachten, und da sie eingefleischte Schauspieler waren, gelang es ihnen. Sie sangen tapfer weiter. Der König war im siebenten Himmel; er klatschte in die Hände und schrie: ›Bravo! Noch mehr Donner! Noch mehr Blitze! Laßt es stärker regnen! Öffnet alle Schleusen! Mehr! Mehr! Ich werde jeden hängen, der sich untersteht, einen Schirm aufzuspannen!‹«*

Wie viel hiervon der Wahrheit entspricht und was der Gedankenwelt des fantasiebegabten Autors entsprungen ist, kann heute nicht mehr geklärt werden. Aber es ist durchaus vorstellbar, dass Ludwig alles besonders realistisch sehen wollte.

Versailles 1874

In seinen Bauprojekten Linderhof und Herrenchiemsee, aber auch in vielen der Separatvorstellungen und bei der Literaturrecherche befasste sich Ludwig intensiv mit der französischen Geschichte unter den Königen Ludwig XIV. bis Ludwig XVI. Im Jahr 1867 hatte er erstmals Frankreich besucht. Jetzt, 1874, plante er erneut eine Reise in das vom ihm verehrte Land.

Seine Minister waren über dieses Vorhaben entsetzt, mehr noch als über so manche Schrulle, mit denen Ludwig sie sonst zur Verzweiflung trieb. Der Krieg gegen Frankreich lag gerade drei Jahre zurück. Noch immer galt Frankreich als der »Erbfeind«. Auch die Reaktion der Franzosen auf den ersten Besuch eines deutschen Fürsten nach dem Krieg war nicht klar und bereitete ihnen Sorgen. In weinerlichem Ton wandten sich die bayerischen Minister an Bismarck, in der

Hoffnung, er möge auf ihren widerborstigen König Einfluss nehmen. Aber Bismarck antwortete, dass er die Reise auch nicht unbedingt gerne sähe, aber wenn sich der König von Bayern das in den Kopf gesetzt habe …

Ludwigs private Reise wurde zu einem kleinen Politikum, konnte aber auch durch die üblichen Rücktrittsdrohungen seiner Minister nicht vereitelt werden. Sollten sie doch gehen, wenn es ihnen nicht passte, was der König tat!

Am 21. August 1874 traf Ludwig, »getarnt« als »Graf von Berg«, in Paris ein und nahm in der deutschen Botschaft, dem Palais Beauharnais, Quartier. Dort traf er einen alten Bekannten: Sein ehemaliger Ministerpräsident Fürst Hohenlohe war inzwischen deutscher Botschafter in Paris.

Schon am 22. August fuhr er nach Versailles. Durch seine vorzeitige Abreise 1867 konnte er Schloss und Park nicht besichtigen. Das wollte er nachholen.

Die Führer in Versailles bemerkten sehr schnell, dass sie es hier mit einem fachkundigen Gast zu tun hatten, dem sie wenig Neues berichten konnten. Deshalb zogen sie sich zurück und gestatteten dem König, alleine und in aller Ruhe die Räume zu inspizieren.

Zwei Tage später besuchte er erneut Versailles und logierte dort zwei Tage und eine Nacht. Am 25. August, seinem 29. Geburtstag, sprangen zu Ludwigs Ehren die »Großen Wasser« im Park.

Natürlich sprach sich schnell herum, wer der hohe Gast war, der hier so ausgiebig das Schloss, den Park und die Parkschlösser besichtigte. In einer Zeitung wurde gejammert, dass die Wasserspiele die französische Staatskasse 50 000 Franc gekostet hätten, wo man doch gerade erst eine Kriegsentschädigung von 5 Milliarden Franc zu zahlen hatte.

Alles in allem ging die französische Presse mit dem Bayernfürsten sehr gnädig um. Man hatte nicht vergessen, dass er als einziger regierender Fürst der Kaiserproklamation 1871 fern geblieben war und die ganze Angelegenheit »nur auf dem Piano« begleitet hatte und dass Ludwig von Bayern ein großer Verehrer Frankreichs war. Wer es wissen wollte, wusste es: Von Ludwig II. droht Frankreich keine Gefahr!

Am 28. August 1874 beendete er seine Frankreichreise und kehrte nach Bayern zurück. »Wie an einen wundervollen Traum gedenke ich meiner Reise nach Frankreich, des endlich erschauten, angebeteten Versailles«, schrieb er.

Ein letztes mal Frankreich: Reims 1875

Und noch einmal führte Ludwigs Weg nach Frankreich. Exakt ein Jahr nach der zweiten Frankreichreise fuhr Ludwig im August 1875 wieder nach Frankreich. Dieses Mal galt sein Interesse der gotischen Kathedrale von Notre-Dame in Reims. Als Verehrer Schillers und dessen Jungfrau von Orleans wollte er die Kathedrale besichtigen.

Auf der Suche nach einem neuen Land

Nach der Reichsgründung hatte Ludwig noch weniger politischen Einfluss, als er ohnehin schon hatte. Auch konnte er seine Angst nicht verdrängen, dass Bayern eines Tags doch noch von den Preußen geschluckt werden könnte. Da konnten Verträge geschlossen worden sein und sich Bismarck noch so freundlich geben, was würde geschehen, wenn ein Blödmann auf den deutschen Kaiserthron gelangte?

Um der Gefahr vorzubeugen, doch noch eines Tages von seinem Thron vertrieben zu werden, machte sich Ludwig daran, neue Gebiete auf der Welt zu erkunden, wo er eine neue Herrschaft als König errichten könnte.

Da aber Ludwig nicht gerne reiste, sandte er den Münchner Geschichtsprofessor Dr. Franz von Löher auf eine Weltreise – er sollte Ausschau nach Gebieten halten, die man kaufen könne.

Für Löher war das wie ein Sechser im Lotto! Zwischen 1873 und 1875 reiste er rund um die Welt, um seiner vom König gestellten Aufgabe gerecht zu werden.

Nach seiner Rückkehr legte er dem König einen Bericht vor. Der König beauftragte dann Hofsekretär Bürkel, den Bericht unter die Lupe zu nehmen und ein Gutachten über die Realisierungschancen der Errichtung einer neuen Herrschaft außerhalb Bayerns abzufassen. Für Bürkel war das, was Löher vorgelegt hat, akademisches Geschwätz. Da hatte sich einer eine schöne Zeit auf Kosten des Königs gemacht, war um die Welt gereist und legte nun einen praxisfernen Bericht vor, für den man gut und gerne den Begriff »Elfenbeinturmbericht« verwenden konnte.

Wie das so sei: Wenn zwei Experten über denselben Sachverhalt schreiben, kommen sie zu völlig gegensätzlichen Ergebnissen. Bürkel mochte Bayern und wollte sich nicht recht vorstellen, wie sein Landesherr auch nur mit dem Gedanken spielen konnte, sich zum Herrscher über eine Horde »wilder oder halbwilder Volksstämme« zu machen. Gerade er, Ludwig, der so viel Wert auf Etikette und feine Manieren legte.

Bei den Wilden und Halbwilden

Professor Löher hatte eine Liste mit den folgenden Gebieten und Regionen erstellt:

- ✔ Mosquitos-Küste
- ✔ Somali-Halbinsel
- ✔ Insel Madura in Norden von Java
- ✔ Philippinen
- ✔ Caucatal in Kolumbien
- ✔ Costa Rica
- ✔ das Gebiet von Augustura in Venezuela
- ✔ Samoa-Inseln

Zu jedem Gebiet fand Bürkel vielfältige Gründe, warum es dort nicht möglich sei, ein Königreich für Ludwig zu errichten. Meistens waren es die unzivilisierten Bewohner, aber auch ein Mangel an Kultur, ein fehlender Rechtsbegriff, wie überhaupt eine fehlende Gesetzlichkeit – das war charakteristisch für diese Gebiete in der damaligen Zeit.

Eine andere Überlegung war die Gründung deutscher Tochterstaaten in den südamerikanischen Republiken. Aber dazu müsste man erst größere Gebiete »germanisieren«, ehe man an eine Staatsneugründung denken könne.

Erwerb einer Insel

Da Löher nicht wusste, wie knapp schon damals die Kassen des Königs waren, schlug er als den vernünftigsten Weg vor, ein großes Gebiet außerhalb Bayerns zu erwerben, wo man dann eine neue Herrschaft errichten könne. Löher nannte als mögliche Ziele:

- ✔ Die Insel Mallorca im Mittelmeer. Auch die Spanier waren ständig in Geldnöten, sodass man wohl einen Handel zustande bringen könnte. Aber mit einer Investition von etwa 50 Millionen Mark hätte man schon rechnen müssen.
- ✔ Die zu Chile gehörende Insel Chilon stand ebenfalls auf der Vorschlagsliste. Sie war dreimal größer als Mallorca, hatte aber nur etwa 60 000 Einwohner. Auch war Chile nicht so sehr auf das Geld angewiesen.
- ✔ Der Kauf der Insel Samos im Mittelmeer wurde ebenfalls diskutiert. Dabei hätte man mit den drei machthabenden Parteien der Insel verhandeln müssen: Die Türkei hatte die Souveränitätsrechte auf der Insel; die Familie Vogorides übte die Statthalterschaft auf der Insel aus und verfügte über einen großen Landbesitz auf Samos und schließlich hätten auch die Bewohner zu einem Herrschaftswechsel ihre Zustimmung geben müssen, was auch wieder nur mit finanziellen Anreizen zu erreichen gewesen wäre.
- ✔ Auch innerhalb des deutschen Reiches sah sich Löher um. Er entdeckte die Insel Rügen, ganz weit im Norden. Im nördlichen Bereich der Insel hätten von der Familie Kotbus größere Gebiete gekauft werden müssen, der südliche Teil gehörte Preußen. Auch hier hätte man mit den Hohenzollern verhandeln müssen.

An die Herrschaft gelangen, ohne was zu zahlen

Die dritte Möglichkeit, die akademisch diskutiert wurde, war Landerwerb ohne in die Tasche greifen zu müssen. Ägypten und Afghanistan rückten hier in den Blickpunkt. Beide Länder waren »richtige Länder«, hatten also Einwohnerschaften, die sich nach Millionen zählen ließen.

Ägypten war zu jener Zeit ein Spielball der Türkei, Englands und Frankreichs. In Afghanistan wetteiferten Russland und England um Einfluss. Ähnlich wie heute waren diese Gebiete politisch instabil. Politische Risiken und die Verquickung von Glauben und Politik machen es den heutigen Herrschern nicht leicht, in ihren Ländern eine dauerhafte Stabilität zu gewährleisten. Wie sollte das erst Ludwig, der die richtigen Staatsgeschäfte schon lange als »Staatsfadaisen« bezeichnete, ändern?

Die Orientkrise, die zwischen 1875 und 1878 auf ihren Höhepunkt zusteuerte, spielte Bürkel in die Hand, um auch diese Pläne zu begraben.

Bürkel sah die Zukunft im deutschen Reich nicht so negativ wie Ludwig. Er konnte nicht verstehen, dass sein König, der doch die bayerische Landschaft und vor allem die Berge so liebte und vom bayerischen Volk verehrt wurde – zumindest von den meisten –, das alles aufgeben wollte, um irgendwo auf der Welt ein absolutes Königtum zu errichten. Der Hofsekretär kannte seinen Herrn zu gut, als dass er ihm zutraute, mit neuem Elan an eine Aufgabe heranzugehen, an der vor ihm und nach ihm noch viele, teilweise wesentlich intelligentere und machtvollere, Staatsführer gescheitert waren und scheiterten.

So begrub man die Pläne allmählich. Ludwig richtete sich weiter in Bayern gemütlich ein und widmete sich mit noch mehr Schwung seinen Schlossbauten.

Deutschland war auf dem Weg zur Kolonialmacht, auch wenn sich Bismarck lange dagegen wehrte. Er sah keinen Sinn darin, sich irgendwo auf der Welt in der Fülle der Aufgaben und Anforderungen zu verzetteln. Togo und Kamerun kamen 1884 unter deutsche Oberhoheit, Deutsch-Südwestafrika und Deutsch-Ostafrika, Kaiser-Wilhelm-Land, der Bismarck-Archipel und die Marschall-Inseln folgten. Viel Glück und Reichtum haben die Kolonien Deutschland nicht gebracht.

Ein Unglück kommt selten allein: Otto

Schon seit längerer Zeit war es offensichtlich, dass bei Otto die geistige Zerrüttung zunahm. Nach lichten Phasen, in denen er sich ganz normal verhielt, verfiel er wieder in Halluzinationen, glaubte, verflucht zu sein.

Zunächst wurde seinen Dienern aufgetragen, den Bruder des Königs aufmerksam zu beobachten. Behandlungsversuche der Ärzte zeigten keinerlei Wirkung.

Im Januar 1872 wurde Otto von mehreren Ärzten begutachtet. Man kam zu dem Ergebnis, dass eine Heilung möglich sei, das ginge jedoch nur, wenn sich der Patient einer intensiven Behandlung unterziehen würde.

Man wollte Otto erst einmal aus München wegschafften, was Otto jedoch ablehnte. Für einige Zeit erholte sich Otto in Schloss Ludwigstal im Bayerischen Wald. Anschließend übersiedelte er nach Schloss Nymphenburg. Die Phasen wachen Verstandes und ausgeprägter Verwirrung wechselten sich im Laufe der Zeit immer schneller ab, wobei die Verwirrung immer länger andauerte und die lichten Momente immer kürzer wurden.

Einem Vertrauten gegenüber gab Ludwig zu verstehen, dass er wisse, dass ihn außer seinem Bruder Otto niemand wirklich leiden könne, weshalb es doppelt schlimm wäre, wenn er diesen Freund und Berater auch noch verlieren würde.

In den frühen Jahren seiner Erkrankung spürte Otto die Anfälle noch herannahen und forderte seine Gäste auf, den Raum nun zu verlassen.

Manchmal unternahm Otto auch noch Ausflüge in die Stadt und besuchte, zusammen mit seinen Begleitern, Cafes oder Ballettaufführungen.

1875 nahm er zum letzten Mal in der Uniform eines Obersten im Gefolge des Königs an einer Parade teil.

Am 27. Mai 1875 kam es dann aber zu einer peinlichen Szene in der Münchner Frauenkirche. Otto war heimlich aus Nymphenburg abgehauen und in die Stadt gefahren. Dort, und hier gehen die Erzählungen auseinander, soll Otto im vollen Kirchengebäude »das Confiteor« laut mitgesungen haben (was ja mal vorkommen kann, wenn man den Gottesdienst nicht genau mitverfolgt hat und nicht so genau wusste, an welcher Stelle man gerade war). Andere Quellen sprechen davon, dass Otto im Jagdrock in die Kirche stürmte, sich vor den Füßen des Bischofs niederwarf und vor dem versammelten Gotteshaus laut seine, allerdings nicht sonderlich schweren, Sünden beichtete. Er wurde dann sehr schnell von einigen Messdienern weggebracht.

Der königliche Familie aber war klar, dass Otto nicht mehr so stadtnah untergebracht werden konnte, wollte man solche Szenen in Zukunft vermeiden. Bis 1879 blieb Otto auf Schloss Schleißheim, im Norden von München. Danach wurde Schloss Fürstenried, im Süden von München gelegen, als sein Wohnsitz hergerichtet. Dort wohnte er bis zu seinem Tod im Jahr 1916. Oberleutnant Karl Reisner Freiherr von Lichtenstern als Adjutant und einige kräftige Krankenwärter wurden ihm zur Seite gestellt. Während der Normalzustände machte Otto noch in Begleitung Spaziergänge in die Umgebung außerhalb des Schlossparks. Auch einige Gasthäuser in der Umgebung wurden angesteuert, wo sich Otto mit anderen Gästen locker unterhielt, ohne dass diese etwas von seiner Erkrankung feststellen konnten. So schossen die Gerüchte ins Kraut, Otto wäre gar nicht geisteskrank, sondern würde weggeschlossen, weil er sich des Öfteren sehr abfällig über das preußische Herrscherhaus geäußert hätte.

In den 1880 Jahren nahmen die Verwirrungszustände weiter zu. Die Tobsuchtsanfälle gewannen an Heftigkeit.

Ludwig sah mit großer Trauer den Verfall seines Bruders. Er war verzweifelt, dass man nichts für Otto tun konnte. Die Ärzte, Diener und Wärter wies er an, seinen Bruder milde zu behandelt, Elektroschocks oder andere Gewaltmaßnahmen untersagte er ausdrücklich.

Sollte aber alles nichts helfen, ordnete Ludwig an, dass er gerufen würde. Deshalb fuhr Ludwig öfter des Nachts nach Fürstenried, um seinem Bruder bei sehr starken Tobsuchtsanfällen beizustehen. Meistens soll es ihm gelungen sein, Otto nur mit seinem Blick zu beruhigen und ihn in die Arme zu nehmen, bis der Anfall vorüber war. Mit besänftigenden Worten sprach er auf seinen Bruder ein, der allmählich ruhiger atmete.

Nach einigen Stunden fuhr Ludwig traurig und nachdenklich wieder zurück in seine Residenz. Sollte ihn eines Tages ein ähnliches Schicksal treffen? Für Ludwig war der Verfall Ottos eine starke seelische Belastung. Mit niemandem konnte er über seine eigenen Sorgen und Ängste sprechen, nachdem sich sein Bruder in die Dunkelheit entfernt hatte.

Monat für Monat studierte Ludwig aufmerksam die Berichte, die ihm die behandelnden Ärzte zusandten. Eine Besserung von Ottos Gesundheitszustand war für alle Zeiten ausgeschlossen.

Und er baut und baut und baut (1875 – 1879)

8

In diesem Kapitel

- Hoch auf dem grünen Hügel
- Die schrecklichen Hoftafeln
- Herrenchiemsee – das Denkmal
- Mit Schlitten und Kutschen unterwegs

Schon im Frühjahr 1871 befassten sich Richard und Cosima Wagner ernsthaft mit dem Gedanken, wieder nach Bayern zurückzukehren und dort ein Festspielhaus zu errichten, das allein dem Werk des großen Meisters gewidmet sein würde.

München schied als Standort aus. Wagner hatte nicht vergessen, wie schmählich er 1865 aus der Stadt gewiesen wurde. Das Festspielhaus sollte dennoch im Einflussbereich seines Gönners liegen.

Bayreuth

Wagner erinnerte sich an einen Besuch in Bayreuth. Die Stadt der Markgräfin Wilhelmine und Jean Pauls hatte es ihm angetan. Sie lag ziemlich zentral in Deutschland, hatte einen Bahnanschluss und war gerade groß genug, um dem illustren Sohn der deutschen Komponierkunst eine entsprechende Bühne für seine Selbstdarstellung zu bieten.

Jean Paul war ein im 18. und 19. Jahrhundert sehr populärer Schriftsteller, der seinen Lebensabend in Bayreuth verbrachte. Vielleicht mochte Wagner ihn, weil Sie viel gemein hatten. Beide hatten häufig Geldprobleme, handelten sich mit Frauengeschichten Ärger ein und an ihrem Werk scheiden sich die Geister.

Auch der Stadtrat von Bayreuth agierte geschickt und stellte Wagner ein Grundstück »auf dem grünen Hügel«, allerdings in der Nähe der »Kreisirrensanstalt«, zur Verfügung, was in späteren Jahren zu einer Reihe böser Karikaturen und Kommentare führen sollte. Am Stadtpark kaufte sich Wagner ein Grundstück, auf dem er seine Villa »Wahnfried« (»Wo sein Wähnen seinen Frieden fand«) erbauen ließ.

Im April 1872 wurden in Triebschen alle Koffer gepackt und die Übersiedelung nach Bayreuth vollzogen. Am 22. Mai 1872, Wagners 59. Geburtstag, wurde der Grundstein für das Festspielhaus gelegt. Als architektonisches Vorbild dienten die Pläne, die Semper Jahre zuvor für München entworfen hatte. Allerdings wurde in Bayreuth nur eine wesentlich vereinfachte Variante erbaut, kein architektonisches Juwel. Aber Wagner kam es mehr auf den Inhalt an, weniger auf die Verpackung.

Wagner trickst Ludwig - mal wieder - aus

Für das Jahr 1873 war die Einweihung mit der Komplettaufführung des »Ring des Nibelungen« vorgesehen. Die ersten beiden Opern des Ring-Zyklus, »Rheingold« und »Walküre«, waren bereits in München uraufgeführt worden. Wagner wollte verhindern, dass auch »Siegfried« und »Götterdämmerung« schon im Vorfeld in München uraufgeführt wurden. Aber er hatte das Problem, dass nicht ihm die Werke gehörten, sondern Ludwig.

Mit allerlei Lügen und Tricks versuchte Wagner immer wieder, Ludwig davon zu überzeugen, dass die Werke noch nicht fertig seien, oder er verzögerte einfach seine Antworten auf Briefe des Königs und stellte sich dumm, indem er so tat, als wüsste er nicht, was der König eigentlich vorhabe.

Ludwig war natürlich klar, dass ihn Wagner hinters Licht führte. Aber er wollte das Gesamtwerk nicht gefährden und akzeptierte die Trickserejen des Komponisten. Er überwies ihm sogar noch einmal 25 000 Mark, damit er seine Villa in Bayreuth bauen konnte.

Der Uraufführungstermin des kompletten Ring-Zyklus konnte selbstverständlich nicht schon ein Jahr nach der Grundsteinlegung stattfinden.

Geldknappheiten

In ganz Europa reiste Wagner umher, um Mitglieder für seinen Wagner-Verein zu finden, die Anteile zeichnen sollte, dafür später aber Vergünstigungen bei der Kartenvergabe erhielten. Diese Reisen nahmen viel Zeit und Kraft in Anspruch, sodass die »Götterdämmerung« etwas ins Hintertreffen geriet. Einige Male war Wagner bereit, alles hinzuwerfen und wieder zurück in die Schweiz oder nach Italien zu gehen.

Die Konzertreisen Wagners brachten aber bei Weitem nicht die Mittel ein, die erforderlich waren. Zähneknirschend wandte er an König Ludwig. Von Seiten des Hofsekretariats wurde ihm aber schonungslos mitgeteilt, dass sich Ludwig durch seine vielen Bauten selbst in Geldkalamitäten befand und dass man eigentlich gar nichts tun könne.

Im Jahr 1874 wandte sich Wagner an den Großherzog von Baden mit der Bitte, bei Kaiser Wilhelm I., der ja der Schwiegervater des Großherzogs war, vorzusprechen, um vom Deutschen Reich Hilfe zu erhalten. Aber auch dieser Versuch scheiterte.

Ludwig wurde natürlich von den Aktivitäten Wagners unterrichtet. Dass sich Wagner ausgerechnet an die verhassten Preußen wandte, erzürnte ihn. Doch schnell fasste er sich wieder mit dem Ausruf:

> *»Nein, nein und wieder nein! So soll es nicht enden. Es muss da geholfen werden! Es darf unser Plan nicht scheitern! Parcival kennt seine Sendung und wird aufbieten, was irgend in seinen Kräften liegt.«*

Im folgenden Monat erhielt Wagner von der Hofkasse rund 200 000 Mark. Die Festspiele waren gerettet.

Die Festspiele 1876

Ludwig konnte sich nicht überwinden, der offiziellen Uraufführung des »Ring des Nibelungen« beizuwohnen. Neben dem Deutschen Kaiser, Wilhelm I., auf dessen Büste in Hohenschwangau Ludwig gern mal im Vorübergehen spuckte, wollte er nicht die zweite Geige spielen. Und die anderen Fürsten, die nun der Premiere die Ehre zu geben gedachten, obwohl sie im Vorfeld »nichts« für Wagners Vorhaben getan hatten, wollte Ludwig sowieso nicht sehen.

So macht sich sein Hofzug eine Woche vor der eigentlichen Premiere auf in Richtung Bayreuth. Eine Menschenmenge wartet trotz der fortgeschrittenen Stunde auf die Ankunft des Königs. Doch der schlägt der Masse, die er schon lange fürchtet, ein Schnippchen.

Weit draußen vor den Toren der Stadt Bayreuth stehen auf freiem Feld einige Kutschen. Der kleine Mann mit großem Kopf und der krummen Nase läuft nervös hin und her. Kurz nach Mitternacht ertönt ein kurzes Hornsignal, dann taucht mit gemächlicher Fahrt der königliche Hofzug auf. Wagner ist vorab informiert worden, wo er den König zu erwarten hat. Als der Zug anhält, werden die Türen geöffnet, der König steigt aus. Er geht auf Wagner zu, ein kurzer Händedruck, aber keine Worte werden gewechselt. Acht Jahre hatten sich beide nicht mehr gesehen. König und Komponist setzen sich anschließend in die Kutsche des Königs und fahren über Feldwege in Richtung Eremitage, wo Ludwig, wieder weit draußen vor der Stadt, Quartier nimmt.

Natürlich wäre es Ludwig am liebsten gewesen, er hätte Separatvorstellungen genießen dürfen. Aber auch die Generalproben fanden vor Publikum statt, das überall jubelt, wenn es König und Künstler sieht. Ludwig ließ es über sich ergehen und grüßte huldvoll zurück.

Dass hohe Gäste in Bayreuth frenetisch bejubelt werden, hat sich bis ins 20. Jahrhundert als Tradition fest eingebürgert. Auch die in späterer Zeit von Festspielchef Wolfgang Wagner verteilten Kärtchen mit der Aufschrift »Hier gilt's der Kunst!« und der Bitte, nicht in Jubel auszubrechen, wenn Könige oder sonstige Personen der Zeitgeschichte »auftreten«, konnte sich nicht durchsetzen.

Natürlich saßen König und Komponist einträchtig in der Königsloge des Bayreuther Opernhauses. Der Kunstgenuss wurde auch von einigen Pannen rund um die Festspiele nicht getrübt. So wurde der eigens in London angefertigte Drache in drei Teilen von der Herstellerfirma nach Bayreuth verschickt. Dummerweise kam das Mittelteil des Drachens nicht in Bayreuth an, sondern in Beirut, was ja auch so ähnlich klingt. Mit etwas Fantasie konnten sich die Uraufführungsgäste aber einen kompletten Drachen vorstellen.

Wagner hatte die Opern »Siegfried« und »Götterdämmerung« für Bayreuth zurückgehalten. Eine Uraufführung in München hatte er verhindert, weshalb die Bayreuther Festspiele mit einer Doppel-Uraufführung dieser zwei Opern starten konnten. Nachfolgend einige Informationen zu diesen Opern.

Den Abschluss des Opernzyklus, das große Finale, bildet die Oper »Götterdämmerung«. Auch diese Oper hat Wagner eigens für die Uraufführung in Bayreuth aufgehoben.

Siegfried

Uraufführung 1876

Sieglinde hat einen Sohn bekommen. Der kleine Wonneproppen heißt Siegfried. Mime, Alberichs Bruder, hat ihn nach dem Tod Sieglindes großgezogen. Auch Mime ist ein garstiger und ehrgeiziger kleiner Wicht. Er will Siegfried benutzen, um Fafner zu töten, den Ring zu stehlen und die Weltherrschaft an sich zu reißen.

Also begeben sich Mime und Siegfried auf Drachenjagd, treffen vor der Höhle Alberich und, um es kurz zu machen, Siegfried befördert den zum Drachen mutierten Riesen Fafner ins Jenseits. Nach einem Schluck Drachenblut versteht Siegried die Sprache der Tiere und erfährt, was für hinterhältige Burschen die beiden Zwerge sind.

Nachdem Mime versucht, Siegfried zu vergiften, erschlägt der Held den Zwerg und behält Helm und Ring für sich. Irgendein geschwätziger Piepmatz erzählt ihm dann auch noch von einer wunderschönen Maid, die schlafend in einem Ring aus Feuer gefangen ist. Wie es sich für einen anständigen Helden gehört, macht sich Siegfried gleich auf den Weg, Madame zu befreien.

Auf der Reise trifft Siegfried dann auch noch seinen Opa Wotan, der ihn von seinem Ansinnen, Brünnhilde zu befreien, abbringen will. Nachdem Wotan ihm dann auch noch seine Lebensgeschichte aufgetischt hat, zerbricht Siegfried Wotans Speer und der alte Herr tritt für den Rest der Opern ab. Siegfried findet Brünnhilde, weckt Sie mit einem Kuss, beide fallen sich in die Arme und lieben sich

Ludwig war von den Aufführungen ergriffen. An Wagner schrieb er:

> *»Die Sprache ist zu arm, um meine Begeisterung und das Gefühl des tiefsten Dankes auszudrücken.«*

Nach den Vorstellungen ließ sich Ludwig wieder zurück in die Eremitage fahren. Dabei konnte man nicht verhindern, die Kutsche des Königs durch die Straßen mit der jubelnden Bevölkerung zu lenken. Ludwig musste in den sauren Apfel beißen, bestand aber darauf, in einer geschlossenen Kutsche zu fahren.

Am letzten Tag seines Aufenthaltes in Bayreuth, nach der Aufführung der Götterdämmerung, machte sich Ludwig wieder in seinem Hofzug auf nach Hause, nach Hohenschwangau. An Wagner schrieb er einen schwärmerischen Brief, in dem er ihn als »Gottmensch« und »wahren Künstler von Gottes Gnaden« bezeichnete.

Weniger schwärmerisch äußerten sich andere Premierengäste. Kaiser Wilhelm I. machte keinen Hehl daraus, dass er das alles »abscheulich« finde.

Ludwig war aber so begeistert, dass er sich überwand und nochmals nach Bayreuth fuhr, um vom 27. bis zum 30. August 1876 den dritten Zyklus des »Ring des Nibelungen« anzuschauen. Zum Abschlussempfang des Komponisten ging er nicht.

Götterdämmerung

Uraufführung 1876.

Nachdem sich Siegfried von seiner Geliebten und Tante Brünnhilde verabschiedet hat, zieht es ihn an König Gunthers Hof. Vorher hat er ihr den Ring sozusagen als Ehering gegeben. Zu Hof trifft er auf Hagen, Alberichs Sohn, der seinem Altvorderen in Gemeinheit in Nichts nachsteht. Wie sich das für einen veritablen Schurken gehört, will auch Hagen die Weltherrschaft an sich reißen. Also mischt Hagen einen Liebestrank, gibt ihn Siegfried, damit jener sich in Guthrune, König Gunthers Schwester, verliebt. Gesagt, getan und schon ist Brünnhilde vergessen. Vergessen ist sie genau genommen nicht ganz, Siegfried ist sogar bereit, sie mit Gunther zu verkuppeln.

Brünnhilde hat gerade aber ganz andere Sorgen: Papa Wotan ist betrübt und isst kein Obst mehr. Das Problem ist hier aber nicht der Vitaminmangel, sondern dass Freias Äpfel den Göttern ewige Jugend verleihen. Wotan will erst wieder ein fleißiger Gott sein, wenn der Ring wieder da ist wo er hingehört; bei den Rheintöchtern. Blöderweise ist der Ring für Brünnhilde der Ehering und so weigert sie sich, das Ding einfach in den Rhein zu werfen. Jetzt kommt ihr unter Gedächtnisschwund leidende Gatte Siegfried, der durch die Tarnkappe Gunthers Gestalt angenommen hat, entreißt ihr den Ring und will sie zu seiner beziehungsweise Gunthers Frau machen

Leider ist Siegfried zwar ein großer Kämpfer, aber als Kuppler ist er ein Amateur. Bei den Hochzeitsvorbereitungen erkennt Brünnhilde natürlich Siegfried und es gibt ein schönes Tohuwabohu. Am Ende schwört Siegfried bei seinem Leben, niemals etwas mit der holden Brünnhilde gehabt zu haben.

Auf einer Jagd reicht Hagen Siegfried einen Trank zur Gedächtnisauffrischung, der Held erinnert sich und berichtet von seiner Liebesnacht mit Brünnhilde. Jetzt hat Hagen den passenden Vorwand Siegfried zu töten und macht das auch stehenden Fußes. Daraufhin beginnt am Hof das große Hauen und Stechen um den Ring. Hagen tötet Gunther, Brünnhilde durchschaut die Intrige, Siegfried wird verbrannt, Hagen ertränkt, die Nixen bekommen ihren Ring wieder und Walhalla geht unter.

Die schrecklichen Hoftafeln

Zum Job eines Königs gehört es auch, Bälle und Hoftafeln zu veranstalten. Wichtige Persönlichkeiten, die so genannten Stützen der Gesellschaft, sollten von Zeit zu Zeit an die Tafel des Königs gerufen werden, um sich der Gunst ihres Herrschers zu versichern beziehungsweise auch umgekehrt. Durch das ganze Jahr zogen sich solche Events, die Ludwig in früheren Jahren eigentlich ganz gern über sich ergehen ließ, die er aber wegen seiner fortschreitenden Menschenscheu mehr und mehr fürchtete. Bis 1876 lud er zu einigen Hoftafeln im Jahr ein. Mit der Zeit nahmen diese Veranstaltungen aber absurde Züge an:

Ludwig wählte für das Orchester Stücke aus, die möglichst viele Trompeten und Pauken benötigten, und erteilte gar der Kapelle den Befehl, alle diese Stücke mit maximaler Lautstärke zu intonieren. Damit wollte er vermeiden, sich mit irgendjemand von diesen Unsympathen unterhalten zu müssen. Wenn nur die Musik ordentlich laut gespielt würde, dann hätte sich ja die Konversation von selbst erledigt.

Auch ertrug Ludwig es immer weniger, von den Leuten beobachtet zu werden. Deshalb mussten möglichst große Blumengestecke vor ihn auf den Tisch gestellt werden, sodass er kaum zu sehen war.

Derart abgeschirmt, konnte er dann das Hofbankett über sich ergehen lassen. Aber nach 1876 war damit auch Schluss. Er hatte einfach keine Lust mehr dazu. Seinem Onkel, Prinz Luitpold, aber auch anderen Verwandten übertrug er das Privileg, königliche Hoftafeln abzuhalten. Damit war er aus dem Schneider.

Herrenchiemsee - das Denkmal

Ludwig XIV. von Frankreich war von einem ganz anderen Schlag als Ludwig II. von Bayern. Der Franzosenkönig machte sogar aus seinen Sitzungen auf der Toilette einen Staatsakt mit Publikum.

Vielleicht war es gerade die extrovertierte Lebensweise, die Ludwig II. am Sonnenkönig imponierte. Die Verehrung dieses Königs kannte keine Grenzen, er ließ Gemälde und Büsten mit Bildnissen des Sonnenkönigs in Auftrag geben und vertiefte sich in Literatur über die Zeit der großen französischen Könige.

Schon in den 1870er Jahren wollte Ludwig ein steinernes Denkmal für den verehrten Sonnenkönig im Graswangtal erbauen. Über Jahre wurden verschiedene Baupläne entworfen und wieder verworfen. 1873 erwarb Ludwig die Insel Herrenwörth im Chiemsee. Dort sollte nun das Denkmal für Ludwig XIV. entstehen, eine Nachbildung des Schlosses von Versailles, nur eben moderner, größer, prächtiger.

Die Insel Herrenchiemsee

1873 erwarb Ludwig Herrenchiemsee, um ein Konsortium württembergischer Holzhändler vom Kahlschlag der Insel abzuhalten. Obwohl er für die Gegend nach eigenen Aussagen »nicht besonders eingenommen« war, realisierte er hier seinen Traum vom Denkmal für Ludwig XIV.

Der Schlossbau

Ludwig hatte Versailles genau studiert. Er kannte die große Anlage so gut wie seine Westentasche. Nicht nur das: Wie ein Architekturhistoriker erforschte Ludwig auch die frühen Phasen des Schlossbaus und fahndete nach Räumen und Entwürfen, die im Original schon längst verschwunden und moderneren Räumen gewichen waren.

Herrenchiemsee als Ort wichtiger politischer Geschehnisse

Die Väter des Grundgesetzes hielten sich vom 10. bis 23. August 1948 im alten Schloss auf, um im Verfassungskonvent das Grundgesetz zu entwickeln. Maßgebliche Politiker, unter anderem der spätere Bundeskanzler Konrad Adenauer, nutzten die Abgeschiedenheit, um dem danieder liegenden Deutschland wieder auf die Beine zu helfen, indem man dem Land eine Verfassung gab, die von keiner Seite politisch instrumentalisiert werden konnte.

Die Verfassung der Bundesrepublik Deutschland wurde zum Erfolgsmodell. Vielleicht auch deshalb, weil sie an einem so idyllischen Ort entworfen wurde.

Die bayerische Gesandtschaft in Paris, seit der Reichsgründung ohnehin überflüssig, war vollauf damit beschäftigt, für ihren Herrscher Bücher, Bilder, Skulpturen, Schmuck und vieles mehr aus der Zeit des Sonnenkönigs zu besorgen. Während seiner zweiten Paris-Reise im Jahr 1874 setzte sich Ludwig von den Reiseführern ab und spazierte vollkommen unbeaufsichtigt durch die Anlage.

Ab 1873 hatte Ludwig dann mit der Insel Herrenchiemsee einen Bauplatz, der es erlaubte, eine ausgedehnte Schlossanlage mit fünf Flügeln zu errichten. Im engen Graswangtal wäre dies nicht möglich gewesen.

Versailles wurde über Jahrzehnte, ja Jahrhunderte, erbaut und verändert. Jede Generation setzte ihre eigenen Akzente. Diese Phasen der Veränderung durchlebte auch das Schloss Ludwigs. Allerdings baute er nicht auf, veränderte und riss wieder ab, sondern entwickelte den angestrebten Endzustand des Schlosses auf Papier. Am Anfang war das Projekt eine schlichte Einflügelanlage. Beim vierzehnten oder fünfzehnten Entwurf war man dann endlich so weit. Versailles-Herrenchiemsee konnte gebaut werden.

Schon 1874 wurde auf der Insel das Gelände begutachtet, um den optimalen Bauplatz für die Anlage zu finden.

Am 21. Mai 1878 wurde auf Herrenchiemsee, in Abwesenheit des Königs, der Grundstein für das Schloss gelegt. Eine Schwierigkeit während der Bauzeit bestand darin, die Baumaterialien auf die Insel zu schaffen. Deshalb wurden am Festland und auf der Insel Landungsbrücken mit Hebevorrichtungen errichtet. Materialschiffe übernahmen den Transport. Von den Landungsbrücken auf der Insel wurden Eisenbahnschienen zum Bauplatz verlegt, um das Material möglichst schnell dorthin zu transportieren.

Ludwig drängte wie bei jedem seiner Bauprojekte zur Eile: Der Rohbau des Mitteltraktes war bereits im Januar 1879 fertig, sodass, nachdem das Dach gedeckt war, mit dem Innenausbau begonnen werden konnte. Ludwig war besonders auf das große Paradeschlafzimmer versessen. Nicht weil er darin schlafen wollte, das Paradeschlafzimmer war praktisch der Thronsaal des Sonnenkönigs. Wie in Neuschwanstein der byzantinische Thronsaal ein geistiges Zentrum der Anlage wurde, sollte hier das »Chambre de Parade« das barocke Gegenstück darstellen.

Für sich selbst sah Ludwig nur ein kleines Appartement innerhalb der riesigen Anlage vor. Er war sozusagen nur der »Untermieter« seines Idols Ludwig XIV.

Ein Spaziergang durch Ludwigs Versailles

Anders als im Original, wo man das Schloss vom Marmorhof, also von der Stadtseite, aus betritt, gelangt man in Herrenchiemsee durch den Park zum Schloss. Der erste Raum, den man betritt, ist das Vestibül.

Vestibül

Den Raum dominieren zwölf schlanke Säulen aus Tiroler Kalkstein. Ein lebensgroßes Pfauenpaar, neben dem Schwan das Lieblingstier Ludwigs, erhebt sich auf einem Sockel aus rotem Marmor. Diese Statue wurde für etwa 150 000 Mark von einem Pariser Künstler erworben.

Treppenhaus

Vom Vestibül gelangt man in das Treppenhaus. Im Gegensatz zu dunklen Treppenhäusern anderer Schlösser griff Ludwig hier auf eine in seiner Zeit zur Verfügung stehende Technik zurück: Der 35 Meter lange und 13 Meter breite Raum wird erhellt von einem großen Glasdach, was zur Zeit des Originals technisch noch nicht realisierbar war. Da Ludwig das Schloss nur nachts erlebte, wurden im Treppenhaus zusätzlich Lüster aus böhmischem Kristallglas und vergoldeter Bronze angebracht, die mit 252 Kerzen den Raum erhellen sollten.

Die vier großen Wandgemälde stellen »Ackerbau«, »Handel«, »Kunst und Wissenschaft« sowie »Wehrstand« dar. Im Fries sind die vier Weltteile und in den Ecken die vier Elemente abgebildet.

Die Statuen in den Nischen symbolisieren Apollo, Minerva, Flora und Ceres. Ausgeführt wurden sie vom Bildhauer Perron.

Hartschiersaal (»Salle des Gardes du Roi«)

Vom Treppenhaus kommend gelangt man, nachdem man einen kleineren Raum durchschritten hat, in den ersten der großen Säle des Prunkappartements. Den Namen erhielt der Saal, da hier die Leibwache des Königs untergebracht war.

Auch dieser Raum übertrifft in seiner Pracht das Original bei Weitem. Die Gemälde über den Türen sowie die drei dominierenden Gemälde an den Wänden sind Schlachten Ludwigs XIV. gewidmet.

Erstes Vorzimmer (»Première Antichambre«)

Dem Hartschiersaal schließt sich das erste Vorzimmer an. Dieser 13,8 Meter lange und 8,7 Meter breite Raum war für die Dienerschaft des Königs bestimmt. Auch in diesem Raum sind wieder große Schlachten, aber auch Szenen aus dem Leben des Sonnenkönigs abgebildet.

Ein großer Prunkschrank dominiert diesen Raum. Er war ursprünglich für das Toilettenzimmer des Königs vorgesehen und sollte der Aufnahme von Musikinstrumenten dienen. Anderen Quellen zufolge wollte Ludwig aber »Reliquien« aus der Zeit der großen französischen Könige in diesem kunstvoll ausgeführten Tabernakel aufbewahren. Dieser Schrank wurde nicht fertig gestellt.

Zweites Vorzimmer (»Ochsenaugensaal«)

Dem ersten Vorzimmer schließt sich das zweite Vorzimmer an. Den Namen »Ochsenaugensaal« erhielt der Raum aufgrund der mit Spiegeln versehenen Ovalfenster.

Dieses Zimmer diente als Warteraum für die zur Audienz geladenen Adeligen.

Der Mittelpunkt des Saales ist eine Statue, »Ludwig XIV. zu Pferd«, wie wir sie schon aus Linderhof kennen.

Spiegel an den Schmalseiten des Saales reflektieren die Kristalllüster unendlich und vergrößern diesen ohnehin schon großen Saal nochmals.

Paradeschlafzimmer (»Chambre de Parade«)

Vom zweiten Vorzimmer gelangt man in den wohl prunkvollsten Raum des Schlosses. Und obschon es sich um ein Schlafzimmer handelt, hat in diesem 14 Meter langen und 12 Meter breiten Raum niemals jemand eine Nacht schlafend verbracht.

Vom reich geschnitzten Baldachin bekrönt, erhebt sich auf einem Podest das überdimensionale Prunkbett. Am Fußende des Bettes erkennt man das Medaillon »Venus und Amor«, an der Rückwand sieht man das in Perlenstickerei angebrachte Bild: »Nymphen, die Flügel des schlafenden Amors beschneidend.«

Neben dem Bett befindet sich ein reich verzierter und vergoldeter Betstuhl. Auf der anderen Seite steht ein ebenso schmuckvoller Waschtisch mit vielen vergoldeten Waschutensilien.

Zu Ludwigs Zeiten war der Raum noch reicher ausgestattet, als er sich heute darstellt. Eine Vielzahl von Vasen, Uhren und anderem Nippes wurde dem Raum entnommen und zur Versteigerung angeboten.

Beratungszimmer (»Salle du Conseil«)

Den Anschluss an das Schlafzimmer bildet das in Hellblau und Gold gehaltene Beratungszimmer, auch als Arbeitszimmer Ludwigs XIV. bezeichnet.

Sinnigerweise brachte man an der Decke das Gemälde »Götterbote Merkur bringt den Menschen Rat und Hilfe« an, eine gute Idee für die Gestaltung des Arbeitszimmers eines Herrschers.

Großer Spiegelsaal (»Galerie des Glaces«)

Neben dem Paradeschlafzimmer war für Ludwig II. die Nachbildung des großen Spiegelsaals einer der Hauptgründe, das Schloss zu bauen.

War das Paradeschlafzimmer der Ort, in dem die wahre Politik des Sonnenkönigs gemacht wurde, stellt der Spiegelsaal den Ort der Feste des Hofes dar.

Abbildung 8.1: Die Spiegelgalerie in Schloss Herrenchiemsee

Mit einer Länge von 98 Metern übertrifft die Spiegelgalerie in Herrenchiemsee ihr Vorbild sogar noch um einige Meter. Den 17 Bogenfenstern entsprechen auf der gegenüberliegenden Seite 17 ebenso große Spiegel. Zur Zeit Ludwigs schmückten diesen Raum

- ✔ 33 Lüster,
- ✔ 52 Kandelaber,
- ✔ 12 Tabourets,
- ✔ 47 Banquettes,

- 8 Orangenbäume,
- 4 Vasen und
- 16 Büsten antiker Kaiser.

Im Gegensatz zu den anderen Räumen in diesem Schloss hat die Spiegelgalerie ein so genanntes Tonnengewölbe, dessen Malereien den Heldentaten Ludwigs XIV. gewidmet sind. Wie auch im Speisezimmer von Linderhof gehen manche Malereien in eine plastische Ausgestaltung durch Stuck über.

Friedenssaal (»Salle de la Paix«)

An der südlichen Ecke der Spiegelgalerie findet sich der quadratische Saal des Friedens. Auch diesen Raum gibt es an dieser Stelle in Versailles. Oberhalb des Kamins ist ein ovales Bildnis König Ludwigs XIV. angebracht. Eine vergoldete Bronze-Reiterstatuette zeigt Ludwig XV.

Als Büsten stehen in diesem Raum:

- Trajan
- Domitian
- Tiberius
- Augustus

Kriegssaal (»Salle de la Guerre«)

Analog zum Friedenssaal liegt an der nördlichen Ecke der Spiegelgalerie der Saal des Krieges. Oberhalb des Kamins findet sich wiederum ein Bildnis Ludwigs XIV. von Frankreich. Die Reiterstatue in diesem Raum stellt dieses Mal ebenfalls Ludwig XIV. dar.

Die Büsten stellen bedeutende Krieger dar, teilweise auch Herrschaften die sich nur dafür hielten, nämlich:

- Nero
- Marc Aurel
- Caracalla
- Septimius Severus

Geht man vom Spiegelsaal wieder am Beratungszimmer vorbei, gelangt man in das so genannte »Kleine Appartement«, die Wohnung Ludwigs II. in diesem Schloss. Ludwig war nur als »Untermieter« in seinem Denkmalschloss für Ludwig XIV. eingezogen. Die ganze Anlage diente, wie man unschwer feststellen kann, der Verherrlichung des Sonnenkönigs.

Aber auch Ludwig wollte in diesem Schloss wohnen und übernachten. So richtete er sich einige Zimmer ein, die sich im Stil doch sehr stark von den Denkmalsräumen unterscheiden. Während die bislang beschriebenen Räume vornehmlich am Stil Ludwigs XIV. ausgerichtet, zeigt sich das Appartement des Bayernkönigs in einer Stilkombination aus der Zeit Ludwig XV. und XVI., wie man sie schon von Linderhof kennt.

Schlafzimmer

Der erste Raum von Ludwigs Wohnung ist das quadratische Schlafzimmer. Hinter einer Balustrade steht das reich verzierte Bett – wie im Paradeschlafzimmer einige Stufen erhöht. Neben dem Bett findet sich ein Betschemel mit einem bronzenen Weihwasserbecken, links der Toilettentisch mit einer Meißener Porzellangarnitur.

Auf einem Tischchen vor dem großen Spiegel findet man eine Büste Ludwigs XV. Auf den Kaminen stehen eine Büste der Königin Marie Antoinette sowie eine Uhr mit einem Bild ihres Ehemannes Ludwig XVI.

Auffallend in diesem Raum ist der reich geschnitzte Kerzenständer, der von einer blauen Glaskugel gekrönt wird. Diese Kugel, die eine Kerze in ihrem Inneren aufnimmt, sollte den ganzen Raum in ein märchenhaftes blaues Licht tauchen. Auch hier mussten die Techniker des Königs viele Monate experimentieren, bis sie den richtigen Blauton getroffen hatten. Mal war es dem König zu weiß, dass wieder sah er überhaupt kein blau. Es war nicht einfach, die Wünsche des Königs zu erfüllen.

Arbeitszimmer

An das Schlafzimmer schließt sich das in Grün und Gold vertäfelte Arbeitszimmer des Königs an. Das Prachtstück dieses Raumes ist der aus Rosenholz gefertigte Schreibtisch. Er ist eine Kopie des Schreibtisches, den Ludwig XV. in Versailles benutzt haben soll.

Wie in vielen Räumen Ludwigs finden sich auch im Arbeitszimmer einige Uhren. Der König hatte die Gewohnheit, seinen Tag minutiös zu planen und ließ deshalb überall schöne Uhren anbringen, damit er wusste, was die Stunde geschlagen hatte. Im Schreibtisch ist bereits eine Uhr eingelassen. Daneben finden sich in dem Raum die so genannte »Elefantenuhr« und zwei astronomische Uhren.

An der Wand hinter dem Schreibtisch ist ein großes Bildnis Ludwigs XV. angebracht, der Ludwig II. quasi über die Schulter sah, wenn dieser an seinem Schreibtisch saß.

Blauer Salon oder Jagdzimmer

Vom Arbeitszimmer gelangt man durch eine Tür hinter dem Schreibtisch in den blauen Salon, das sogenannte erste Spiegelkabinett. Ähnlich wie im Linderhofer Spiegelkabinett finden sich in diesem Raum reiche Schnitzereien an den Wänden, neben denen Spiegel eingelassen sind, die eine unendliche Tiefe vortäuschen.

Interessant ist auch der große Lüster, der in Gips ausgeführt wurde. Eigentlich sollte der Lüster aus Elfenbein geschnitzt werden. Beim Tod des Königs war jedoch nur das Gipsmodell fertig, weshalb man auf das Elfenbein – vermutlich zur Freude einiger Elefanten – verzichtete.

Speisezimmer

Nach einem Besuch des Schlosses in Linderhof dürfte einem auch das Speisezimmer in Herrenchiemsee vertraut vorkommen. Der Raum ist ebenfalls oval, die Grundfarben sind Rot, Gold und Weiß und der Raum verfügt auch über ein so genanntes »Tischlein-deck-dich«.

Die Szenen auf den Bildern stellen unter anderem »Jagd«, »Fischerei« und »Gartenbau« dar, also alle Szenen, die im engeren Sinne mit dem Essen zu tun haben. Natürlich sind auch wieder einige Gemälde dem Leben von Ludwig XIV. und XV. gewidmet.

Der Raum wird unter anderem von einem Lüster aus Meißener Porzellan mit 108 Kerzen erhellt. Auf Wunsch des Königs mussten alle Modelle dieses Leuchters vernichtet werden, um eine Nachbildung zu verhindern.

Porzellankabinett

Unmittelbar neben dem Speisezimmer findet sich das ebenfalls ovale Porzellankabinett. Die Felder an den Flügeltüren zeigen auf Porzellan gemalte Szenen aus dem französischen Hofleben.

Die Besonderheit hier ist jedoch, dass an einer der Ausgangstüren das einzige Bildnis des Bauherrn von Herrenchiemsee angebracht ist. In einem kleinen Medaillon befindet sich das Bild des Königs. Die Tür wurde erst nach dem Tod des Königs fertig gestellt.

Ludwig wollte Herrenchiemsee als Denkmal für einen anderen Ludwig errichten. So gab er die Anweisung, dass nichts Bayerisches, wie zum Beispiel das Staatswappen oder der bayerische Löwe, in diesem Schloss angebracht werden dürften. Er reagierte sehr verärgert, als ein Maler einem Bild des Sonnenkönigs die Züge Ludwigs II. verpasste. Der Maler bekam den Auftrag, dies zu ändern. Auch ein mühsam eingesticktes bayerisches Wappen musste wieder entfernt werden. Als Ludwig tot war, konnte man zumindest ein kleines Abbild des Bauherrn in der Anlage unterbringen, wenn auch nur sehr dezent und wirklich ganz klein.

Das Treppenhaus blieb unvollendet. Und das war auch gut so: In seinem viel beachteten Spielfilm »Ludwig« konnte der Regisseur Helmut Käutner einen tollen Kameraschnitt einbauen, indem er Ludwig durch das unvollendete Treppenhaus, bestückt mit Gerüsten und Arbeitsutensilien, in das dann vollendete Treppenhaus gehen ließ. Ein toller Szenenwechsel!

Der Hingucker in diesem nördlichen Treppenhaus ist die Statue des Königs im Ornat des Georgi-Ritterordens, die von der Bildhauerin Elisabeth Ney 1870 angefertigt wurde und die nach dem Tod des Königs im nüchternen Treppenhaus aufgestellt wurde.

Ankleidezimmer oder »Zweites Spiegelkabinett«

Von diesem Raum aus gelangt man durch eine Treppe in das Schlafzimmer des Königs im ersten Obergeschoss. Zwischen den reichen Schnitzereien (Palmenstämme, Laubwerk, Vögel) sind viele Spiegel angebracht, die dem eher kleinen Raum eine große Tiefe verleihen.

Auch in diesem Raum ist einer der Lüster wieder nur in Gips ausgeführt, während die Umsetzung des Entwurfes in Elfenbein unterblieb.

Die Bilder sind der Göttin Venus gewidmet.

Der König in Herrenchiemsee

Für Ludwig lag Herrenchiemsee viel zu weit weg von seinem geliebten »König-Ludwig-Land« zwischen Lech und Isar. Auch die Anreise war sehr anstrengend.

Die Anfahrt erfolgte zumeist mit der Bahn. Von München kommend hielt der Königszug an einer kleinen Station zwischen den Bahnhöfen Endorf und Prien. Dort wurde der so genannte »Königspavillon«, ein kleines Häuschen als königlich bayerischer Bahnhof gebaut, der allerdings schon 1887 wieder abgebrochen wurde. Von dort aus gelangte man auf einer eigens angelegten Straße zum Ufer des Sees, von wo aus sich Ludwig mit einer Gondel zur Insel bringen ließ. Das war natürlich kein angemessener Transport. So ließ Ludwig ein Prunkschiff im Stile seiner goldenen Kutschen und Schlitten entwerfen, mit dem er zur Insel gelangen wollte.

Abbildung 8.2: Entwurf einer Prunkbarke für den Chiemsee, Ludwig II.-Museum, Herrenchiemsee (Wittelsbacher Ausgleichsfonds)

Technikbegeistert, wie Ludwig war, plante er auch eine Seilbahn über den See zur Insel. Das war natürlich für manche Herren in München schon wieder ein Grund, am Geisteszustand des Königs zu zweifeln.

Während seiner Aufenthalte wohnte Ludwig zumeist im »alten Schloss«, von wo aus er mittels eines Fernrohrs den Baufortschritt beobachten konnte. In seiner Wohnung im Schloss hat der König nur einmal gewohnt und zwar vom 9. bis zum 16. September 1885.

Abbildung 8.3: Die Dreiflügelanlage von Herrenchiemsee aus der Luft gesehen. Im Hintergrund ist das alte Schloss zu sehen.

Kurz darauf wurden die Bauarbeiten am Schloss wegen Geldmangels eingestellt.

Die beiden Seitenflügel, von denen der nördliche schon im Rohbau fertig war und 1907 wieder abgebrochen wurde, um eine gewisse Symmetrie herzustellen, fehlen ebenso wie die rückwärtig gelegene Kapelle und die Marställe (die aber auf der kleinen Insel sowieso keinen Sinn gemacht hätten).

Ist Herrenchiemsee unvollendet geblieben?

Diese Frage ist in Fachkreisen lange diskutiert worden. Und wie das häufig so ist, kann man »ja« und »nein« sagen.

Es ist richtig, dass ursprünglich eine Fünfflügelanlage auf der Insel geplant war. Für eine Reihe von Räumen, wie den so genannten »Überfluss-Saal«, den »Diana-Saal«, den »Venus-Saal« und einen »Merkur- und Apollo-Saal« wurden Entwürfe angefertigt. Der nördliche und später wohl auch der südliche Seitenflügel standen für Ludwig als »leere Leinwand« zur Verfügung, wo er bestimmte Raumarchitekturen hätte ausführen lassen können.

Die zentralen Räume des Schlosses, das Paradeschlafzimmer und die Spiegelgalerie mit ihren angrenzenden Räumen, wurden realisiert. Dies waren die zentralen Räume, die er unbedingt nachbilden und übertreffen wollte, weil es sich dabei um wichtige Raumarchitekturen in Versailles gehandelt hatte, in denen Politik gemacht wurde. Nur die Schlosskapelle, auch ein Ort großer Veranstaltungen in Versailles, hatte eine ähnliche Bedeutung. Deshalb kann man davon ausgehen, dass Ludwig II. den Bau dieser Schlosskirche noch hätte realisieren wollen, aber die Vielzahl der anderen Räumlichkeiten nicht unbedingt mit Inhalt zu füllen gedachte, da er sich in seinen späteren Jahren schon wieder neuen Projekten zugewandt hatte.

Mit Schlitten und Kutschen unterwegs

Das Leben des Sonnenkönigs versuchte Ludwig nicht nur in seinen Bauten zu imitieren. Auch seine Kutschen und Schlitten, mit denen er das Land bereiste, wurden nach Vorbildern aus der Zeit der französischen Bourbonenkönige gestaltet. Diese Fahrzeuge bilden noch heute die Prunkstücke des Münchner Marstallmuseums in Schloss Nymphenburg.

Wie in seinen Bauten und auch in seinem Hofzug täuschen jedoch die historischen Formen. Auch in seine Kutschen und Schlitten ließ Ludwig modernste Technik einbauen. So wurde das Glühlicht an seinem kleinen Schlitten von einer Batterie gespeist, die unter dem Sitz des Königs angebracht war.

In ständiger Unrast reiste der König zu seinen Schlössern und Berghütten. Die Bauern der Umgebung mussten Bahnen für Ludwigs Schlitten frei räumen.

Für die Holzarbeiter und Bergbauern bot sich jedes Mal eine unglaubliche Szene, wenn der König mit hell erleuchteter Kutsche oder Schlitten, begleitet von einigen Reitern, auftauchte und wie ein Spuk kurz darauf wieder verschwand, während man nur noch ein leises Klingeln des Glöckchens der Kutsche oder der Schellen der Pferde vernahm.

Bei einer diese »Spukfahrten« kam der Wagen des Königs einmal von der Straße ab. Die Bauern aus der Umgebung wurden gerufen, um den Wagen wieder flott zu bekommen. Der König versäumte nicht, sich bei den freiwilligen Helfern mit wertvollen Geschenken zu bedanken.

Einmal im Jahr erlaubte sich Ludwig eine besondere Fahrt mit seiner Kutsche über die Großhesseloher Brücke. Auf dieser Brücke im Süden Münchens, lange Zeit ein beliebter Abschiedsort für liebeskranke Selbstmörder, ließ er Holzbohlen über die Schienen legen. Dann brauste er mit seiner Kutsche über die 250 Meter lange Brücke in 32 Metern Höhe. Im Süden konnte er die Berggipfel sehen, im Norden die Türme der Stadt, während unter ihm die Isar rauschte, er hatte schon eine romantische Ader.

Ludwig war nicht der Despot und Menschenfeind, als der er oft dargestellt wurde. Bei vielen dieser Ausfahrten machte er Halt bei Bauern, Jägern oder Waldarbeitern und unterhielt sich mit ihnen über Ernteaussichten und andere Themen. Viele Bauern und Jäger kannte er sogar bei Namen. Hin und wieder machte er Halt bei einer Hochzeit oder Kindstaufe. Dann blieb es auch nicht aus, dass so mancher vom König eine Uhr, eine Goldmünze oder Ähnliches zum Geschenk erhielt. Den Menschen auf dem Land war Ludwig viel näher als in der Stadt seinen Regierungsräten und Ministern. Die Herrschaften aus München verachtete er, weil sie ihn (und sich) Regeln unterworfen hatten, die jede Kreativität, jedes Anders-Sein im Keim erstickten.

Der endgültige Rückzug (1880 – 1882)

9

In diesem Kapitel

- Ein neuer Freund: Kainz
- Auf Wilhelm Tells Spuren: Die Schweizreise
- Ludwig wird zu »Herrn Huber«
- Die Diener seiner Majestät
- 700 Jahre Haus Wittelsbach

Der König war immer auf der Suche nach Freunden, aber wie findet man als König Freunde? Sehr interessant dabei ist Ludwigs Bekanntschaft mit dem Schauspieler Josef Kainz. Sie zeigt sehr schön die Stärken, Schwächen und Bedürfnisse Ludwigs, auch wenn sie nur Episode blieb.

Ein neuer Freund: Kainz

Mit Joseph Kainz entdeckte Ludwig bei einer Separatvorstellung am 30. April 1881 einen Schauspieler, der ihn mit seinem Schauspiel, wie er seinem Tagebuch anvertraute, tief beeindruckte. Kainz spielte in Victor Hugos »Marion de Lorme« den »Didier«, der den lüsternen »Saverny« im Duell besiegen muss.

Als Romeo und Mortimer brillierte Kainz am Münchner Hoftheater auch vor großem Publikum.

Dem König gefiel der junge und temperamentvolle Schauspieler, der über ein melodisches Organ verfügte. Kainz erhielt von ihm wertvolle Geschenke, zum Beispiel Uhren und goldene Ketten mit Schwänen verziert, Lohengrin ick hör'dir trapsen. Ein schwärmerischer Briefverkehr entwickelte sich.

Als höchste Auszeichnung galt aber, vom König nach Linderhof eingeladen zu werden. Darüber durfte Kainz allerdings, auf Geheiß des Königs, mit niemand sprechen. Damit hatte Kainz aber ein Problem. Er könne doch nicht einfach von seiner Arbeitsstelle unentschuldigt wegbleiben, vertraute er dem Sekretär des Königs an, der die Einladung überbracht hatte. Dieser Einwurf schien vernünftig, so wurde zumindest der Hofintendant eingeweiht, der den »Urlaub« gewährte.

Damit aber noch nicht genug. Als sich Kainz auf den Weg machte, traf er an einem Umsteigebahnhof einen Bekannten. Diesem konnte er natürlich auf keinen Fall sagen, dass er gerade unterwegs zum König nach Linderhof war. Also machte Kainz kehrt und fuhr mit dem Bekannten zusammen wieder nach München zurück. Dort angekommen startete er seine Reise erneut.

Der König war aber zunächst von seinem Gast sehr enttäuscht. Einem Diener gegenüber äußerte er, dass Kainz zwar ein netter, höflicher junger Mann sei, der sich von Linderhof auch sehr angetan gezeigt habe, der aber wie ein ganz normaler Mensch spreche. Das war Ludwig, wie wir ihn auch von seiner Wagner-Verehrung her kennen: Er verwechselte das Leben auf der Bühne mit dem »richtigen« Leben. Er hatte nicht Herrn Joseph Kainz eingeladen, sondern »Didier«, »Romeo«, »Mortimer«. Ludwig faszinierte die kräftige Stimme des Künstlers, weshalb er sich immer möglichst weit von ihm entfernt hinstellte, als er sich mit ihm unterhielt. In der Grotte wurde der Wasserfall auf volle Leistungsstufe eingestellt und Kainz musste schreiend aus seinen Rollen rezitieren.

In einer ruhigen Stunde nahm ihn deshalb ein Diener beiseite und erklärte ihm den Sachverhalt. Also begann Kainz zu deklamieren. Er spielte nun nur noch den Joseph Kainz der Bühnenrollen.

Zwölf Tage blieb Kainz in Linderhof. Natürlich verliefen auch diese Tage nicht ohne kleinere oder größere Verstimmungen. Als Ludwig über die Schwere seines Amtes klagte, antwortete der Schauspieler lakonisch in einer etwas naiven Art, die ihm zu eigen war, dass er als König doch auch zurücktreten könne.

Auch äußerte Kainz Kritik daran, wie der König seine Diener behandelte. Ludwig erwiderte, dass ihn das gar nichts anginge. König und Schauspieler waren aber schnell wieder versöhnt und schwelgten in Plänen für eine Spanien- und eine Schweizreise, bei der sie die Stätten der Theaterstücke zu besuchen gedachten. Ludwig war der festen Überzeugung, dass man eine Rolle nur dann gut spielen kann, wenn man den Ort der Handlung im Original kennt. Auch er, obwohl wenig reisefreudig, hatte für seine Schlossbauten die Wartburg, Pierrefonds und Versailles im Original angeschaut, um sich inspirieren zu lassen.

Am 11. Juni 1881 fuhr Kainz wieder zurück nach München. In einem Brief an den König bedankte er sich für die »schönsten Tage seines Lebens«.

Der Plan, nach Spanien zu reisen wurde aufgegeben, nicht jedoch die Schweizreise.

Auf Wilhelm Tells Spuren in der Schweiz

Mitte Juni 1881 wurden die Reisepläne immer konkreter. Natürlich machten einige Hofbeamte den üblichen Wirbel und brachten eine Vielzahl von Argumenten vor, die gegen die Reise sprachen. Aber Ludwig war, wie häufig bei seinen privaten Vorhaben, hartnäckig und wischte alle Bedenken beiseite.

Der König ließ sich einen Pass auf den Namen »Marquis de Saverny« ausstellen, Kainz erhielt einen Pass, der auf den Namen »Didier« lautete. Wieder also wählte Ludwig ein Inkognito, um einigermaßen unerkannt zu reisen.

Am 27. Juni begann die Reise. König und Schauspieler wurden begleitet von sechs Hofbeamten, drei Kammerdienern und zwei Köchen.

Ludwig hatte allerdings nicht bedacht, dass im Juni und Juli die Schweiz, auch damals schon, von vielen Touristen besucht wird. Die Schweiz wimmelte vor Menschen, sodass der kleine Tross ständig auf der Flucht war. Natürlich hatte sich sehr schnell herumgesprochen, wer hier unterwegs war. So glichen die ersten Tage der Schweizreise einer ständigen Flucht vor offiziellen Empfängen und Ovationen. Aus dem Hotel »Axenstein« zog man schnell wieder aus und quartierte sich in der Villa »Guttenberg« ein, die der Buchhändler Benziger der kleinen Gruppe kostenlos überließ, nachdem er erfahren hatte, um wen es sich bei »Marquis de Saverny« wirklich handelte. Kainz schrieb in einem Brief an seine Mutter: »Vorgestern haben wir die Villa bezogen. Gott sei Dank! Hier gefällt es ihm endlich.«

Von der Villa Guttenberg aus unternahmen die Reisenden Ausflüge in die Umgebung. Täglich ging es zum »Rütli«. Wie ein Wissenschaftler verglich Ludwig immer wieder die Beschreibungen des Dichters mit den Originalschauplätzen des »Wilhelm Tell«. Er stellte dabei erstaunt fest, dass etliches nicht übereinstimmte und meinte bedauernd: »Man sieht, dass Schiller nicht in der Schweiz gewesen ist.«

An den Schauplätzen der Handlung, die zumeist, dem Lebensstil Ludwigs entsprechend, in der Nacht besucht wurden, musste Kainz aus Wilhelm Tell deklamieren oder einfach nur, um seine schöne Stimme zur Geltung zu bringen, etwas aus der Zeitung vorlesen.

»Lasst uns sein ein einig Volk von Brüdern…«, die Schwurszene deklamierte er auf dem Schwurplatz.

Nicht genug des Deklamierens: Auch das schweizerische Nationalinstrument, das Alphorn, ließ Ludwig mehrere Male auf dem Rütli in tiefer Nacht erschallen zur großen Verwunderung der bereits schlafenden Touristen und Einheimischen.

König Kainz

Natürlich stand auch ein Besuch in der Tell-Kapelle auf dem Reiseplan. Ludwig wollte die Kapelle, die gerade von Ernst Stückelberg ausgemalt wurde, besichtigen, ohne durch den Künstler gestört zu werden. Es stellte sich aber heraus, dass nur der Maler über den Schlüssel zur abgesperrten Kapelle verfügte. Folglich wurde er gerufen. Da sich allerdings in kurzer Zeit eine Menschenansammlung bildete, floh Ludwig, während Kainz stehen blieb und sich von Stückelberg die Gemälde im Detail erläutern ließ. Im Gespräch titulierte der Maler Kainz mehrere Male als »Majestät«, was immer Lachkrämpfe bei den Begleitern von Kainz auslöste. Später erzählte Kainz Ludwig von der surrealen Situation, dass er als kleiner Schauspieler vom Maler ständig als Majestät angesprochen wurde. Auch Ludwig fand diese Episode sehr erheiternd.

Jahre später entzündete sich noch ein Streit darüber, ob der Maler wirklich so blind gewesen war und den Schauspieler für den leibhaftigen König von Bayern gehalten hatte. Stückelberg ließ verlauten, dass er sehr wohl erkannt habe, dass es sich bei Kainz, mit »seinen unschönen, verschminkten Schauspielerzügen« niemals um den König von Bayern gehandelt haben konnte, er aber die Posse mitmachen wollte.

Kainz am Ende seiner Kräfte

Die Reise war anstrengend für den König, für seine Begleitung, vor allem aber für Kainz. Er war es nicht gewohnt, den Tag über zu ruhen und nachts aktiv zu werden. Auch den vielen Bergwanderungen war er nicht gewachsen.

Um Kainz so richtig in »Tell-Stimmung« zu bringen, trug ihm Ludwig auf, das Haus von Walter-Fürst bei Attinghausen zu besichtigen, dann den Aufstieg zum Surenpass zu beginnen, die Passhöhe zu überschreiten und in der Pension Sonnenblick in Engelberg zu übernachten. Am nächsten Tag sollte der Marsch über den Jochenpass nach Melchthal fortgesetzt werden, wo der König mit Kainz wieder zusammentreffen wollte.

Doch schon die erste Etappe war etwas zu groß für Kainz und seine Begleiter. Nachdem es am Anfang noch recht gut voranging, wurden die Herren schwächer und schwächer. Mit einem opulenten Mahl und einer ausgedehnten Ruhepause, bei der wohl 12 Flaschen Wein und sechs Flaschen Sekt geleert wurden, »um Ballast abzuwerfen«, stärkte man sich. Gegen Mitternacht erreichte man das Quartier in Engelberg. Am folgenden Tag sollte die Reise um 5 Uhr früh weitergehen. Aber man war zu müde und hatte wunde Füße. Die Tour über den Jochpass konnte man unmöglich ausführen, versicherten sie ihrem Begleiter, dem ortskundigen Förster Aschwanden. Gegen 11 Uhr machte man sich mit einem Fuhrwerk und danach mit einem Schiff auf den Weg, um nach Bouchs zu fahren.

Ludwig wartete in der Zwischenzeit in Melchthal auf die Wandergruppe um Kainz. Seine Zeit verbrachte er damit, Kindern, die ihn beobachteten, Zwanzigmarkstücke zu schenken, worauf sein Bild verewigt war.

Als Kainz & Co. nicht eintrafen, fuhr er nach Bouchs zurück, wo er die Fußkranken antraf. Zuerst war Ludwig verstimmt, dass das vereinbarte Treffen nicht zustande gekommen war. Aber das große Gejammer von Kainz stimmte ihn wieder etwas milder.

Trotzdem erwartete er von Kainz anschließend eine schwärmerische Deklamation der Schwurszene auf dem Rütli.

Obwohl Kainz vollkommen fertig war, bestieg man das Schiff, begleitet von 14 Alphornbläsern, um zum Rütli zu fahren. Die Alphornbläser wurden an der nächstmöglichen Stelle wieder an Land geschickt, da das Gedröhne auf dem engen Schiff nicht zu ertragen war.

Als endlich wieder Ruhe eingekehrt war, schlummerte Kainz neben dem König ein. Statt aus dem Tell zu deklamieren, schnarchte er dem König etwas vor. Als er erschrocken aufwachte, sagte der König: »Sie haben aber geschnarcht!« Kainz war erleichtert, dass der König ihm seine Schnarcherei nicht übel genommen hatte. Auf die Rütliszene verzichtete Ludwig.

Einige Tage später kam es aber zu einer schweren Verstimmung zwischen den beiden Reisenden. Ludwig hatte bei der Fahrt nach Stansstad den Wunsch ausgesprochen, am Abend auf dem Rütli die Melchthal-Szene vom Künstler vorgetragen zu bekommen.

Nachts bestiegen sie den Rütli. Der König blickte erwartungsvoll auf den Schauspieler und wartete auf die Deklamation. Doch Kainz weigerte sich, die Melchthal-Szene vorzusprechen. Der König bat erneut darum und erinnerte an die Zusage des Künstlers vom Vormittag. Doch Kainz wollte nicht. Der König bat, forderte, befahl schließlich. Doch Kainz weigerte sich erneut. Ludwig drehte sich um und ging davon, bestieg sein Boot und fuhr ab, ohne Kainz mitzunehmen. Gegen 4 Uhr in der Frühe ließ sich Kainz mit einem kleinen Boot übersetzen.

Am folgenden Tag verließ Ludwig die Villa. Kainz wurde mitgeteilt, dass der König nicht mehr zurückkommen würde. Kainz hatte die Gunst Ludwigs verloren.

Der Künstler versuchte nun zu retten, was noch zu retten war. Er reiste Ludwig hinterher und in Luzern erreichte er ihn. Er ließ sich bei Ludwig melden und der König ließ mitteilen, dass er sich sehr freuen würde, ihn wieder zu sehen.

Bei ihrer Zusammenkunft versuchte Kainz, Entschuldigungen vorzubringen, aber der König ließ ihn nicht ausreden und beendete das Gestotter des Schauspielers mit einem »Es ist schon gut«. Beim Fotografen Synnberg wurden dann zwei Aufnahmen der Reisenden gemacht, quasi als Erinnerung an die Schweizreise von Künstler und König. Den Gesichtern auf dem Foto sieht man aber an, dass man sich während der Reise auseinander gelebt hatte.

Bis zur Grenze fuhren Ludwig und Kainz gemeinsam, ehe sich ihre Wege trennten. Gottfried von Böhm, ein Biograph des Königs und auch ein Bekannter des Schauspielers, beschreibt die Abschiedszene so: »Beim Abschied umarmte Ludwig den Künstler und sah ihn lange an.«

Wieder daheim schrieben sich König und Künstler noch einige schwärmerische Briefe, Kainz suchte in seinen Briefen nach Entschuldigungen für sein unziemliches Verhalten dem König gegenüber. Immerhin konnte er später seinen Briefwechsel mit dem König sowie einige wertvolle Geschenke Ludwigs zu Geld machen.

Im Lauf der Zeit wurden die Briefe seltener. Ludwig war wieder einmal von einem Menschen enttäuscht worden. Es gelang ihm nicht, einen wahren Freund zu gewinnen.

1883 erhielt Kainz ein gutes Angebot aus Berlin. Zum Abschied bat er noch um eine Audienz beim König, die jedoch höflich abgelehnt wurde.

In Berlin und später in Wien feierte der Schauspieler große Erfolge. 1910 starb Kainz, wie Gottfried von Böhm berichtet, unter großen Qualen in Wien.

Ludwig wird zu »Herrn Huber«

»Graf von Berg«, »Marquis de Saverny«, »Walther von Stolzing«, »König Heinrich von Brabant«, »Parzival«: Auf seinen Reisen oder in seinen Briefen gab sich Ludwig verschiedene Namen. Zum einen geschah dies, um ein gewisses Inkognito zu wahren, zum anderen als Huldigung an Wagner. Im Briefwechsel mit seiner Braut Sophie war er »Heinrich«, während sie »Elsa« war.

Den Namen »Herr Huber« hat Ludwig sich aber nicht ausgesucht. Dieser wurde ihm vom Volk verpasst. Nachdem Majestätsbeleidigung ein schweres Delikt war, man aber von Zeit zu Zeit über den König auch mal schimpfen musste, wurde Ludwig zum »Herrn Huber«. So konnte man am Stammtisch in aller Ruhe über den »Herrn Huber« schimpfen, der große Schlösser baute, Schulden machte und sich vom Volk immer mehr zurückzog.

So konnte die Staatsmacht nicht eingreifen, wenn es bei einem bierseligen Stammtisch zur Sache ging und über einen »Herrn Huber« geschimpft wurde.

Die Diener seiner Majestät

Über viele Jahre war Ludwig nur noch von seinem engsten Dienerstab umgeben. Ganz anders als Ludwig XIV., der eigentlich nur von adeligen Herrschaften umschwirrt wurde, ertrug es Ludwig in späteren Jahren kaum noch, mit Leuten zu verkehren, von denen er annahm, dass sie sich Gedanken über seine eigentümlichen Verhaltensweisen machten. Die Diener hatten nicht zu denken, sie hatten zu dienen, ihm dem Herrn, ihrem König. Sie durften sich in der Nähe des Königs nicht räuspern, niesen, husten oder altbayerisch reden. Wer im Vorzimmer des Königs Dienst hatte und einschlief, musste sich auf Ärger gefasst machen.

Bei seinen Dienern führte Ludwig ein strenges Regiment, wobei er immer wieder zwischen einem Übermaß an Vertraulichkeit und großer Härte schwankte. Beschimpfungen, Ohrfeigen, Fußtritte, manch einem wurde auch schon mal der Inhalt eines gefüllten Waschbeckens über den Kopf geschüttet.

Mindestens ein Lakai hat dem König aber eine Ohrfeige zurückerstattet. Dieser wurde natürlich aus dem Dienst entfernt und durfte nie mehr in der Umgebung des Königs auftauchen.

Nachdem eine ausgesprochen dumme Gans, man kann es leider nicht anders ausdrücken, dem König ein Buch über das chinesische Hofzeremoniell geschenkt hatte, wurden auch Teile daraus von Ludwig eingeführt. Diener hatten sich dem König nur noch auf Knien zu nähern und bäuchlings vor ihm auf dem Boden liegend Bericht zu erstatten.

Ludwig machte sich auch manchmal einen Spaß daraus, einem vor ihm in gebückter Haltung hantierenden Diener einen Tritt zu verpassen und dann schnell aus dem Raum zu stürmen. Lustige Szenen im Schloss dürften da stattgefunden haben.

Das Gesicht des Kammerdieners Mayr gefiel dem König nicht. Deshalb musste dieser, wenn er den König bediente, eine schwarze Maske tragen. Ein anderer Diener, bei dem sich herausgestellt hatte, dass er nicht die hellste Perle im Rosenkranz war, musste ein dickes rotes Siegel auf der Stirn tragen, ein anderer musste sich eine Eselsmütze aufsetzen, weil er nach Ludwigs Empfinden ein solcher war.

Vorreiter Schwegler musste einmal beim Servieren für den König aushelfen. Damit ihm der Fisch nicht von der Platte rutschte, hielt er diesen an der Schwanzflosse mit seinem Daumen fest. Ludwig sah das und bekam einen Wutanfall. Aber schon am nächsten Tag tat ihm seine Entgleisung wieder leid und er schenkte Schwegler einen wertvollen Ring mit den Initialen des Königs.

Im Hofsekretariat gab es Vordrucke, mit denen sich die Diener bei ihrem Herren entschuldigen konnten, wenn etwas vorgefallen war. Diese wurden sehr häufig benötigt.

So schnell Ludwig mit Wutausbrüchen reagierte, so schnell beruhigte er sich auch wieder. Sein unbeherrschtes Verhalten war ihm dann meistens ziemlich peinlich und er verfiel in das andere Extrem und biederte sich bei den Dienern wieder an, indem er ihnen besonders leutselig gegenübertrat oder sie mit wertvollen Geschenken überhäufte.

Leicht dürfte die Arbeit im Dienerstab Ludwigs auf keinen Fall gewesen sein. 1884 und 1885 kursierten sogar Gerüchte, dass es keiner der Diener beim König lange aushalte und der Kriegsminister deshalb Soldaten abkommandieren müsste.

700 Jahre Haus Wittelsbach

Im Jahr 1880 konnte die Familie Wittelsbach ein großes Jubiläum feiern: Vor 700 Jahren wurde Pfalzgraf Otto von Wittelsbach zum Herzog von Bayern erhoben und seitdem herrschten die Wittelsbacher über viele Gebiete in Deutschland.

Große Festlichkeiten und Veranstaltungen standen ins Haus. Jedoch ohne den König. Hofsekretär Bürkel ermunterte den König, aktiv mitzutun. Er erhielt die Antwort:

> *»Ich kann es nicht mehr ertragen, mich von Tausenden Menschen anstarren zu lassen, tausendmal zu lächeln und zu grüßen, Fragen an Menschen zu richten, die mich gar nichts angehen, und Antworten zu hören, die mich nicht interessieren.«*

Kabinettssekretär Ziegler wurde mitgeteilt, dass den König »Servilität nach unten« einfach nur noch anwidere.

Immerhin verfasste Ludwig eine »Proklamation an sein Volk«, es sollte seine letzte sein. Die offiziellen Veranstaltungen mussten aber andere Mitglieder der königlichen Familie besuchen. Der König sah sich außerstande, das zu tun. »Herr Huber« lieferte mal wieder ein Beispiel für seine Menschenscheu.

Auch die Attentate auf Kaiser Wilhelm I., diverse Attentate auf den Fürsten Bismarck und später auch auf Zar Alexander von Russland, Gemahl der von Ludwig sehr verehrten Maria Alexandrowna verstärkten seine Angst vor großen Menschenansammlungen.

Als während eines Gottesdienstes in der Allerheiligenhofkirche in München einmal der Helm eines Polizisten mit großem Getöse auf den Boden fiel, verließ Ludwig fluchtartig die Kirche, weil er eine Bombendetonation befürchtete.

Das Geld wird knapp (1883 - 1885)

10

In diesem Kapitel

- Parzival exklusiv in Bayreuth (und in München)
- »Des Meisters Ausgang« – Richard Wagner stirbt in Venedig
- Geldsorgen
- Wie krank ist König Ludwig?
- Die Mutter darf Neuschwanstein besuchen
- Falkenstein und die Unvollendeten

Meist geht es ja nicht gut, wenn die Staatskasse als unendlicher Ozean angesehen wird; so war es hier auch. Aber man kann immer noch mit Stil oder ohne Stil in den Ruin gehen, man kann sein Geld für schlechte, unnütze oder aber schöne Dinge verpulvern. Also auch im Bankrott gibt es Möglichkeiten über Möglichkeiten.

Parzival exklusiv in Bayreuth (und in München)

Die Festspiele von Bayreuth hatten im Jahr 1882 einen Höhepunkt mit der Premiere der neuen Oper »Parzival«. Wagner hatte erreicht, dass bis zum Jahr 1913 die Oper ausschließlich in Bayreuth aufgeführt werden durfte. Ludwig, Hauptfinanzier des Komponisten, setzte sich aber auch über diese Verfügung hinweg und brachte 1884 den Parzival nach München, wenn auch nur für seine exklusiven Separatvorstellungen.

Die Uraufführung des Parzival war ein großer Erfolg, weshalb auch diese Oper nachfolgend vorgestellt werden soll:

»Des Meisters Ausgang« – Richard Wagner stirbt in Venedig

Während der Festspiele von 1882 starb überraschend und unerwartet Wagners Hund »Molli«. Von Todesahnung erfüllt, begab sich Wagner während der letzten Parzival-Aufführung in den Orchestergraben und dirigierte den letzten Akt eigenhändig.

Nach Abschluss der Kompositionsarbeiten am Parzival hatte Wagner keine konkreten Pläne mehr für die Zukunft. Es existiert kein Stoff mehr, mit dem er sich ernsthaft beschäftigte. Er widmete sich wieder seiner eher kruden schriftstellerischen Tätigkeit und sinnierte dabei über »Das Weibliche im Menschlichen« und andere weltbewegende Themen.

Den Winter wollte die Familie Wagner in Venedig verbringen. Im Palais Vendramin hatte man standesgemäß 18 Zimmer angemietet. Aber auch in Venedig herrschte ungünstiges Wetter: Schwere Wolkenbrüche überschwemmten die Stadt. Wetter und Stimmung waren düster.

Am 13. Februar 1883 starb Richard Wagner, während er noch an seinem Aufsatz zum »Weiblichen im Menschlichen« arbeitete. Es wurde ihm unwohl, er notierte noch schnell »Liebe – Tragik« auf das Blatt Papier vor ihm, legte sich dann aufs Sofa und verschied in den Armen seiner Frau Cosima.

Parzival

Uraufführung 1882

Gurnemanz bereitet sich in einem Waldstück auf einen weiteren Versuch vor, Amfortas, den leidenden Gralskönig, zu heilen. Da erscheint Kundry mit einem neuen Balsam, aber Gurnemanz und seine Gefährten bleiben skeptisch, schließlich arbeitet Kundry für beide Seiten, gut und böse. Außerdem waren schon so viele Versuche Amfortas zu erlösen erfolglos. Amfortas muss leiden, weil er sich als Gralsritter verführen ließ, obwohl er Enthaltsamkeit geschworen hatte, zudem hatte ihn der böse Klingsor mit der heiligen Lanze eine Wunde zugefügt, die sich nicht schließt. Der Legende nach kann Amfortas nur geheilt werden, wenn ein »reiner Tor« seine Wunde mit der heiligen Lanze berührt. Jetzt betritt Parzival die Szene und schon bei seinem ersten Auftritt stellt er sich dermaßen dümmlich an, dass er sich als »reiner Tor« geradezu aufdrängt. Also wird Parzival auf die Burg geführt, der heilige Gral wird ihm gezeigt, aber Parzival versteht gar nicht. Da wird er einfach aus dem Schloss geworfen.

Jetzt setzt Klingsor Kundry auf Parzival an; sie soll den jungen Helden verführen, wie sie einst auch Amfortas um den Finger wickelte. Kundry will zwar eigentlich nicht mehr böse sein, aber Klingsors Zauberkraft ist einfach zu stark.

Kundry schmeißt sich also dem jungen Burschen an den Hals, bekommt aber einen Korb. Im letzten Moment hat sich Parzival an seine Mission erinnert. Jetzt geht Klingsor in die Vollen und greift Parzival mit der heiligen Lanze an, als er sie gegen Parzival schleudert, bleibt sie aber genau über seinem Haupt stehen. Parzival schlägt mit ihr ein Kreuzzeichen und Klingsors Macht ist gebrochen. Zuvor hat die verschmähte Kundry aber noch Parzival verflucht: Er soll ziellos umherirren.

Kundry ist inzwischen von Klingsors Fluch befreit und dient jetzt Gurnemanz, da taucht auf einmal Parzival auf, er ist von seinen Irrfahrten heimgekehrt. Alle sind erfreut, ihn zu sehen und Parzival wird mit der heiligen Lanze zur Gralsburg geführt. Er heilt Amfortas und der heilige Gral strahlt nun heller als je zuvor. Kundry, jetzt endgültig von der Last des Bösen befreit, stirbt dann noch hinweg, bevor der Vorhang endgültig fällt.

Cosima war verzweifelt und lieferte bei der Beisetzung eine bühnenreife Vorstellung, während der sie mehrmals in den Sarg hinein- und wieder heraussprang, sich die Haare abschnitt usw. Sie war so außer sich, dass ihre Angehörigen fürchteten, sie könnte sich etwas antun.

Als Ludwig die Nachricht vom Tode Wagners überbracht wurde, war er entsetzt. »Der Leichnam gehört mir!«, rief er aus und stampfte mit seinem Fuß angeblich so fest auf den Boden, dass eine Bodenfliese zerbrach. Als der Zug mit Wagners Leichnam, den Wagners und dem Sterbesofa in München Halt machte, konnte er sich jedoch nicht überwinden, am Bahnhof dem Meister die letzte Ehre zu erweisen. Flügeladjutant Graf von Lerchenfeld legte einen Palmenkranz nieder. Die Inschrift lautete:

> *»Dem Dichter in Wort und Ton, dem Meister Richard Wagner von König Ludwig II. von Bayern.«*

»Den Künstler, um welchen jetzt die ganze Welt trauert, habe ich zuerst erkannt und der Welt gerettet«, ließ Ludwig seine Umgebung wissen.

Mit dem Tod Wagners hatte auch das Leben Ludwigs – nach seiner Auffassung – seinen eigentlichen Lebenszweck verloren. Seiner Braut Sophie hatte er schon 1867 gesagt, dass, wenn Wagner sterben würde, auch sein Leben seinen Zweck verwirkt habe. Tatsächlich überlebte Ludwig, obwohl viele Jahre jünger, Wagner nur um gerade drei Jahre.

Auch den Begräbnisfeierlichkeiten in Bayreuth blieb Ludwig fern.

Wo sind all' die Gulden hin?

Der König von Bayern pflegte einen aufwändigen Lebensstil. Teure Geschenke an Freunde, Verwandte und Bekannte, an Schauspieler und Sänger, hohe Ausgaben für die Separatvorstellungen und die Summen, die der Schlösserbau verschlang, überstiegen bei Weitem seinen Etat.

Bis 1876 standen Ludwig rund 2 350 580 Gulden pro Jahr zur Verfügung. Ab 1876 wurde im Rahmen der Umstellung auf die Reichsmark das königliche Gehalt auf 4 231 044 Mark aufgebessert. Dazu kamen noch Erträge aus Vermietung und Verpachtung in Höhe von ca. 63 000 Mark. Das bedeutet aber nicht, dass Ludwig circa 4,3 Millionen Mark zur Verfügung hatte. Ein Großteil war fest verplant: Ausgaben für den Hofstaat (der bei Ludwig allerdings recht überschaubar war), Repräsentationskosten (die bei Ludwig auch nicht schrecklich hoch waren) und die Instandhaltung und Reparatur von Schlössern in Bayern und der Pfalz.

Zur freien Verfügung hatte Ludwig in seinen letzten Jahren etwa 800 000 Mark. Die Schlossbauten verschlangen aber wesentlich mehr Geld. Ab 1873 setzten die Zahlungen aus dem »Welfenfonds« ein, die Ludwig jährlich etwa 300 000 Gulden einbrachten.

Schon 1876 (Linderhof und Neuschwanstein waren bereits voll im Bau) wurde es auch für interessierte Kreise offensichtlich: Der König von Bayern befand sich in größeren Geldverlegenheiten. Es kursierten bereits in Wien Wechsel, die der König von Bayern gezeichnet hatte. Dazu kamen noch Schwierigkeiten, neue Kredite zu bekommen, da nur geringes Vertrauen in seine Zahlungsfähigkeit bestand.

Neue Geldquellen sprudeln oder auch nicht

Gerüchte sprachen davon, dass Ludwig von einem französischen Konsortium Kredite aufnehmen wollte. Das gefiel der Zentralregierung in Berlin nun gar nicht. Man recherchierte, wurde aber von den Ministern, namentlich von Fürst Hohenlohe, beruhigt, dass die Planungen des Königs durchaus solide seien und man sich keine Sorgen zu machen brauche. Ein Kredit aus Paris sei nicht nötig.

Ab 1877 erhielt Ludwig weitere 250 000 Gulden aus dem König-Max-Fideikommiss, einem Vermögen, das unter seinem Vater Maximilian angelegt wurde und jetzt aufgelöst werden konnte. Aber auch dieses Geld reichte nicht aus, um den hohen Verpflichtungen nachzukommen.

Zum Jahreswechsel 1883/1884 waren die Schulden des Königs auf etwa 8,25 Millionen Mark angewachsen. Im Februar 1884 erhielt Ludwig eine weitere Zahlung von Bismarck über eine Million Mark. Die königliche Hofkasse bemühte sich vergebens beim Bankhaus Bleichröder um Darlehen in Höhe von 3 und 6 Millionen Mark.

Nachdem diese Kreditverhandlungen gescheitert waren, wandte sich Ludwig an das bayerische Finanzministerium. Emil von Riedel, der Finanzminister, schrieb, dass »die Lage der königlichen Kabinettskasse eine sehr ernste sei und dass, wenn die vorhandenen Schulden nicht bald getilgt würden, mit hunderten vernichteten Existenzen zu rechnen sei.«

Bei englischen Bankiers bat Ludwig um einen Kredit von 8 Millionen Mark. Als Sicherheiten bot er unter anderem Schloss Linderhof und die dazugehörigen Ländereien an.

Bismarck beobachtete die Bestrebungen des bayerischen Königs, Geld vom Ausland zu erhalten, mit großem Misstrauen. Er beauftragte seinen Münchner Gesandten, Werthern, ihm die Bestimmungen der bayerischen Verfassung vom Mai 1818 über die »Reichsverwesung«, also die Einsetzung einer Regentschaft, mitzuteilen. Er rechnete also schon 1884 mit der Absetzung Ludwigs als König von Bayern und wollte vorbereitet sein.

Beim Bewährten bleiben – Neue Schulden

Ludwig blieb aktiv, um seine Finanzen in den Griff zu bekommen. Mit dem Münchner Bankhaus Merck, Finck und Co. wurden Verhandlungen aufgenommen.

Am 30. April genehmigte er Rahmenbedingungen für die Verhandlungen wegen eines Anleihevertrags, die ihm ein Darlehen in Höhe von 7 bis 8 Millionen Mark verschaffen sollten. Am 30. Mai konnte endlich der Vertrag über eine Bankanleihe ausgefertigt werden. Von der Bayerischen Hypotheken- und Wechselbank, der Süddeutschen Bodenkreditbank und der Königlichen Bank wurde ein Darlehen von insgesamt 7,5 Millionen Mark bewilligt. In mehreren Raten wurde das Darlehen überwiesen. Die Schulden konnten mit dem Darlehen getilgt werden. Ludwig wäre es zwar lieber gewesen, wenn er das Geld gleich in neue Bauvorhaben hätte stecken können, aber fürs Erste war »die Kuh vom Eis«.

Ludwig hatte gesiegt, vorerst zumindest, und ging mit neuem Schwung an seine laufenden und neuen Bauvorhaben. Er befahl, fünf Zimmer in Herrenchiemsee bis zum Sommer 1884 fertig zu stellen, die Ruine Falkenstein auszubauen, in Neuschwanstein Thronsaal, Ritterbad und maurischen Saal einzubauen etc.

Schon ein Jahr später erschienen in der Presse aber wieder Artikel über die prekäre Finanzsituation des Königs von Bayern. Man kann heute einigermaßen sicher davon ausgehen, dass diese Berichte, die in Zeitungen außerhalb Bayerns erschienen, von München aus lanciert wurden, um die Bevölkerung auf einen »Staatsstreich« vorzubereiten, indem man die Geschäftsfähigkeit des bayerischen Königs öffentlich anzuzweifeln begann. Die bayerischen Zeitungen zitierten natürlich aus den Artikeln, die in den anderen Zeitungen des Reiches erschienen. So konnte man die Gefahr der Majestätsbeleidigung umgehen.

Hofsekretär Gresser, der Vorstand der königlichen Kabinettskasse, der bei der Einfädelung des Kredites noch eine bedeutende Rolle gespielt hatte, und dabei auch gut mitverdiente, hatte seinen Job mittlerweile aufgegeben. Sein kommissarisch berufener Nachfolger, Ludwig von Klug, meldete sich bereits nach wenigen Tagen der Buchprüfung krank und legte sich zu Hause ins Bett, wo er sich wahrscheinlich die Decke weit über den Kopf zog.

Mittlerweile fürchtete man sich, von Handwerkern verklagt zu werden, weil man mit den Zahlungen in Rückstand geraten war. Das wäre für die Presse natürlich ein gefundenes Fressen gewesen: Der König von Bayern auf dem Weg in den Schuldturm oder der Gerichtsvollzieher, der seinen »Kuckuck« an Kunstgegenstände in Neuschwanstein oder Linderhof klebt.

In München diskutierten das Kabinett, die königliche Familie, Parteien und die Presse die Finanzprobleme des Königs in aller Ausführlichkeit. Ludwig bekam von alledem wenig mit.

Immerhin sagte er im Herbst 1885 einige Separatvorstellungen ab und versprach, künftig etwas weniger Geld auszugeben.

Geldprobleme auch bei Königen und Kaisern haben eine gewisse Tradition. Einige Kaiser des Heiligen Römischen Reichs Deutscher Nation mussten sogar in Schimpf und Schande, von den Bürgern verflucht Reichsstädte verlassen ohne Ihre Rechnungen bezahlen zu können.

Langsam wird die Lage dramatisch, aber einer bleibt gelassen

Aber schon im Januar rechneten Ministerpräsiden Lutz und der Leiter der Kabinettskasse, von Klug, zusammen, dass der König Schulden in Höhe von 20 Millionen Mark habe. Das war allerdings eine abenteuerliche Kalkulation, weil man die Kosten für künftige Bauprojekte bereits mit eingerechnet hatte. Die Regierung erwog, die ganze Angelegenheit vor den Landtag zu bringen und eine Bewilligung der gewünschten Summe aus Landesmitteln zu beantragen. Die Minister und viele hohe Beamte fürchteten, dass der Landtag für sein Entgegenkommen dem König gegenüber die Köpfe der Minister fordern und ein Kabinett verlangen würde, das den Machtverhältnissen in der Kammer entsprach. Das wollten die Minister, die sich auf ihren Sesseln sehr wohl fühlten, aber nicht. Man verwarf die Idee. Lieber ließ man den König über die Klinge springen. Ludwig war aber leider nicht so weit, die Minister in die Wüste zu schicken und ein Kabinett, wie es der Landtag forderte, einzusetzen.

Ludwigs Mutter Marie richtete einen Brief an ihren königlichen Sohn mit der Bitte, auf die Vorschläge des Ministerpräsidenten einzugehen und einen sofortigen Baustopp zu verhängen. Zudem bot sie noch ihren Schmuck und andere Wertgegenstände an, die man zu Geld machen könne. Ludwig bedankte sich in sehr freundlichen und warmen Worten bei seiner Mutter und schrieb ihr, dass die Sache gar nicht so schlimm sei, wie sie in der Öffentlichkeit dargestellt werde.

Bismarck in Preußen reagierte auf die Schulden des bayerischen Königs lange Zeit recht gelassen. Er erklärte, dass es schon häufiger gekrönte Häupter gegeben habe, die Schulden machten, auf denen dann das Land sitzen geblieben sei. Umgebracht habe das noch keinen. Ludwig wandte sich auch an Bismarck. Dieser riet ihm, dem Ministerium den Befehl zu erteilen, die Bewilligung der notwendigen Summen beim Landtag nach einer offenen Darlegung der Verhältnisse zu beantragen. Ludwig wies seine Minister an, dem Vorschlag Bismarcks zu folgen. Das wollten diese aber aus den oben geschilderten Gründen nicht. Sie blieben tatenlos.

Ludwig verweifelt

Nun rächte sich auch, dass Ludwig sich von seinen Ministern in den zurückliegenden Jahren weitgehend isolieren lassen hatte. Dass er sich persönlich mit den wichtigen Größen des Landtags, unter Umgehung der Minister, in Verbindung setzen könnte, auf diese Idee kam er gar nicht mehr. Der kluge Vorschlag Bismarcks verlief im Sande. Stattdessen logen die Minister Ludwig an, indem sie ihm mitteilten, dass der Landtag die Sache als aussichtslos beurteile.

Ludwig verzweifelte. Er beauftragte seinen Friseur Hoppe, Gelder zu beschaffen, egal woher, egal wie. Auch die handstreichartige Absetzung der unfähigen Minister erwog er. Aber er konnte sich nicht durchringen, beherzt zu handeln.

»Mein Lebensglück hängt davon ab«, sagte Ludwig über seine Bauvorhaben. Er war nicht bereit, die Bauten zu stoppen oder auf neue Projekte zu verzichten. Dass alle seine Bauten nur für ihn privat eine Bedeutung hatten, verschärfte die Lage noch zusätzlich. Sein Großvater hatte auch viel gebaut. Aber die Mehrzahl dieser Bauten, wie die Pinakotheken, die Glypthotek, die Befreiungshalle, die Walhalla, waren für die Öffentlichkeit bestimmt, für das bayerische Volk. Diese Bauten mussten nicht gerechtfertigt oder erklärt werden. Jeder Bürger konnte sich selbst ein Bild davon machen, was hier, auch mit seinen Geldern, entstanden war. Das ist der Unterschied, der Ludwig II. zum Verhängnis werden sollte.

Man begann, sich Gedanken über die geistige Gesundheit des Königs von Bayern zu machen.

Wie krank ist König Ludwig?

Ludwig hatte von seiner jugendlichen Schönheit viel eingebüßt. Der übermäßige Konsum von Süßigkeiten hatte ihn die Zähne gekostet. Bald hatte er fast keine Zähne mehr im Mund, mit denen er gut zubeißen konnte. Vor Zahnärzten fürchtete er sich so sehr, dass er lieber die Schmerzen auf sich nahm, als sich ordentlich behandeln zu lassen. Auf ein künstliches Gebiss verzichtete er. Seine wackeligen Zähne wurden mit feinen Darmseiten am Kiefer befestigt, so gut es ging. Viele Speisen mussten für ihn sehr weich gekocht werden. Da er nicht mehr ordentlich kauen konnte, waren Probleme mit der Verdauung die Folge.

Ludwig wollte auch nicht auf opulente Menüs verzichten. Sieben bis acht Gänge waren die Regel. Und der Konsum größerer Mengen Alkohol kam hinzu. Zum Reiten oder Schwimmen konnte er sich nicht mehr aufraffen.

So kam es, dass der schlanke und hoch gewachsene Jüngling recht bald sehr dick wurde – mit allen Problemen, die damit einhergingen.

Da er die Nacht zum Tage machte und den Tag über schlief, bekam er auch wenig Sonne ab, seine Gesichtsfarbe wurde blass, er sah ungesund und aufgedunsen aus.

Auch Ludwig war es natürlich nicht verborgen geblieben, was aus ihm, dem schönen jungen Mann, geworden war. Diese Erkenntnis trug noch mehr dazu bei, dass er sich zurückzog. Bei den Banketts, die er zu geben hatte, mochte er sich nicht mehr zuschauen lassen, weshalb vor ihm große Blumenarrangements aufgestellt werden mussten. Oft hielt er sich bei Gesprächen ein Taschentuch vor den Mund, damit die Menschen nicht auf seine schwarz gewordenen Zähne schauen konnten. Auch die Deutlichkeit der Sprache litt unter dem fehlenden Gebiss.

Häufig klagte Ludwig über Kopfschmerzen und nahm dagegen starke Schmerzmittel und auch Schlafmittel ein.

War Ludwig verrückt?

Wir nähern uns einer zentralen Frage im Zusammenhang mit dem Märchenkönig. Noch heute streiten sich Wissenschaftler über diese Frage. Und es ist heute nicht leichter als damals, hier eine abschließende Antwort zu finden.

Das Gutachten des Dr. von Gudden entstand, ohne dass der König von einem Arzt untersucht worden war. Der hoch angesehene Psychiater stützte sich auf Aussagen von Dienern und anderem untergeordneten Personal aus der Umgebung des Königs. Manch einer von ihnen dürfte mit seinem Herrn und König noch eine Rechnung offen gehabt haben und manche Ausschmückung hinzugefügt haben.

Aussagen, die den König in einem günstigeren Licht erscheinen ließen, wurden nicht zugelassen. So sagte der bayerische Innenminister Feilitzsch, dass er den Monarchen durchaus für denk- und handlungsfähig halte. Und auch Bismarcks Gesandter in München, von Werthern, teilte seinem Dienstherrn noch im Mai 1886 mit, dass sich die Eigentümlichkeiten des Königs nur auf seine Privatangelegenheiten erstreckten, die Regierungsgeschäfte aber glatt und korrekt erledigt würden. Und schließlich war Ludwig immer noch in der Lage, sein Handeln selbst zu reflektieren. Er wusste, was er tat, auch wenn es falsch war, was er tat.

An Kronprinz Rudolf von Österreich schrieb Ludwig in einem Brief, dass er sich glücklich schätzen könne, eine gute Erziehung genossen zu haben, eine die ihm nicht vergönnt war. Ludwig II. fühlte sich von seinen Eltern immer schlecht behandelt.

Abbildung 10.1: König Ludwig II. als Großmeister des Georgiritterordens, Ludwig II.-Museum, Herrenchiemsee

Daraus entwickelte sich mit der Zeit eine Abneigung gegen seine Eltern, die heute von Psychologen als durchaus legitim angesehen wird, um einen Prozess der Abnabelung einzuleiten. Damals sah man das allerdings wesentlich negativer.

Das war nur Ludwigs Meinung. Auch Kronprinz Rudolf lebte in einem ständigen Konflikt mit seinen Eltern. Sie zwangen ihn zur Heirat und politisch war er seinem Vater zu liberal. Rudolfs leben endete tragisch: 1889 erschoss er sich auf Schloss Mayerling. Mit ihm starb die 17 jährige Marie Vetsera. Was in dieser Nacht genau geschah ist bis heute allerdings unbekannt.

Ludwig war exzentrisch und für die damalige Zeit nahm er sich Freiheiten heraus, die man sehr schnell als »verrückt« bezeichnen kann. In späteren Jahren, als er schon lange sehr zurückgezogen lebte, wuchs seine Angst vor Attentaten und damit einhergehend generell vor großen Menschenansammlungen.

Ludwig war ein Narziss. Er entwickelte sich zu keinem gereiften Menschen, sondern behielt immer einen kindlichen, gestörten Narzissmus. Während die gereifte Persönlichkeit in ihrer Beziehung zu Mitmenschen auch Enttäuschung und Zurückweisung verkraften und trotzdem weiter eine Liebesbeziehung unterhalten kann, wich Ludwig bei Enttäuschungen beleidigt zurück. Ludwig konnte sich nur verlieben und wieder trennen. Eine Beziehung aufrechtzuerhalten, obwohl er enttäuscht worden war, das war ihm nicht möglich. Aus diesem Grund gelang es Ludwig nie, einen wirklichen Freund zu gewinnen, der ihm auch einmal unangenehme Wahrheiten hätte sagen können, und ihn damit vielleicht auch auf der richtigen Spur hätte halten können.

Alles in allem kann man sagen, dass Ludwig II. von Bayern nicht verrückt war und schon gar nicht an Paranoia litt, wie das von den Ministern bestellte ärztliche Gutachten dokumentiert. Aber dazu später mehr.

Die Mutter darf Neuschwanstein besuchen

Im Herbst 1885 war die Innenausstattung des Schlosses in Neuschwanstein im dritten und vierten Obergeschoss weitgehend abgeschlossen. Lediglich der Thron fehlte noch, die Entwürfe waren aber bereits abgesegnet, sodass man sich an die Umsetzung machen konnte. Im zweiten Stock und im Erdgeschoss waren noch der maurische Saal und das Ritterbad einzurichten. Insgesamt konnte man Neuschwanstein jedoch schon recht angenehm bewohnen.

Und so entschloss sich Ludwig, seine Mutter an ihrem 60. Geburtstag am 14. Oktober zu überraschen. Er tauchte vollkommen ohne Vorankündigung in Hohenschwangau auf und lud seine Mutter ein, sie durch seine neue Burg zu führen. Ludwig hatte, auch wenn er sonst nicht sonderlich viel mit seiner Mutter anfangen konnte, nicht vergessen, dass sie vor einigen Monaten angeboten hatte, ihren Schmuck zu versetzen, um damit ihrem Sohn bei seinen maladen Finanzen auszuhelfen. Dankbar und gerührt hatte Ludwig das damals abgelehnt, zumal es ohnehin nur ein Tropfen auf den heißen Stein gewesen wäre.

Also führte Ludwig seine Mutter durch die Säle in Neuschwanstein. Das war das letzte Zusammentreffen von Mutter und Sohn vor seinem Tod. Zwar schrieben sie sich noch eine Reihe von Briefen, gesehen aber haben sie sich nicht mehr.

Falkenstein und die Unvollendeten

Ab einem gewissen Zeitpunkt scherte sich Ludwig nicht mehr um seine Finanzen. Er plante einfach drauflos, egal wie klamm er war. Selbst wenn er die Bauten nicht umsetzen konnte, so zog er doch aus der Planungsphase viel Freude und Glücksempfindungen. In seinen letzten Jahren plante er neben den entstehenden Bauten in Neuschwanstein und Herrenchiemsee sowie einiger kleinerer Projekte im Park von Linderhof eine Reihe von Bauten in den unterschiedlichsten Baustilen.

Falkenstein – die Ritterburg

Mit den Finanzen Ludwigs stand es also nicht zum Besten: Warum nicht eine (Raub-) Ritterburg bauen?

Der Bauplatz war etwa 20 Kilometer Luftlinie von Neuschwanstein entfernt, jedoch rund 300 Meter höher gelegen. Am Falkenstein stand – und steht – Deutschlands höchstgelegene Burgruine in 1277 Metern Höhe.

Von dem Theatermaler Christian Jank, der schon für Neuschwanstein eine Reihe von Ansichten gezeichnet hatte, ließ sich Ludwig den Idealentwurf einer Ritterburg anfertigen. Dieser Entwurf mit seinen Türmchen, Zinnen und sonstigem reichen gotischen Schmuckwerk konnte jedoch auf dem schmalen Fels nicht realisiert werden. Er diente lediglich dazu, sich eine erste Vorstellung davon zu verschaffen, wie so eine Ritterburg aussehen könnte, deshalb existiert dafür auch die Bezeichnung »Idealansicht«. So musste der erfahrene Architekt Georg von Dollmann, der bereits mit Neuschwanstein und Herrenchiemsee mehr als genug zu tun hatte, einen Entwurf liefern. Da Dollmann über den Zustand der königlichen Kasse genau Bescheid wusste und von allen Seiten Druck bekam, die Kosten besser in den Griff zu bekommen, zeichnete er eine Burg, die über drei Zimmer im Erdgeschoss und einen Festsaal im Obergeschoss verfügte.

Ludwig war verärgert über diese »Mini-Burg«, die ihm da sein leitender Architekt vorgelegt hatte. Am 1. September 1884 wurde Georg von Dollmann von Julius Hofmann abgelöst.

In der Zwischenzeit hatte Ludwig über einen Strohmann die Burgruine erworben und begonnen, einen Fahrweg sowie eine Wasserleitung zum Falkenstein legen zu lassen.

Als leitender Architekt für das Projekt Falkenstein wurde der Regensburger Architekt Max Schultze bestimmt. Der fühlte sich sehr geschmeichelt, von einem so hohen Bauherrn ausersehen worden zu sein, dieses Projekt zu betreuen. Von den Kalamitäten, in denen sich die Münchner Hofkasse befand, wusste er nur wenig.

Abbildung 10.2: Idealansicht einer Burg auf dem Falkenstein, Gouache von Christian Jank, 1883, Ludwig II.-Museum, Herrenchiemsee

Abbildung 10.3: Entwurf Burg Falkenstein, Julius Hofmann, 1886, Ludwig II.-Museum, Herrenchiemsee

Schultze entwarf ein dreigeschossiges Gebäude mit Dienerräumen und Küche im Erdgeschoss, der Königswohnung im ersten Stock und einem großen Festsaal im zweiten Obergeschoss. Der architektonisch wichtigste Raum der Burg Falkenstein wäre das Schlafzimmer geworden, das im byzantinischen Stil hätte gestaltet werden sollen.

Wie in Neuschwanstein der Sängersaal (und später noch der Thronsaal) und in Herrenchiemsee das Paradeschlafzimmer und der Spiegelsaal war dieser Raum für Ludwig am wichtigsten. Der größte Teil der Planungen befasste sich mit der Gestaltung dieses Raumes, der im Lauf der Entwicklung immer größer und immer sakraler wurde. Die Entwürfe erinnern an den Thronsaal in Neuschwanstein und an die Allerheiligenhofkirche in der Münchner Residenz. Nur hätte an Stelle des Throns oder des Altars im Gewölbe das Bett des Königs gestanden. In der letzten Planungsphase wäre das Schlafzimmer etwa 22 Meter lang und 13 Meter breit geworden, die Kuppel des Raumes hätte eine Höhe von 14 Metern erreicht und die Bettnische wäre immer noch 10 Meter hoch gewesen. Geschmückt werden sollte dieser Raum von einem eigenen Altar, einem Waschtisch in Form eines reich geschmückten Taufbeckens, sowie einem Thronsessel mit Baldachin. Der Fußboden sollte ein Mosaik nach Vorbild des Kaiserpalastes von Byzanz bilden, in dessen Zentrum ein Pfau, umgeben von vier Falken, zu sehen gewesen wäre.

Die anderen Räume hätten im gotischen Stil mit Malereien zur Sage des »Rasenden Roland« (Festsaal), »Szenen aus dem Ritterleben« (Arbeitszimmer) und »Szenen der Jagd« (Speisezimmer) ausgestaltet werden sollen.

Als Ludwig die Kuppel im Schlafzimmer abermals erhöhen wollte, quittierte Architekt Schultze seinen Dienst. Julius Hofmann, der Nachfolger Dollmanns, übernahm nun auch dieses Projekt seines Herrn. Da er wusste, dass kein Geld mehr da war und der Bau höchstwahrscheinlich niemals entstehen würde, ging er ganz unbefangen an den Bauauftrag heran, erhöhte die Kuppel, gewann ein neues Zwischengeschoss, in dem die Dienerräume untergebracht werden konnten. Den gewonnenen Raum im Erdgeschoss nutzte er, um ein Bad für Ludwig einzurichten.

In seiner finanziellen Not erwog Ludwig am Ende sogar, auf den Burgbau zu verzichten und nur das Schlafzimmer, das ihm so wichtig war, zu verwirklichen. Aber auch dazu kam es nicht mehr.

So blieb Falkenstein lediglich ein noch heute von vielen Anhängern Ludwigs und vor allem von der Tourismusbranche heftig betrauerter königlicher Traum.

Byzantinische Burg

Die absolute Macht der byzantinischen Kaiser und Könige hatte es Ludwig angetan. Je machtloser er wurde, desto mehr beschäftigte er sich mit den Epochen, in denen ein König noch ein wahrer König sein konnte. Mit seinen Schlössern schuf er sich Bühnen, auf denen er den absoluten Monarchen spielen konnte.

In Linderhof und Herrenchiemsee gab er sich den Träumen des Barock und Rokoko hin. In Neuschwanstein und Falkenstein pflegte er die Erinnerung an das Mittelalter. Byzantinische Räume entstanden in Neuschwanstein im Thronsaal und er plante, in Falkenstein ein Schlafzimmer in diesem Baustil zu errichten.

Schon 1869 erwog Ludwig, eine byzantinische Schlossanlage im Graswangtal unweit von Linderhof zu errichten. Die Pläne für ein Barockschloss, die später in Herrenchiemsee verwirklicht wurden, und der Ausbau des Königshäuschens als Rokoko-Villa verdrängten aber das byzantinische Projekt zunächst.

Im Jahr 1885 beauftragte Ludwig Julius von Hofmann, eine byzantinische Burg zu entwerfen, die in Linderhof hätte entstehen sollen. Im Gegensatz zum früheren Projekt war die Burg aber keine flach ausladende Anlage, sondern ein kompaktes Gebäude, in dem die getrennten Bauten der früheren Anlage (Thronsaal, Kirche, Palas) in einen Baukörper integriert werden sollten.

Ein großer viereckiger Turm hätte den Eingang gebildet. Diesem Turm gegenüber wäre die der Hagia Sophia nachempfundene Kirche gelegen. In der Mitte der Anlage sollte ein Innenhof mit Springbrunnen entstehen. Gegenüber der Wohnung des Königs mit Vorzimmer, »Saal des Rates«, Schlafzimmer, Bibliothek, »Triclinium« und Speisezimmer, wäre der durch den Innenhof getrennte, aber durch den Säulenrundgang mit Galerien zu erreichende Thronsaal eingebaut worden.

Von diesem Bauprojekt sind außer ein paar Grundrissen und einer farbigen Seitenansicht der Anlage nicht viele Pläne überliefert.

Abbildung 10.4: Entwurf zur byzantinischen Burg, Aquarell von Julius Hofmann, 1885, Ludwig II.-Museum, Herrenchiemsee

Der chinesische Palast

Ludwig war von der Landschaft am Plansee, nicht sehr weit entfernt von Linderhof, sehr angetan. Hier verbrachte er viele Stunden, wenn er im Graswangtal Quartier nahm. Mit dem Besitzer des Sees verhandelte Ludwig lange Zeit über den Ankauf des Sees. Er bot ihm das Dreifache, später sogar das Fünffache des Kaufpreises an, den der Vater des damaligen Besitzers 50 Jahre zuvor bezahlt hatte. Man war jedoch nicht bereit, den See zu verkaufen. Aber man bot dem König von Bayern an, dass er sich gerne einen Bauplatz aussuchen könne, auf dem er ein kleines Häuschen bauen möge, wenn es ihm denn hier so gut gefiele.

Seit langer Zeit beschäftigte sich Ludwig mit dem chinesischen Hofzeremoniell. Und wie das bei Ludwig immer so war, musste dann auch architektonisch eine Bühne geschaffen werden, damit er – quasi in 3 D – das Leben aus der Literatur nachvollziehen konnte.

Das letzte Bauvorhaben des Königs war also ein chinesisches Schloss, das am Plansee entstehen sollte. Als Vorbild diente der Kaiserliche Winterpalast in Peking, von dem sich Ludwig eine Vielzahl von Ansichten verschaffte.

Die von einer großen Mauer umschlossene viereckige Anlage sollte einen kleinen Mittelbau erhalten, der Thronsaal (15 mal 12 Meter) und eine kleine Wohnung des Königs (Schlaf- und Lesezimmer) aufgenommen hätte.

Ebenso waren ein Grottenraum und ein chinesischer Garten mit Flusslauf und Gehwegen sowie ein streng geometrischer Garten geplant. Den Abschluss der Anlage sollte ein lang gestreckter Bau mit den Diensträumen bilden.

Wie bei der byzantinischen Burg sind nur einige Grundrisse und Ansichten der Anlage überliefert. Zu weiteren Arbeiten kam es nicht mehr.

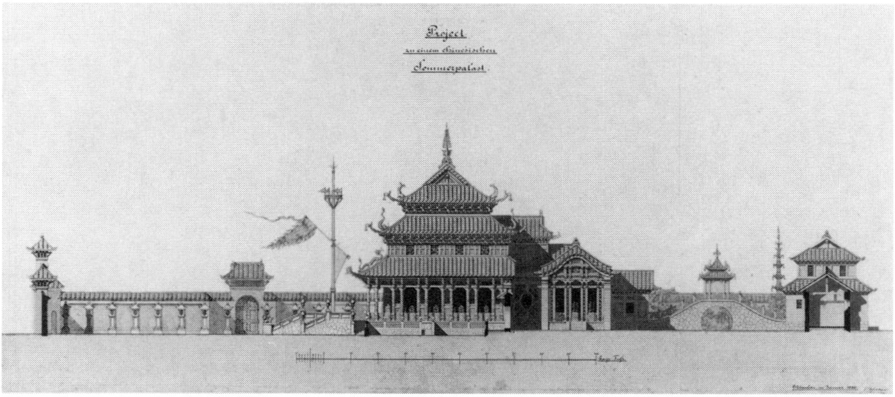

Abbildung 10.5: Entwurf zum chinesischen Sommerpalast am Plansee, Julius Hofmann, 1886, Ludwig II.-Museum, Herrenchiemsee

Das Ende (1886)

11

In diesem Kapitel

- Die Ausgangslage
- Die Aktivitäten der Regierung: Der König muss weg!
- Das bestellte Gefälligkeitsgutachten des Irrenarztes Dr. von Gudden
- Dramatische Tage in Neuschwanstein – die Festsetzung
- Der König in Schloss Berg
- Zwei Leichen im Starnberger See
- Beisetzung in München (und Altötting)
- Die Zeit nach der Beisetzung
- Die Lidl-Files

Seit 1885 pfiffen es die Spatzen von den Dächern: »Der König ist bankrott – denkt aber nicht daran zu sparen.« Im Gegenteil: Ludwig plante immer weiter neue Schlösser, Burgen, Pavillons. Er überhäufte seine Umgebung mit wertvollen Geschenken, als gäbe es keine Geldprobleme.

Der »Berliner Börsencourier« schrieb, der König von Bayern sei *»nicht mehr in Besitz all jener Eigenschaften, welche eine Erfüllung der hohen Pflichten seines Berufs gewährleisten.«*

Es brodelt

Die Regierung wurde unruhig, als Ludwig sich an Bismarck wandte und ihn um Hilfe ersuchte, die er von seinen eigenen Ministern nicht mehr erhielt. Von Bismarck bekam Ludwig den Rat, endlich seine Probleme vor den Landtag zu bringen und dort aus dem Haushalt Mittel zu beantragen, um seine Schulden zu begleichen. Bismarck schrieb an Ludwig, dass die Stände Bayerns kein Interesse daran haben würden, die Bauten, die eine Zierde des Landes darstellten, verfallen zu lassen, sondern stattdessen das Begonnene fertig stellen würden. Natürlich bedauerte Bismarck in seinem Schreiben auch, dass er Ludwig nicht unmittelbar helfen und eben nur mit einem Rat zur Seite stehen könne. Ludwig schöpfte nach dem Brief Bismarcks für kurze Zeit wieder Hoffnung. Er wandte sich an seine Minister:

> *»Es ist mein Wille, dass zur Ordnung der Verhältnisse Meiner Kabinettskasse von Meiner Regierung noch dem gegenwärtig versammelten Landtage eine Vorlage gemacht und mit tunlichster Beschleunigung die hierauf bezüglichen Vorschläge Mir unterbreitet werden.«*

Der Landtag hätte wahrscheinlich das Anliegen Ludwigs sogar genehmigt, aber nur zu einem politischen Preis: Die Ablösung der Regierung! Ludwig war bereit dazu, er kündigte an, das derzeitige Kabinett zu entlassen und eine neue Regierung einzusetzen, die den Mehrheitsverhältnissen im Landtag entsprach.

Aber seine Menschenscheu erlaubte ihm nicht, diese Schritte entschlossen genug anzugehen. Er zögerte und wartete ab und verlor wertvolle Zeit, während seine Gegner nicht untätig blieben. Schließlich ging es um ihre Posten. Die Minister machten Druck und begannen mit einer Hetzkampagne gegen den König, um sein Ansehen weiter zu untergraben. Folglich scheiterte die Eingabe an den Landtag.

Abermals Hilfe suchend wandte sich Ludwig an Bismarck. Dieser aber zögerte nun, da er sich dem Vorwurf ausgesetzt sah, er wolle sich in innerbayerische Angelegenheiten einmischen. Die Beziehungen Bayerns zu Preußen wären durch eine Einflussnahme Bismarcks erheblich beeinträchtigt worden. Gerade Ludwig, der so sehr auf Bayerns Souveränität bestand, musste sich nun an den deutschen Reichskanzler wenden, da ihn seine eigenen Leute im Stich ließen.

Bismarck erwog für kurze Zeit, sich mit Ludwig persönlich zu treffen, um die Angelegenheit zu besprechen. Er wollte sich wohl auch ein Bild vom Zustand Ludwigs machen, ob er wirklich verwirrt sei oder eben nur verzweifelt. Dieses Vorhaben wurde aber wieder verworfen. Immerhin ließ er in Bayern vor Material warnen, das aus der Umgebung des Grafen Holnstein stammte und gesammelt wurde, um den König zu belasten. Holnstein, so Bismarck, hasse den König seit drei bis vier Jahren. Ludwig gab er noch den letzten Ratschlag, dass er sich direkt an das bayerische Volk wenden möge, um seine Anliegen vorzutragen. Nur so hätte er noch eine Chance, die Situation in den Griff zu bekommen.

Seine Umgebung ließ Bismarck wissen, wenn Ludwig diesen Rat beherzige, könne die Situation noch geklärt werden, dies sei der einzige Ausweg. Sollte sich Ludwig nicht dazu durchringen, sei es um ihn geschehen:

> *»Die bayerischen Minister möchten ihren König schlachten, weil sie sich selbst nicht mehr halten können!«*

Der Entschluss steht fest: Der König muss weg!

Im Herbst 1885 nahm der Vorsitzende des Ministerrates, Johann von Lutz, Kontakt zu Prinz Luitpold auf. Man diskutierte über die Absetzung des Königs.

Zuerst war Luitpold angesichts dieses Ansinnens empört. Auch er wusste nicht vom enormen Umfang der Schulden, die sein Neffe in der Zwischenzeit gemacht hatte. Um die Lage noch etwas dramatischer aussehen zu lassen, hatte Lutz aber sicherheitshalber auch die neuen Bauvorhaben Falkenstein, die byzantinische Burg und den Hubertuspavillon in seine Schuldenaufstellung einfließen lassen, sodass man gut und gerne auf eine Summe von etwa 20 Millionen Mark kam.

»Wie konnten Sie es so weit kommen lassen?«, dürfte Luitpold Lutz gefragt haben. Der stotterte nur herum. Er konnte ihm kaum sagen, dass man doch in den letzten Jahren ganz gut mit der

Strategie gefahren war: »Der König ist gut, solange er nicht stört.« Und jetzt, da die Situation zu eskalieren drohte, musste der Kerl eben weg.

Rückblick – ein geplanter Putsch

Interessant ist hier ein kleiner Rückblick in das Jahr 1867. Man hatte gerade den Krieg gegen Preußen verloren und Ludwig hatte mit seiner geplatzten Verlobung und der schwärmerischen Verehrung von Richard Wagner ordentlich Staub aufgewirbelt. Schon damals diskutierte die Familie – heimlich zwar – die Absetzung des Königs. Man wollte Ludwig abfinden und Prinz Luitpold auf den Thron setzen. Auch damals schon war man sich einig, dass Prinz Otto, immerhin der Nächste in der Thronfolge, nicht die Regierung übernehmen dürfe.

Das ist insofern interessant, als zum damaligen Zeitpunkt bei Otto noch keine Anzeichen für seine später einsetzende Geisteskrankheit existierten. Schon damals ging es also darum, die Söhne des Königs Maximilian auszuschalten und den Familienzweig um Prinz Luitpold an die Macht zu bringen.

Da sich Ludwigs Herrschaft aber nach 1867 stabilisierte, konnte man diesen Plan nicht umsetzen.

Ich will Beweise

Jetzt, 19 Jahre später, war es aber so weit. Man wusste von Ottos unheilbarer Geisteskrankheit und auch davon, dass sich Ludwig sehr seltsam benahm. Allerdings konnte man nicht sagen, dass Ludwig geisteskrank sei.

Luitpold, damals immerhin schon 65 Jahre alt, zögerte zunächst. Seinem Freund, dem Bildhauer Ferdinand von Miller, erzählte er, dass man ihm die Regentschaft angeboten habe, er aber nur zusagen wolle, wenn die Krankheit seines Neffen genau festgestellt worden wäre.

Nur weil jemand Schulden macht, kann man ihn nicht absetzen. Das war auch Lutz bewusst. Für Ministerpräsident Lutz und seine Umgebung war damit klar, dass man ein ärztliches Gutachten brauchte, um die nächsten Schritte zur Absetzung des Königs einzuleiten. Der König musste für dauerhaft regierungsunfähig erklärt werden, wenn man ihn endgültig loswerden wollte.

Die bayerische Verfassung von 1818 legte fest, wann die Regentschaft errichtet werden konnte: Sollte der Monarch länger als ein Jahr an der Ausübung der Regierung gehindert sein, trat die Regentschaft ein.

Das bedeutete, dass Ludwig für chronisch krank erklärt werden musste!

Das Gefälligkeitsgutachten des Dr. von Gudden

Damit Sie besser den Überblick behalten können, sind die Ereignisse, die letztendlich zu Ludwigs Absetzung führten hier chronologisch aufgezählt.

23. März 1886

Am 23. März 1886 traf sich Lutz mit Obermedizinalrat Dr. Bernhard von Gudden, einem langjährigen Freund. Gudden betreute in der Vergangenheit auch Prinz Otto und war Direktor der Oberbayerischen Kreisirrenanstalt in Haar.

Gudden signalisierte sofort seine Bereitschaft, den König für geisteskrank zu erklären. Er kenne ja den Bruder Otto und anders könne es bei Ludwig auch nicht sein. Eine persönliche Untersuchung hielt er nicht für notwendig, wenn er entsprechende Zeugenaussagen erhalten könne. Abgesehen davon war nicht davon auszugehen, dass sich Ludwig hätte untersuchen lassen, was die ganze Angelegenheit erschwert oder möglicherweise vereitelt hätte.

18. Mai 1886

Am 18. Mai 1886 beauftragte die Regierung einige V-Männer, z.B. Maximilian Graf von Holnstein, Bedienstete aus der Umgebung des Königs zu beobachteten Verhaltensauffälligkeiten zu befragen.

Kammerdiener Mayr, der Mann mit der Maske, war sehr auskunftsfreudig. Er erzählte von den vielen Bestrafungen, die er und andere Diener erlitten hätten. Kammerdiener Buchner erzählte von dem Siegel, das er auf seiner Stirn zu tragen hatte – als Zeichen, dass sein Gehirn versiegelt sei, weil sich der König einmal über seine Dummheit geärgert hatte. Stallmeister Hornig, ein Mann, der Ludwig viel zu verdanken hatte, berichtete von Waldfesten, bei denen Met getrunken wurde, oder von orientalischen Gelagen mit Veilchenbowle, die in den orientalischen Pavillons eingenommen wurden.

Ebenso kam heraus, dass Ludwig plane, über den Alpsee zu fliegen. Er stand in Kontakt mit einem Wiener Konstrukteur, der eine Art Heißluftballon-Seilbahn über den See bauen wollte. Diesen Techniker unterstützte Ludwig sogar mit Geld! Kurz nach Ludwigs Tod eroberten Otto Lilienthal und Ferdinand Graf von Zeppelin mit ihren Flugapparaten den Himmel. Diese Tatsache zeigt auch, wie interessiert Ludwig an technischen Entwicklungen Anteil nahm und wie weitsichtig er war. Aber für das Gutachten hatte das keinerlei Bedeutung.

Auch dass der König nachts wachte und tagsüber schlief, wurde ihm nun zum Verhängnis. Das Bespucken einer Büste des verhassten Kaisers in Hohenschwangau wurde in den Unterlagen ebenso festgehalten, wie seine große Begeisterung für Frankreich, unfasslich zu einer Zeit, in der Frankreich der »Erbfeind« des Deutschen Reiches war.

Der Aufenthalt in seinen Schlössern wurde Ludwig ebenfalls zum Vorwurf gemacht. Zwischen 1876 und 1883 wurden die Aufenthalte um je einen Monat verlängert.

Ludwig hatte sich im Laufe seines Lebens eine Reihe von Feinden gemacht. Nun war für diese die Gelegenheit gekommen, zurückzuzahlen. Und viele nutzten diese Chance.

Andere wurden nicht gehört, wenn sie bis zum Schluss dabei blieben, dass der König stets klar dachte und handelte, auch wenn er exzentrisch, aufbrausend und leicht reizbar war.

Dies und noch viel mehr wurde Gudden zugetragen. Aus all diesen Verhören und aus manchem Notizzettel des Königs, den dieser weggeworfen hatte, erstellte der Arzt ein Gutachten, das das Schicksal des Königs von Bayern besiegelte.

7./8. Juni 1886

Die Minister befürchteten, Ludwig könnte Wind von der Sache bekommen und sie doch noch absetzen, ehe sie ihn abgesetzt hätten. Sie drängten Gudden zur Eile.

Gudden befand die gesammelten Aussagen und Unterlagen als ausreichend und machte sich gleich daran, in einer Nachtschicht das Gutachten zu erstellen. Am Nachmittag unterschrieben Gudden und drei weitere Psychiater das Gutachten, das den König von Bayern für unheilbar krank erklärte, sodass er dauerhaft an der Ausübung der Regierung verhindert sei.

Auffällig ist hier, dass die drei anderen Ärzte kein eigenes Material sichteten oder Nachforschungen anstellten, sondern nur das Gudden'sche Gutachten durchlasen und dann unterzeichneten.

Ins Gutachten wurden ausschließlich negative Aussagen aufgenommen. Positive Aussagen, zum Beispiel die des bayerischen Innenministers von Feilitzsch, dass er den Monarchen »durchaus für denk- und handlungsfähig« halte, wurden nicht beachtet.

Ebenso auffällig ist an dem Gutachten, dass kein Wort über die pünktliche und gewissenhafte Erledigung der Regierungsgeschäfte verloren wurde. Bis zum letzten Tag bearbeitete Ludwig die Eingaben der Minister und Beamten, unterschrieb, machte Anmerkungen, fragte nach. Es kamen lediglich seine privaten Extravaganzen zur Sprache, wie die Behandlung der Dienerschaft, die Schuldenmacherei, die exzentrischen Bauplanungen etc.

Trotz allem schloss selbst Gudden Heilungschancen nicht aus. Allerdings könne ein Heilungserfolg erst *nach einem Jahr* eintreten. Damit war alles klar: Ist der König für länger als ein Jahr an der Ausübung seiner Geschäfte gehindert, tritt die Regentschaft ein und diese ist unumkehrbar! Der König musste weg, und zwar für länger als ein Jahr!

Auch wenn man kein Arzt oder Psychiater ist, kann man sich gut vorstellen, wie wenig aussagekräftig ein Gutachten ist, das nur aus Zeugenaussagen, Papierfetzen, Fotografien und Grafiken Rückschlüsse auf den psychischen Zustand eines Menschen zieht.

9. Juni 1886

Nun ging alles flott. Prinz Luitpold war ins Bild gesetzt. Ihm lag das »Gefälligkeits-Gutachten« vor, in dem er von der dauerhaften Regierungsunfähigkeit seines Neffen lesen konnte. Luitpold setzte ein Schreiben an Ludwig auf, in dem er ihm die Entmündigung mitteilte und ihn über die Übernahme der Regentschaft informiert.

Eine Staatsratskommission sollte das Schreiben überbringen.

Am 9. Juni 1886 setzte sich Luitpold noch an seinen Schreibtisch und unterrichtete die Öffentlichkeit, dass der König von Bayern wegen eines schweren Leidens nicht mehr in der Lage sei, die Regierungsgewalt auszuüben.

Zum 9. Juni wurde Ludwig entmündigt. Eine Verbringung nach Schloss Linderhof wurde angeordnet.

In der Nacht trafen eine Kommission in Hohenschwangau ein und bezog im Kavaliersbau des alten Schlosses Quartier. Gudden erläuterte, wie er sich das weitere Vorgehen vorstellte: Zuerst sollten die Hofbeamten vor den König treten und ihm das Schreiben des Prinzregenten vorlesen, dann würden Gudden und sein Assistenzarzt Dr. Müller den König in ärztliche Obhut nehmen. Es stellte sich die Frage, wer zuerst vor den König treten sollte. Graf Holnstein, ein ehemaliger enger Vertrauter Ludwigs, erbot sich mit den Worten: »Ich geniere mich nicht, ich gehe geradewegs hinein.« Man darf daran erinnern, dass sogar Bismarck vor dieser Person gewarnt hatte, da er wusste, dass Holnstein beim König schon seit langer Zeit verhasst war.

Gegen 1 Uhr nachts bereitete Osterholzer, der Kutscher des Königs, die Kutsche für die Ausfahrt seines Herrn vor. Holnstein, der gerade an den Stallungen vorüberging, fragte, was er am Wagen des Königs zu schaffen habe. Osterholzer berichtete ihm, dass er im Auftrag des Königs die Kutsche vorbereite. Holnstein erwiderte darauf: »Der König hat überhaupt nichts mehr zu befehlen, sondern seine königliche Hoheit Prinz Luitpold.« Er befahl dem Mann, die Pferde wieder auszuspannen.

Graf Max von Holnstein

Max Graf von Holnstein entstammte einem alten bayerischen Adelsgeschlecht, das seine Wurzeln in einer illegitimen Beziehung des Kurfürsten Karl Albrecht hat. Die Holnsteins bekleideten seit dem 18. Jahrhundert wichtige Positionen im bayerischen Staat, immer ganz nahe am Herrschergeschlecht der Wittelsbacher.

Max von Holnstein war zehn Jahre älter als Ludwig II. Er verkehrte oft am Hofe des Kronprinzen und späteren Königs und war einer der wenigen Menschen, die Ludwig duzen durften. Als Oberstallmeister unterstanden ihm die Stallungen des Königs im Marstall und er plante und organisierte alle Reisen des Königs.

Wie so oft bei Ludwig zerbrach auch diese Freundschaft und Holnstein wurde aus dem engsten Umfeld des Königs verbannt, ohne aber seinen Aufgabenbereich abgeben zu müssen.

Bei der Entmündigung und Absetzung Ludwigs II. spielt Holnstein in der Literatur und auch in den Filmen über Ludwig II. eine sehr schäbige Rolle. Dieses Bild muss heute revidiert werden: Holnstein sah sich als treuer Diener der Krone und des Königshauses, nicht aber nur als Lakai des Königs. Seine Treue zu Bayern und dem Haus Wittelsbach gewann schließlich die Oberhand, sodass er sich zum Werkzeug gegen Ludwig machen ließ. Den »Putschisten« war es aber gar nicht so unrecht, dass man auf Holnstein soviel abwälzen konnte, bekam man doch dadurch seine Hände frei von Schuld!

Außer sich vor Verzweiflung lief Osterholzer die steilen Pfade hinauf zum neuen Schloss. Atemlos stürzte er sich seinem König zu Füßen und beschwor ihn zu fliehen, da sich schreckliche Dinge zusammenbrauten.

Ludwig aber erkannte den Ernst der Lage nicht. Wenn Gefahr drohte, hätte ihm sein Vertrauter Hesselschwerdt schon geschrieben. Natürlich wusste Ludwig nicht, dass auch Hesselschwerdt zu den Verschwörern gehörte. Vorsichtshalber alarmierte er aber die Feuerwehr und die Gendarmerie. Dem Wachtmeister Poppeler gegenüber sagte Ludwig: »Ich will sehen, wie und wer mich für irrsinnig erklären kann, wenn ich es nicht bin.«

Gegen 3 Uhr am Morgen wurde die Kommission in Neuschwanstein gemeldet. Um 4 Uhr erreichten sie die Burg. Dort wurden sie aber von den alarmierten Kräften am Betreten der Burg gehindert und kehrten unverrichteter Dinge wieder um. Die mitgeführten Schriftstücke wurden von den Wächtern der Burg ignoriert.

10. Juni 1886

In der Zwischenzeit hatte Ludwig Haftbefehl für die Verschwörer erlassen. Das alte Schloss wurde von Gendarmen umstellt und Wachtmeister Poppeler machte die Meldung, dass er den Freiherrn von Crailsheim, Graf von Holnstein und Graf von Toerring verhaftet habe. Die Arretierten wurden nach Neuschwanstein verbracht und dort im Torbau eingesperrt. Das ganze Schloss war zwischenzeitlich von Gendarmen, Feuerwehrleuten und auch von Bauern und Holzarbeitern umstellt, die mit Äxten und Mistgabeln bewaffnet waren. Etwas später wurden auch Dr. von Gudden, Dr. Müller und Oberstleutnant Freiherr von Washington festgenommen und nach Neuschwanstein geführt.

Dr. Rumpler war der Verhaftung entgangen und konnte nun nach München Bericht erstatten von den Geschehnissen der vergangenen Nacht. Er bat darum, dass die Proklamation des Prinzregenten, die in München bereits veröffentlicht war, nun auch in Füssen bekannt gegeben werde, damit sich die Ordnungskräfte dem neuen Landesherrn unterstellten.

Ludwig überlegte, wie er die Putschisten bestrafen könne. Allerdings blieb es, wie so oft bei Ludwig, nur bei Ideen und Überlegungen, während die Ausführung nicht zustande kam.

Über die Freilassung der Kommission gibt es zwei Beschreibungen. Nach der ersten hätte der Bezirksamtmann von Füssen die Gendarmerie informiert, dass Ludwig tatsächlich abgesetzt sei und nichts mehr zu befehlen habe, während in der anderen Version der Kammerdiener Mayr die Männer einfach freiließ.

Als sie das Schloss wieder verlassen konnten, machten sich die ehemals Inhaftierten um Graf von Holnstein schnellstmöglich aus dem Staub und fuhren mit einer Kutsche bis nach Peissenberg, wo sie den Zug nach München erreichen wollten.

Nachdem auch in Füssen die Proklamation des Prinzregenten bekannt war, wurden die Gendarmen durch andere Gendarmen ersetzt. Das Schloss war nun nicht mehr von Leuten umstellt, die ihren König schützen wollten, sondern von Kräften, die ihn festhalten wollten. Ludwig bemerkte auch dies und sagte: »So bin ich nun ein Gefangener, ohne etwas verbrochen zu haben!« Er wollte sich umbringen und verlangte nach dem Schlüssel zum Turm, von wo aus er sich in die Pöllatschlucht stürzen wollte. Aber dummerweise war der Schlüssel »verlegt«, sodass auch dieser Plan nicht realisiert werden konnte. Allerdings hätte es wohl auch genügt, sich vom Söller des Thronsaales zu stürzen. Es kam aber niemand auf die Idee, dem König diesen Rat zu geben.

Ludwig hatte seinen Adjutanten Graf Alfred Dürckheim-Montmartin, seinen letzten Getreuen, zu sich nach Neuschwanstein gerufen. Es wurden Telegramme aufgesetzt an Bismarck und Kaiser Franz Joseph von Österreich. Geistesgegenwärtig wurden die Telegramme nicht von Füssen aus losgeschickt, weil man hier eine Überwachung durch die Staatsmacht fürchtete, sondern vom nahe gelegenen Reutte. Bismarck antwortete umgehend und empfahl Ludwig, sich dem Volk zu zeigen und vor dem Landtag aufzutreten. Damit hätte Ludwig die Gerüchte über seine Geisteskrankheit zerstreuen können. Auch Dürckheim machte sich für den Vorschlag Bismarcks stark. Doch Ludwig meinte, ihn könnten keine »acht weißen Elefanten« dazu bewegen, in die verhasste Stadt zu reisen. Zumindest nach Tirol sollte man sich absetzen, meinte Dürckheim. Doch auch dazu konnte sich Ludwig nicht mehr durchringen.

Am selben Tag wurde Dürckheim von seinem neuen Dienstherrn, dem Prinzregenten, zurück nach München befohlen. Falls er dem Befehl nicht nachkomme, wurde ihm beschieden, werde er wegen Hochverrats angeklagt. Ludwig telegraphierte an Luitpold und bat darum, seinen Adjutanten behalten zu können. Diese Bitte seines abgesetzten Vorgängers schlug der Prinzregent ab. Befehl ist Befehl! Dürckheim bot dem König an zu bleiben, aber dieser ließ ihn schweren Herzens ziehen. Sein letzter Vertrauter hatte ihn nun verlassen müssen.

Gottfried von Böhm, einer der bedeuteten Biographen Ludwigs II., der den König von Bayern auch noch aus eigenem Erleben kannte, berichtet über die Umstände der Verhaftung und Verbringung nach Schloss Berg, dass seine alte Münchner Haushälterin diese ganze Staatsexpedition an die Festnahme Christi am Ölberg erinnere. Böhm, ihr Dienstherr, will darauf erwidert haben, dass es da schon einige Unterschiede gab: »Unter den Jüngern Christi sei nur ein Verräter gewesen, während unter den Dienern Ludwigs zuletzt nur mehr ein Getreuer war.«

11. Juni 1886

Die Putschisten beratschlagten in München, was man als Nächstes unternehmen sollte. Es wurde beschlossen, dass eine nur aus Ärzten und Wärtern bestehende zweite Fangkommission den König in Gewahrsam zu nehmen habe und dass man den König nach Schloss Berg bringen würde, da dieses näher an München und damit günstiger für Militär und Polizei läge. In Linderhof, befürchtete man, würde die Bergbevölkerung ihrem König zu Hilfe eilen.

> *»Dass man mir die Krone nimmt, könnte ich verschmerzen. Aber dass man mich für wahnsinnig erklärt hat, überlebe ich nicht. Ich könnte es nicht ertragen, dass es mir ergeht wie meinem Bruder Otto, dem jeder Wärter befehlen darf und dem man mit den Fäusten droht, wenn er nicht folgen will.«,*

sagte Ludwig gegenüber einem Kammerdiener.

Am Abend trinkt Ludwig eine größere Menge Alkohol als sonst. Er ahnt, dass der letzte Akt begonnen hat. Dem Gardisten Alfons Weber, der dem König noch geblieben war, sagte Ludwig in dieser Nacht:

»Mein Blut komme über diejenigen, die mich gerichtet und verraten haben.«

Er gab Weber Goldstücke im Wert von 1 200 Mark mit den Worten: »Hier hast Du mein Letztes, Du hast es verdient, Du warst mein Getreuester.« Weber weinte und wollte das Geld nicht annehmen, doch Ludwig drängte:»Ich brauche kein Geld mehr.«

12. Juni 1886

Gegen Mitternacht vom 11. zum 12. Juni traf die zweite Fangkommission in Neuschwanstein ein. Kammerdiener Mayr führte die Gruppe zum König. Als er von Pflegern umringt wurde, wehrte er sich nicht mehr, sondern fragte nur: »Ja, was wollen Sie denn? Was soll denn das?«

Im Schlafzimmer von Neuschwanstein wurde nun das letzte Kapitel der dramatischen Verhaftung des Königs von Bayern gespielt: Gudden trat vor und erklärte, dass er die »traurigste Aufgabe seines Lebens« übernommen habe und dass er den König nach Schloss Berg zu begleiten habe.

Geistesgegenwärtig fragte Ludwig nach Guddens Diagnose, er hatte ihn doch niemals untersucht. Gudden erwiderte, dass seine Diagnose aufgrund gewisser Tatsachen erhärtet werden konnte und dass daraus ganz zuverlässige Schlüsse gezogen worden waren.

Ludwig daraufhin:

»So? So? Also Prinz Luitpold hat es jetzt glücklich so weit gebracht, dazu hätte er nicht so einen Aufwand an Schlauheit gebraucht, hätte er nur ein Wort gesagt, dann hätte ich die Regierung niedergelegt. Nun wie lange wird die ›Kur‹ wohl dauern?«

Gudden zitierte daraufhin die Verfassung, worin vermerkt war, dass, um die Regentschaft einzusetzen, der Monarch mindestens ein Jahr an der Ausübung der Regierung gehindert sein müsse. Ludwig äußerte darauf:

»Nun, es wird wohl rascher gehen, man kann es ja machen wie mit dem Sultan, es ist ja leicht, einen Menschen aus der Welt zu schaffen.« Damit wollte Ludwig darauf anspielen, dass er sehr wohl wusste, wie in orientalischen Monarchien Probleme in der Nachfolgeregelung elegant »gelöst« wurden.

Um 4 Uhr machten sich die Kutschen auf den Weg nach Schloss Berg, das sie am 12. Juni gegen 12 Uhr erreichten.

Ludwig bemerkte sofort, dass die Türklinken an den Schlössern abmontiert und in die Türen Gucklöcher eingesägt worden waren. Zum Mittagessen erhielt er nur stumpfe Obstmesser. Gegen 15 Uhr legte er sich schlafen und gab dem Pfleger die Anweisung, ihn um Mitternacht zu wecken. Aber Dr. Müller teilte dem Pfleger mit, dass der König die Nacht durchzuschlafen habe.

Als Ludwig mitten in der Nacht erwachte, bat er einen Wärter um seine Kleidung. Doch dieser verweigerte die Herausgabe. So blieb dem König nichts anderes übrig, als im Nachthemd auf- und abzuwandern.

13. Juni 1886

Am folgenden Nachmittag gewährte man dem König die Bitte, seinen ehemaligen Diener, den Stabskontrolleur Zanders, empfangen zu dürfen. Dieser musste aber Gudden das Versprechen geben, mit Ludwig nicht über Fluchtpläne oder Ähnliches zu sprechen.

Als Zanders das Zimmer des Königs betrat, kam ihm dieser mit energischen Schritten und leuchtenden Augen entgegen und begrüßte ihn herzlich. Zanders dachte an den König in seinen besten Zeiten. »Der und wahnsinnig?«, mag er sich gefragt haben.

Ludwig zeigte Zanders die Vorrichtungen in seinem Zimmer, die verschließbaren Fensterriegel, die Löcher in den Türen, die abgeschraubten Türgriffe. Er erzählte von den Beschwernissen der letzten Tage und dass man ihm verweigert hätte, am Pfingstsonntag einen Gottesdienst zu besuchen.

Dann fragte er Zanders, wie viele Polizisten im Park aufgestellt seien und ob diese auch auf ihn, den König, schießen würden. Zanders antwortete, dass nur vier Gendarmen mit ungeladenen Gewehren im Park postiert seien. Dann fragte Ludwig, ob man mit den abgeschliffenen Messerspitzen beabsichtige, ihn am Selbstmord zu hindern. Ludwig bezeichnete diese Vorsichtsmaßnahme als lächerlich, da er überhaupt nicht wisse, warum er sich töten solle. Er versäumte aber nicht, hinzuzufügen, dass seine Gefangenschaft wohl für immer andauern werde, da diejenigen, die ihn gefangen nehmen ließen, seine Rache fürchteten.

Zanders versuchte, beruhigend auf den König einzuwirken, und meinte, dass die Genesung vielleicht viel schneller vorangehen könne, als im Moment abzusehen wäre.

Ludwig überlegte, dass er ja auch nach einem Jahr wieder auf den Thron gelangen könne. Allerdings gab er zu bedenken, dass wohl Prinz Luitpold Gefallen am Regieren gewinnen könnte und seinen Platz nicht mehr räumen wolle. Dann, so fügte Ludwig hinzu, werde man ihn für immer gefangen halten und schließlich töten.

Als Zanders widersprach und ihn auf die Ehrenhaftigkeit des Prinzen hinwies, bemerkte Ludwig trocken: »Ja, das sieht man an dem, was geschehen ist, und selbst wenn er es nicht tut, werden es seine Nachfolger tun.«

Gegen Ende des Gespräches packte Ludwig Zanders am Ärmel und versuchte, ihn in eine Fensternische zu ziehen, die von der Tür aus nicht einsehbar war. Aber Zanders schreckte zurück und musste an das Versprechen denken, das er Gudden gegeben hatte. Ludwig bemerkte diese Reaktion sofort. Seine Züge verhärteten sich und er zog die Augenbrauen zusammen. Sein Missfallen war geweckt. Er gab das Zeichen zur Entlassung aus dem Gespräch.

Die Wärter und Ärzte in Schloss Berg waren am Nachmittag des 13. Juni in bester Stimmung. »Hier geht es bis jetzt wunderbar gut, die persönliche Untersuchung hat das schriftliche Gutachten nur bestätigt«, telegraphierte Gudden an Ministerpräsident Lutz gegen 18 Uhr nach München.

Der Inhalt des Telegramms entsprach allerdings nicht ganz den Tatsachen. Unter den Ärzten war ein heftiger Streit ausgebrochen. Dr. Grashey bemerkte gegenüber seinem Schwiegervater, Dr. Gudden:

»Für rettungslos halte ich den Zustand seiner Majestät nicht!«

Gudden war erbost und fühlte sich in seiner Ehre angegriffen, er brüllte seinen Schwiegersohn zusammen, sodass das Geschrei im ganzen Schloss zu hören war. Die Nerven aller Beteiligten lagen blank.

Schon am Morgen des 13. Juni hatten der König und sein Arzt, begleitet von zwei Wärtern, einen Spaziergang im Schlosspark unternommen. Auch Gudden war zwar von der Liebenswürdigkeit des Königs angetan, blieb aber skeptisch, da er von Holnstein informiert worden war, dass es im Sprachschatz Ludwigs das Wort »einseifen« gebe, wenn er sich jemand gefällig machen wollte. Gudden hatte Holnstein gegenüber geantwortet: »Einseifen ja, aber rasieren lasse ich mich nicht vom König.« Während des Spaziergangs sah Ludwig im Park einige Gendarmen und fragte Gudden, ob man sich vor Sozialisten zu fürchten habe, weil man so viele Wächter postiert hatte. Gudden gab daraufhin die Anweisung, die Gendarmen zurückzuziehen, weil sie den König nur ängstlich machen würden.

Während des Mittagessens schwärmte Gudden vom König, den er wie ein kleines Kind empfand. Für den Abend kündigte er an, mit dem König einen weiteren Spaziergang unternehmen zu wollen.

Um 18:30 Uhr machten sich der König und sein Arzt auf den Weg zum abendlichen Spaziergang. Nun gehen die Schilderungen der Zeugen etwas auseinander. Gudden soll zu Pfleger Mauder gesagt haben, ohne dass es der König gehört haben soll: »Es darf kein Pfleger mitgehen.« Andere Quellen sprechen davon, dass Gudden, nachdem man einige Schritte vom Schloss entfernt war, den begleitenden Pflegern ein Handzeichen gegeben haben soll, entweder den Abstand zu vergrößern oder zum Schloss zurückzukehren.

Gendarm Lauterbach sah die beiden Spaziergänger, wie sie in den Seeweg einbogen. Danach verschwanden sie aus seinem Blickfeld. Mehrfach patrouillierte die Wache den Seeweg entlang, ohne die Spaziergänger anzutreffen.

Als um 20 Uhr König und Arzt noch immer nicht im Schloss angekommen waren, wurde Müller unruhig. Die Gendarmen wurden zusammengerufen und beauftragt, den Schlosspark abzusuchen. Auch das Personal im Schloss wurde in die Suche eingebunden. Große Unruhe machte sich breit. Müller befürchtete eine Flucht des Königs nach München, wo dieser eine Revolution anzetteln könne.

Um 22 Uhr wurde der Überrock des Königs am Ufer entdeckt. Ludwig schien diesen Mantel schnell abgeworfen zu haben. Sein Jackett steckte noch darin. In der Nähe wurden dann Hüte und Regenschirme von Ludwig und Gudden gefunden. Dr. Müller, Schlossverwalter Huber und ein herbeigeholter Fischer ruderten in einem Kahn auf den See hinaus. Keine zehn Minuten später stieß Huber plötzlich einen Schrei aus und sprang in den See. Er umklammerte einen

Körper, der mit dem Gesicht nach unten trieb: Der König. Einige Schritte entfernt entdeckte man den leblosen Körper Guddens im Wasser treibend.

Abbildung 11.1: Die Bergung der Leichen im Starnberger See

Beide Leichen wurden in ein nahes Bootshaus gebracht und untersucht. Müller konnte aber weder Puls noch Atmung feststellen. Die Uhr Ludwigs war um sechs Minuten vor 7 Uhr stehen geblieben, die Uhr Guddens um 8 Uhr. Das kann nun bedeuten, dass die Uhr des Königs weniger wasserdicht war als die des Arztes, es kann aber auch darauf hinweisen, dass Gudden wesentlich später als der König in den See ging. Abschließend aufgeklärt werden konnte auch dieses Rätsel niemals, was zu weiteren Spekulationen führte.

Um 24 Uhr wurde der Tod König Ludwigs II. von Bayern und Dr. von Guddens offiziell festgestellt.

14. Juni 1886

Um 2 Uhr traf die aus Starnberg herbeigerufene Gerichtskommission ein, die den Tod der beiden Männer protokollierte und erste Nachforschungen anstellte.

Am Körper Ludwigs wurden keine Verletzungen festgestellt, auch an Händen, Fingern und Fingernägeln wurden keine Spuren eines Kampfes entdeckt. Nicht einmal kleine Hautfetzen von Gudden fanden sich unter den Fingernägeln, also kein Anzeichen für einen Kampf.

Dagegen wurden bei Gudden eine Reihe von Kampfspuren entdeckt: Auf Stirn und Nase verliefen mehrere Kratzwunden, der Fingernagel am Mittelfinger der rechten Hand Guddens war zur Hälfte abgetrennt. Oberhalb des rechten Auges fand sich ein großer blauer Fleck.

Da sich bei Ludwig keine Verletzungen fanden, bei Gudden aber schon, drängt sich die Frage auf, ob sich der Arzt dem König völlig wehrlos ergeben habe, falls es überhaupt einen Kampf zwischen den beiden Männern gegeben habe.

Abbildung 11.2: Der aufgebahrte Leichnam von König Ludwig II., Ludwig II.-Museum, Herrenchiemsee

Um drei Uhr wurden beide Leichen in das Schloss gebracht und dort aufgebahrt.

Als der Tag erwachte, machten sich einige offizielle Personen auf den Weg nach Berg. Ihre Berichte über die Leichen gehen, wie üblich, auseinander. Die einen wollen in den Gesichtszügen des toten Königs einen »tyrannisch-finsteren« Gesichtsausdruck wahrgenommen haben, andere meinen, ihn sanft lächelnd gesehen zu haben. Ebenso verhielt es sich bei Gudden: Dr. Müller attestierte ihm ein sanftes Lächeln, während dem preußischen Gesandtschaftssekretär, Graf Eulenburg-Hertefeld, das Gesicht des Arztes schmerzverzerrt erschien.

Noch in Berg wurde eine Totenmaske vom König abgenommen, nachdem Kaiserin Elisabeth, die sich gerade in Possenhofen aufhielt, den Leichnam gewaschen hatte. Von tyrannischen Zügen ist auf dem Abdruck dieser Totenmaske nichts zu erkennen. Eher sieht man in ein Gesicht, das seinen Frieden gefunden hat, ja, das sogar ein leichtes Lächeln andeutet.

In München herrschte Chaos, nachdem die Botschaft vom Tod des Königs und Guddens eintraf. Die wildesten Gerüchte kursierten: Die Königinmutter habe der Schlag getroffen, Graf Holnstein sei erschossen worden und der Ministerpräsident Lutz habe sich selbst erschossen. Nichts von alledem traf zu. Das Kabinett tagte von 3 Uhr, als die Botschaft aus Berg eintraf, bis 6 Uhr morgens. Um 12 Uhr und am Nachmittag tagte der Staatsrat. Es gab viel zu besprechen.

Am selben Tag wurden die Leichen nach München überführt. Mit einem einfachen Leichenwagen, der von zwei weiteren Wagen begleitet wurde, setzte sich der Trauerzug in Bewegung. Gegen 9 Uhr am Abend passierte man Fürstenried, wo im nahe gelegenen Schloss Otto, der Bruder des Königs, interniert war. In Sendling übernahmen Gardisten das Ehrengeleit. Um 3 Uhr in der Frühe zog man im Kapellenhof der Residenz ein, wo die Leiche Ludwigs in der alten Kapelle aufgebahrt wurde. Am aufgebahrten Leichnam nahmen Tausende von Bürgern Abschied von ihrem König. Die Totenwache hielten Hartschieren, Adjutanten und einige Georgiritter. Auf der Brust des Königs lag ein Strauß von Jasminblüten, die Kaiserin Elisabeth gepflückt haben soll.

Beisetzung in München (und Altötting)

Am 19. Juni 1886 fand in München das Begräbnis statt. München trug Trauer. Die Geschäfte waren geschlossen und von vielen Gebäuden hingen schwarze Fahnen herab. Alle Glocken in der Stadt läuteten und Trauermusik war zu hören. Über eine Stunde benötigte der Zug von der Residenz zur Michaelskirche. Neben dem mit Blumen und Kränzen geschmückten Leichenwagen gingen General- und Flügeladjutanten sowie die königlichen Kammerherren. Hinter diesem Wagen wurde ein königliches Pferd geführt. Danach folgte der Träger des Kruzifixes, Prinz Luitpold, begleitet vom preußischen Kronprinzen Friedrich und vom österreichischen Kronprinzen Rudolf. Ihnen schlossen sich weitere Prinzen, Herzöge und andere Fürsten aus Deutschland und Europa an.

Merkwürdigerweise dauerte die Trauerfeier nur sehr kurz. Der Sarg wurde in den Chor der Kirche getragen. Eine ausführliche Predigt, wie sie noch bei der Beerdigung von Ludwigs Vater gehalten wurde, fand nicht statt. Der Sarg des Königs wurde nach der Vigil in einen zweiten

Sarg gelegt und von dem Minister Freiherr von Crailsheim versiegelt. Danach wurde der Sarg in die Gruft gebracht.

Während der Trauerfeier verfinsterte sich der Himmel über der Münchener Innenstadt und ein Blitz, dem ein gewaltiger Donnerschlag folgte, fuhr über der Michaelskirche hernieder. Von der Wucht der Naturgewalt wurden einige Leute an die Mauer der Kirche geschleudert.

In eine Silberurne eingebettet wurde in der alten Residenzkapelle das Herz des Königs aufbewahrt, das man dem Leichnam zuvor entnommen hatte. Einer Tradition entsprechend wurde die Urne nach Altötting gebracht und in der dortigen Marienkapelle aufgestellt.

Die Zeit nach der Beisetzung

Nachdem die offiziellen Veranstaltungen abgeschlossen waren, ging man daran, die Vorgänge um die Festnahme des Königs und den rätselhaften Tod zu untersuchen. Das Ministerium reichte seinen Rücktritt ein, der aber vom Prinzregenten abgelehnt wurde.

Jeder Bürger, der vom »Prinzrebell« sprach und die rechtmäßige Absetzung des Königs kritisierte, wurde polizeilich belangt. Nicht verfolgt wurden aber verleumderische Äußerungen, die Bismarck die Schuld an Ludwigs Tod gaben. Das war sogar ganz im Sinne der bayerischen »Putschisten«, die mit Bismarck, der Ludwig auch gegen das bayerische Kabinett bis zum Ende unterstützt hatte, noch eine Rechnung offen hatten. Und deshalb hält sich bis heute die unglaubliche Behauptung, Bismarck hätte den Mord am König von Bayern in Auftrag gegeben.

Das Dienstpersonal des Königs wurde in neuen Stellungen untergebracht. Alle wurden vereidigt, Stillschweigen zu bewahren. Keiner durfte etwas über die dramatischen Geschehnisse der letzten Wochen aussagen.

Die Lidl-Files

Gerade durch die Heimlichtuerei und das Vertuschen konnten natürlich Gerüchte, Vermutungen und Theorien über die wahren Abläufe entstehen. Eine der interessantesten Theorien sind die Geschichten und die Aufzeichnungen des ehemaligen königlichen Leibfischers, Jakob Lidl, auf die in dem interessanten Buch »Wurde Ludwig II. erschossen?« von Peter Glowasz ausführlich eingegangen wird.

In einer Art Tagebuch hielt Lidl seine Aufzeichnungen zu den Geschehnissen vom 13. zum 14. Juni 1886 fest. Angeblich hatte man Ludwig eine Botschaft zukommen lassen, dass ein Boot auf ihn warte, das ihn aufnehmen und ihm zur Flucht verhelfen würde. Der Fluchtversuch sollte beim Abendspaziergang mit Gudden unternommen werden. Lidl hatte die Anweisung, in seinem Kahn auf den König zu warten. Als der König auf den Kahn zuging, fiel vom Ufer her ein Schuss, der den König in den Rücken traf. Lidl verließ fluchtartig den Ort der Tat und verkroch sich in seinem Haus weinend in sein Bett. Gegen halb elf Uhr in der Nacht wurde er gebeten, bei der Suche nach Ludwig und Gudden behilflich zu sein, da beide Herren seit 20 Uhr vermisst wurden.

Lidl fand die Leichen sehr schnell, weil er ja wusste, wo sich das Drama abgespielt hatte. In der besagten Bootshütte wurden bei beiden Leichen eine Zeit lang Wiederbelebungsversuche unternommen.

Den Angaben Lidls zufolge sollte, wäre die Flucht geglückt, sein Kahn mit dem König in der Mitte des Sees von fünf bis sechs Kähnen, die mit Gebirgsjägern besetzt waren, aufgenommen werden. In Leoni, Ammerland, Ambach oder in Seeshaupt hätten Kutschen bereitgestanden, die den König nach Tirol hätten bringen sollen.

Einmal angenommen, die Angaben Lidls entsprechen den Tatsachen, stellt sich allerdings die Frage, warum nur vom Fischer Lidl diese exakten Informationen zur Flucht des Königs überliefert sind. Keiner der Gebirgsschützen aus den »fünf bis sechs« Kähnen, keiner der Kutscher der vier Kutschen hat ähnliche Angaben hinterlassen, obwohl diese Personen auf keinen Fall auf Stillschweigen vereidigt worden sein können, da dies die tatsächliche Bestätigung für die geplante Flucht gewesen wäre.

Auch Kaiserin Elisabeth, die bei der Planung der Flucht mitgewirkt haben soll, hat sich niemals hierzu geäußert. Wurde auch sie auf ihr Stillschweigen hin vereidigt?

Aber auch zu den Aufzeichnungen Lidls gibt es noch eine Nachgeschichte! Nach seinem Tod am 17. Oktober 1933 gingen die Aufzeichnungen an seine Witwe über, die später den Fischer Martin Mertl aus Berg heiratete. Als Mertl am 2. März 1963 starb, machte sich Albert Widemann auf den Weg nach Berg, um mit den Erben über die Herausgabe der Originalaufzeichnungen zu verhandeln. Die Nachbarin von Mertl, Maria Balk, erzählte Widemann dann, dass am vorigen Tag einige Männer das Nachbarhaus quasi gestürmt und alles Wertvolle an sich genommen hätten. Das Tagebuch Lidls ist bis zum heutigen Tag verschwunden.

Sollte Ludwig II. tatsächlich erschossen worden sein, wie es in Lidls Aufzeichnungen nachzulesen ist? Dann müssten aber irgendwelche Einschussspuren beim König oder an dessen Kleidung vorhanden sein. Einer Untersuchung des Leichnams steht die Familie Wittelsbach aber nach wie vor ablehnend gegenüber.

Allerdings soll tatsächlich ein Mantel des Königs existieren, der (Einschuss-?)löcher aufweist. Hier ist zunächst zwischen dem dunklen Wintermantel und dem hellen Sommermantel des Königs zu unterscheiden. Im dunklen Wintermantel fanden sich keine Einschusslöcher. Da Ludwig am 13. Juni 1886 starb, ist davon auszugehen, dass der König seinen helleren Sommermantel getragen hat.

Dieser gelangte über verschiedene Stationen zur Reichsgräfin Josephine von Wrbna-Kaunitz, der Vermögensverwalterin der Adalbertinischen Linie der Wittelsbacher. Nach ihrem Tod, sie starb 1973 bei einem Zimmerbrand in ihrer Wohnung in Nymphenburg, wurde merkwürdigerweise in ihrem Besitz ein dunkler Wintermantel Ludwigs gefunden. Der helle Sommermantel, den sie aufbewahrt haben soll, war verschwunden. Bei einem Besuch von Gertrud Utermöhle bei der Gräfin soll diese ihr den Sommermantel mit den Einschusslöchern gezeigt haben. Was sie gesehen hat, bestätigte sie in einer eidesstattlichen Versicherung später sogar noch einmal.

Wurde Ludwig II. vielleicht versehentlich von einem im Schlosspark patrouillierenden Gendarmen erschossen, der das Handgemenge zweier Unbekannter beobachtete und einen Angriff vermutete? Gab es tatsächlich Kreise, die an einem endgültigen Verschwinden des Königs ein Interesse hatten?

Da der helle Sommermantel aber verschwunden ist, werden wohl weiter Gerüchte, Vermutungen, und Halbwahrheiten ins Kraut schießen. Eine wirkliche Aufklärung wird es nicht mehr geben, da die Familie Wittelsbach eine Öffnung des Sarges verweigert. Sie wahrt damit den Wunsch des Königs:

»Ein ewiges Rätsel will ich bleiben, mir und anderen.«

Ludwig heute

12

In diesem Kapitel

- Filme über Ludwig
- Literatur zu Ludwig
- Informationen für Schlossbesucher

Mit der Legende Ludwigs II. haben sich viele Künstler und Schriftsteller befasst. Bücher ohne Ende, Filme und Musicals gibt es über den Bayernkönig. Einige herausragende Beispiele finden sich im nachfolgenden Kapitel. Dabei kann in keinem Fall ein Anspruch auf Vollständigkeit erhoben werden. Ebenso erfolgte die Auswahl ein wenig subjektiv.

Informationen für die Schlossbesucher (ohne Gewähr) schließen diesen »Service-Teil« ab.

Helmut Käutners Ludwig II. (1954)

Der Film Helmut Käutners über das Leben des Märchenkönigs wird der Legende vom traurigen Märchenkönig wohl am besten gerecht.

Deutschland war nach dem Zusammenbruch 1945 auf der Suche nach Identität und nach Vorbildern. Da war der friedfertige und unglückliche Bayernkönig ein hervorragender Stoff für eine melodramatische Verfilmung.

Im Mittelpunkt steht die platonische Liebe Ludwigs zu seiner Cousine Elisabeth von Österreich. Darum herum werden das Leben des Königs, die Kriege, in die er gezwungen wurde, das Schicksal seines Bruders Otto, die geplatzte Verlobung mit Sophie und die gescheiterte Freundschaft zu Richard Wagner dargestellt.

Die Farbaufnahmen wurden an den Originalschauplätzen in den Schlössern Ludwigs gedreht. Mit O.W. Fischer und Ruth Leuwerik in den Hauptrollen bot der Regisseur die größten Stars der damaligen Zeit auf. Die musikalische Untermalung mit Wagnermusik lieferten die Berliner Philharmoniker unter Herbert von Karajan.

Der Film endet mit dem Kampf zwischen Ludwig und Gudden im Starnberger See, lässt also keinen Raum für Interpretationen.

Luchino Viscontis Ludwig II. (1972)

In opulenten Bildern, die ebenfalls an den Originalschauplätzen gedreht wurden, nähert sich Luchino Visconti dem Mythos Ludwig II. Die Hauptrollen übernahmen Helmut Berger als Ludwig und Romy Schneider als »Sisi«. Von Berger kann man sagen, dass er mit dieser Rolle auch die Rolle seines Lebens gefunden hat: exzentrisch-extravagant und absolut unangepasst, Berger lebt das Ludwig-Leben, auch wenn die Kamera ausgeschaltet ist. Romy Schneider wagt mit dieser Rolle den Ausbruch aus ihrer Darstellung der Sisi in den kitschig-süßlichen Filmen der 50er Jahre, als sie schon einmal die Kaiserin von Österreich spielte. In Viscontis Verfilmung gibt sie die zickig-emanzipierte Kaiserin und nicht mehr die naiv-angepasste Sisi. Mit dem gesellschaftlichen Wandel hat sich auch das Sisi-Bild den neuen Gegebenheiten angepasst und kommt der realen Kaiserin Elisabeth wohl wesentlich näher.

Visconti erspart einem in seinem Film nichts. Detailaufnahmen von Ludwigs verfault-schwarzen Zähnen, sein körperlicher Verfall, die Besäufnisse Ludwigs und seiner Bergbauernburschen in den Jagdhütten, die Beziehung zu Joseph Kainz und die Schweizreise von 1881.

Der fast vierstündige Film fängt mit opulenten Bildern die Atmosphäre ein, von der sich Ludwig umgeben sah.

Aber auch dieser Film kann am traurigen Ende nichts ändern: Auch hier überlebt Ludwig nicht.

Hans Jürgen Syberbergs Film »Wie man ehemaliger Hofkoch wird« (1972)

Dem Mythos Ludwig II. in ganz anderer Weise nähert sich Hans Jürgen Syberberg in seinem Film »Wie man ehemaliger Hofkoch wird«. Im Mittelpunkt des Filmes steht zwar auch Ludwig II. Aber er ist nicht zu sehen. Es ist überhaupt nur eine Person zu sehen, die zu den Zuschauern spricht: Walter Sedlmayr, der in die Rolle des ehemaligen Hofkochs Theodor Hierneis schlüpft und allerhand Geschichten aus der königlichen Hofküche erzählt.

Der Hofkoch wandert durch die Räume des Königs und zeigt sich ob der Pracht angetan und verwundert. Stolz berichtet er von den Leistungen der Hofküche, die sich mit denen der Höfe in Versailles und Wien durchaus messen konnte. An den jeweiligen Schauplätzen stellt er unter anderem Speisen und Getränke vor, die dort konsumiert wurden.

Durchaus humoristische Elemente liefern die Einschübe und Beschwerden des Hofkochs, dass sich der König niemals zum Essen geäußert hätte, kein Lob, keine Kritik. Man merkt dem Hofkoch deutlich an, dass er sich darüber ärgert.

Für den Schauspieler Walter Sedlmayr war diese Rolle der große Durchbruch. Hatte er bislang eher den moppelig-untersetzten Protagonisten in bayerischen Lustspielen gegeben, qualifizierte ihn diese Rolle auch für anspruchsvollere Genres.

Weitere Filme und Dokumentationen

Es gibt noch eine Reihe weiterer Filme über Ludwig II. Schon 1913 entstanden biographische Filme, damals noch als Stummfilm. Auch Dokumentationen über Ludwig, sein Leben und seine Bauten gibt es zuhauf. Im Jahr 1986, dem hundertsten Todesjahr des Königs, liefen auf allen Sendern interessante Dokumentationen über Ludwig II. Erwähnenswert ist hier vor allem die Dokumentation Christian Riescherts »Im Ozean der Sehnsucht«, der eine hervorragende Annäherung an das Phänomen Ludwig gelingt. Die Zeit vor Ludwig und die Irrungen und Wirrungen der deutschen Geschichte nach Ludwig, vor allem die Linie Ludwig-Wagner-Hitler, wird sehr anschaulich behandelt.

Literatur zu Ludwig

Die Literatur zu Ludwig reicht von recht billig gemachten, aber vierfarbigen Fotobänden über die Schlösser bis hin zu wissenschaftlich anspruchsvollen Abhandlungen, die Ludwig derart detailliert entschlüsseln und vorgeben, ihn so gut zu kennen, wie er sich selbst niemals gekannt hat.

Für Sie als »Ludwig-Einsteiger« finden sich aber in der Auflistung bestimmt Bücher, die Sie zum vertiefenden Studium heranziehen können. Im gut sortierten Buchhandel oder auch im Internet (vor allem bei antiquarischen Ausgaben) können Sie diese Bücher erwerben.

Aufsess, Hans-Max von, *Ludwig II. Triumphzug durch Franken*, Verlag Nürnberger Presse, Nürnberg, 1980

Baumgartner, Georg, *Königliche Träume. Ludwig II. und seine Bauten*, Hugendubel Verlag, München, 1981

Böhm, Gottfried von, *Ludwig II. König von Bayern. Sein Leben und seine Zeit*, Verlag Hans Robert Engelmann, Berlin, 1922

Glowasz, Peter, *Wurde Ludwig II. erschossen?*, Peter Glowasz Verlag, Berlin, 1991

Herre, Franz, *Ludwig II. von Bayern*, Deutsche Verlags Anstalt, Stuttgart, 1986

Kreisel, Heinrich, *Die Schlösser Ludwigs II. von Bayern*, Franz Schneekluth Verlag, Darmstadt, 1955

Linnenkamp, Rolf, *Die Schlösser und Projekte Ludwigs II.*, Heyne Verlag, München, 1977

Nöhbauer, Hans F., *Auf den Spuren König Ludwig II. Ein Führer zu Schlössern und Museen, Lebens- und Erinnerungsstätten des Märchenkönigs*, Prestel Verlag, München, 1986

Petzet, Michael/ Neumeister, Werner, *Die Welt des bayerischen Märchenkönigs. Ludwig II. und seine Schlösser*, Prestel Verlag, München 1980

Informationen für Schlossbesucher

Neuschwanstein, Linderhof und Herrenchiemsee sind ganzjährig geöffnet und gut zu erreichen.

Schloss Neuschwanstein

Öffnungszeiten:
April bis September: 09:00 Uhr – 18:00 Uhr
Oktober bis März: 10:00 Uhr – 17:00 Uhr

Öffnungszeiten des Ticket-Centers:
April bis September: 08:00 Uhr – 17:00 Uhr
Oktober bis März: 09:00 Uhr – 15:00 Uhr
Geschlossen: 1.1., Faschingsdienstag, 24.12., 25.12, 31.12.

Eintrittspreise:
Regulärer Preis: 9,00 Euro
Ermäßigter Preis: 8,00 Euro

Weitere Auskünfte:
Schlossverwaltung Neuschwanstein
Neuschwansteinstraße 20
87645 Schwangau
Telefon: 08362/93 98 8-0
E-Mail: `svneuschwanstein@bsv.bayern.de`

Die Führung dauert etwa 35 Minuten. Sie kann in Deutsch, Englisch oder in elf weiteren Sprachen per Audio-Guide angehört werden.

Für Rollstuhlfahrer gibt es Sonderführungen mittwochs nach Voranmeldung.

Schloss Hohenschwangau

Öffnungszeiten:
April bis September: 08:00 Uhr bis 17:30 Uhr
Oktober bis März: 09:00 Uhr bis 15:30 Uhr
Geschlossen: 1.1., Faschingsdienstag, 24.12. – 26.12, 31.12.

Eintrittspreise:
Erwachsene: 9,00 Euro
Ermäßigter Preis: 8,00 Euro

Schloss Linderhof

Öffnungszeiten:
April bis September: 09:00 Uhr – 18:00 Uhr
Oktober bis März: 10:00 Uhr – 16:00 Uhr
Geschlossen am 1.1., Faschingsdienstag, 24. – 26.12., 31.12.

Eintrittspreise:
Schloss mit Parkbauten
Erwachsene: 7,00 Euro
Ermäßigter Preis: 6,00 Euro

Im Winter ist nur das Schloss zu besichtigen!

Weitere Auskünfte:
Schloss- und Gartenverwaltung Linderhof
Linderhof 12
82488 Ettal
Telefon: 08822/9 20 30
E-Mail: sgvlinderhof@bsv.bayern.de

Schloss Herrenchiemsee

Da das Schloss auf einer Insel liegt, orientieren sich die Öffnungszeiten an den Schifffahrtszeiten und können ggfs. Abweichen.

Öffnungszeiten:
April bis Mitte Oktober: 09:00 Uhr – 18:00 Uhr
Mitte Oktober bis März: 09:40 Uhr – 16:15 Uhr
Geschlossen am 1.1., Faschingsdienstag, 24. – 26.12., 31.12.

Eintrittspreise:
Erwachsene: 7,00 Euro
Ermäßigter Preis: 6,00 Euro

König Ludwig II.-Museum:
April bis Mitte Oktober: 09:00 – 18:00 Uhr
Mitte Oktober bis März: 10:00 Uhr – 16:45 Uhr

Königshaus auf dem Schachen

Das Königshaus auf dem Schachen ist von Anfang Juni bis etwa Mitte Oktober zu besichtigen und nur in einer mehrstündigen Bergwanderung zu erreichen.

Öffnungszeiten:
01 Juni bis 03 Oktober: Täglich Führungen um 11:00,13:00,14:00,15:00 Uhr
Mitte Oktober bis März: 09:40 Uhr – 16:15 Uhr

Eintrittspreise:
Erwachsene: 4,00 Euro
Ermäßigter Preis: 3,00 Euro

Roseninsel im Starnberger See

Zwar wurde die Anlage nicht von Ludwig II. gestaltet, aber er verbrachte gern seine Zeit auf der Insel inmitten des Starnberger Sees.

Öffnungszeiten:
1. Mai bis 15. Oktober: 12:00 Uhr – 18:00 Uhr
16. Oktober bis 30. April: geschlossen
Montags: geschlossen

Eintrittspreise:
Erwachsene: 3,00 Euro
Ermäßigter Preis: 2,00 Euro

Die Insel ist nur durch eine kleine Fährverbindung zu erreichen. Informationen dazu unter der Telefonnummer: 0171/7 22 22 66

Schloss Nymphenburg mit Marstallmuseum

In Schloss Nymphenburg kam Ludwig II. am 25. August 1845 zur Welt. Das Geburtszimmer ist auch heute noch zu besichtigen.

Im Marstallmuseum finden sich die Kutschen und Schlitten, mit denen Ludwig II. das Voralpenland und die Gegend um seine Schlösser unsicher gemacht hat.

Öffnungszeiten:
1. April bis 15. Oktober: 09:00 Uhr – 18:00 Uhr
16. Oktober bis 31. März: 10:00 Uhr – 16:00 Uhr
Geschlossen am 1.1., Faschingsdienstag, 24. – 26.12., 31.12.

Eintrittspreise:
Erwachsene: 5,00 Euro
Ermäßigter Preis: 4,00 Euro

Mit Marsstallmuseum und Parkburgen
Erwachsene: 10,00 Euro
Ermäßigter Preis: 8,00 Euro

Im Winter
Erwachsene: 8,00 Euro
Ermäßigter Preis: 6,00 Euro

Residenz München

Auch wenn Ludwigs Wohnung und Wintergarten in der Residenz nicht mehr vorhanden sind, bietet dieses imposante Gebäude trotzdem einen guten Eindruck von der Macht und Pracht, die zum Selbstverständnis der Wittelsbacher Herrscher in Bayern gehört haben.

Öffnungszeiten:
1. April bis 15. Oktober: 09:00 Uhr – 18:00 Uhr
16. Oktober bis 31. März: 10:00 Uhr – 16:00 Uhr
Geschlossen am 1.1., Faschingsdienstag, 24. – 26.12., 31.12.

Eintrittspreise:
Erwachsene: 6,00 Euro
Ermäßigter Preis: 5,00 Euro

Gesamtkarte mit Schatzkammer
Erwachsene: 9,00 Euro
Ermäßigter Preis: 8,00 Euro

Die acht besten Gerichte aus der königlichen Hofküche

13

In diesem Kapitel

- Tafelspitz
- Flusskrebse
- Hühnerfrikassee
- Kalbsnierchen
- Gebratene Tauben
- Kalbsschnitzel
- Krautwickerl
- Lachs

Ludwig II. hat gern gut und viel gegessen. Zum Ärger seiner Hofküche hat er sich aber selten über die Qualität der Speisen geäußert. Gar sparsam ging der König, sehr zum Verdruss des Hofkochs Theodor Hierneiß, mit Lob gegenüber dem Küchenpersonal um. Wenn alle wertvolle Geschenke erhielten, die dem König zu Diensten waren, die Küche wurde zumeist übersehen.

Allerdings konnte auch die Küchenmannschaft an den Weihnachtsfeiern des Königs teilnehmen und durfte sich an dem reichhaltig gedeckten Tisch mit Geschenken bedienen. So ist so mancher Küchenjunge in den Besitz wertvoller Uhren oder Ringe gekommen, denn der König, das war bekannt, schenkte gern und viel.

Wegen des schlechten Zustandes seiner Zähne legte der König in späteren Jahren großen Wert darauf, dass alle Speisen möglichst weich gekocht wurden, damit er nicht viel beißen musste und das Essen quasi mit dem Gaumen zerdrücken konnte. Tafelspitz lässt sich hervorragend weich kochen.

Tafelspitz

Man nehme etwa 750 Gramm Rindfleisch aus der Hüfte, wasche und trockne dieses. Dann gibt man einen Liter kochende Fleischbrühe (aus Brühwürfeln) hinzu, salze das Ganze und bringe es zum kochen.

Zudem würzt man mit Salz, schwarzem Pfeffer und lässt es etwa eine Stunde kochen. 2 mittelgroße Zwiebeln und 2 Bund Suppengrün, sowie ein Bund Petersilie werden geputzt, geschnitten bzw. in Ringe geschnitten und dann zum kochenden Rindfleisch gegeben. Ein halbes

Lorbeerblatt und drei Pfefferkörner werden ebenfalls zum Fleisch gegeben und eine weitere Stunde gekocht. Das gare Fleisch wird dann aus der Brühe genommen und etwa zehn Minuten stehen gelassen. Dann kann man es in dünne Scheiben schneiden und mit dem Suppengemüse auf einer vorgewärmten Platte anrichten. Von der heißen Brühe kann man etwas über das Fleisch gießen und das Fleisch mit der Petersilie bestreuen.

Tafelspitz schmeckt hervorragend mit geriebenem Meerrettich.

Als weitere Beilagen bieten sich Röstkartoffeln, Rote Bete oder Apfel-Möhren-Rohkost an.

Die gesamte Kochzeit beträgt zwei bis zweieinviertel Stunden.

Flusskrebse

Beim Einkauf der Krebse ist vor allem darauf zu achten, dass die Tiere noch am Leben sind. Ein richtiger Tafelkrebs muss beim Kochen gleichmäßig rot werden. Nur minderwertige Krebse färben sich ungleichmäßig, meist nur undeutlich an der Oberfläche. Der Schwanz von frischen Krebsen rollt sich beim Kochen nach innen ein, ein gestreckter Schwanz weißt auf ein gestorbenes Tier hin.

Die Krebse sind in kaltem Wasser gründlich zu bürsten. Dann sind sie mit Salz, Pfeffer und etwas Kümmel zum Kochen zu bringen. Damit die Krebse möglichst schnell getötet werden, sind sie mit dem Kopf zuerst in das kochende Wasser zu werfen. Danach sollte man sie noch etwa fünf Minuten zu ziehen lassen.

Zu Krebsen eignet sich Toast, Butter oder Mayonnaise als Beilage.

Hühnerfrikassee

Auch Hühnerfrikassee ist ein Gericht, das leicht, auch bei wackeligen Zähnen, zu essen ist.

Ein küchenfertiges Suppenhuhn ist zu waschen und in zwei Liter kochendes Salzwasser zu geben. Ein Bund Suppengrün ist zu putzen und zu waschen. Zwei Zwiebeln sind abzuziehen und mit einem Lorbeerblatt und einer Nelke zu spicken. Die Zutaten sind zum vor sich hinkochenden Huhn zu geben.

Das gare Huhn ist aus der Brühe zu nehmen, die durch ein Sieb gegossen wird. Ein Liter ist davon abzumessen.

Das Fleisch ist nun von den Knochen zu lösen, die Haut zu entfernen und eventuell ist das Fleisch auch noch klein zu schneiden und in der Brühe warm zu halten. 60 Gramm Butter oder Margarine sind zu zerlassen. Unter Rühren sind 70 Gramm Weizenmehl hinzuzugeben und alles ist zu erhitzen, bis es hellgelb ist. Der Liter Hühnerbrühe ist hinzuzugießen und mit einem Schneebesen durchzuschlagen. Wichtig ist dabei, dass sich keine Klumpen bilden. Alles ist zum Kochen zu bringen und circa 10 Minuten kochen zu lassen.

Nun kann man das abgetropfte Fleisch zur Soße geben und lässt alles noch einmal kurz aufkochen.

Als Beilage eignet sich Reis.

Kalbsnierchen

Man nimmt ein Kilogramm gerollten Kalbsnierenbraten, wäscht ihn und trocknet ihn ab. Dieser wird dann mit Salz und weißem Pfeffer eingerieben. Eine Zwiebel ist abzuziehen und zu würfeln. Eine Karotte ist zu putzen und in Würfel zu schneiden. Zwei Tomaten sind in kochendes Wasser zu legen, mit kaltem Wasser abzuschrecken, zu häuten und in Würfel zu schneiden. ½ abgezogene Knoblauchzehe ist fein zu hacken und mit 3 Esslöffeln Speiseöl in einem Bratentopf zu erhitzen. Das Fleisch wird hinzugegeben und von allen Seiten angebraten. Die zerkleinerten Zutaten sind hinzuzufügen.

250 ml heißes Wasser, ein Lorbeerblatt, fünf getrocknete Pilze sowie die Schale einer halben Zitrone (ungespritzt) sind ebenso hinzuzugeben.

Der Braten ist dann in einen vorgeheizten Backofen zu schieben und von Zeit zu Zeit mit Bratenflüssigkeit zu begießen.

Das gare Fleisch ist in Scheiben zu schneiden und auf einer vorgewärmten Platte anzurichten. Der Bratensatz ist mit wenig Wasser zu kochen und durch ein Sieb zu gießen. Auf der Kochstelle ist er zum Kochen zu bringen und mit zwei Esslöffeln Weizenmehl anzurühren.

Die Schmorzeit des Bratens beträgt 1,5 bis 2 Stunden.

Als Beilagen eignen sich Gemüse aller Art, Kartoffeln, Kartoffelbrei, Salate.

Gefüllte Tauben

4 küchenfertige Tauben sind zu waschen und abzutrocknen. Danach ist der Bauch quer einzuschneiden und innen mit Salz einzureiben. Der Hals wird nach hinten gelegt und die Flügel werden so zusammengebogen, dass der eine den Hals hält. Magen, Herz und Leber sind zu säubern und zu waschen.

Ein Esslöffel Butter ist in den Bauch zu geben, beide Beine sind in den Baucheinschnitt zu stecken und die Tauben in die mit Wasser ausgespülte Rostbratpfanne zu legen und diese ist in den vorgeheizten Backofen zu schieben.

Sobald der Bratensatz bräunt, ist etwas heißes Wasser hinzuzugießen. Die Tauben sind ab und zu mit Bratensatz zu begießen, verdampfte Flüssigkeit ist nach und nach zu ersetzen.

Die fertigen Tauben können dann auf einer warmen Platte angerichtet werden. Zum Bratensatz sind 3 Esslöffel saure Sahne hinzuzugeben und mit einem Esslöffel Weizenmehl und 2 Esslöffel kaltem Wasser anzurühren. Die Soße ist mit Salz abzuschmecken.

Die Bratzeit beträgt zwischen 45 und 60 Minuten bei 220 – 225 Grad.

Als Beilage bieten sich Kartoffelbrei, Gemüse und Salate an.

Kalbskoteletts/Kalbsschnitzel

4 Scheiben Kalbfleisch sind leicht zu klopfen und mit Salz zu bestreuen. Die Schnitzel sind in Weizenmehl, dann in einem geschlagenen Ei und zuletzt in Semmelmehl zu wenden.

60 Gramm Fett sind zu erhitzen und das Fleisch von beiden Seiten darin zu braten.

Als Beilagen eignen sich feine Gemüse, Kartoffelsalat, weitere Salate.

Krautwickerl

500 Gramm Kraut, 200 Gramm Hackfleisch, 1 Ei, 1 Zwiebel, 1-2 Brötchen, Petersiliengrün, Pfeffer, Salz, Muskat, 50 Gramm Butter oder Fett und Mehl werden dazu benötigt.

Von dem Krautskopf sind die Blätter vorsichtig abzulösen und in Salzwasser halbweich zu kochen. Die inneren Blätter sind nach dem Kochen fein zu wiegen und mit fein geschnittenen Zwiebeln in Butter anzudämpfen. Von den übrigen Zutaten ist eine Hackfleischmasse herzustellen, die feingewiegten Blätter dazuzugeben, die Krautblätter zu füllen, zusammenzurollen, zu binden oder mit Holzstäbchen zusammenzuhalten. In Mehl sind die Krautwickel zu wälzen und anzubräunen, bei Bedarf ist etwas Flüssigkeit zuzugeben und alles im Ofen fertig zu dünsten.

Kochzeit ist etwa eine halbe Stunde.

Krautwickel schmecken am besten mit Kartoffeln oder Kartoffelbrei.

Lachs

4 Scheiben Lachs sind unter fließend kaltem Wasser abzuspülen und trocken zu tupfen, danach mit Zitronensaft zu beträufeln und etwa 15 Minuten stehen zu lassen. Danach ist der Lachs mit Salz und Pfeffer zu würzen und in Alufolie zu legen. Dort wird er mit Butter bestrichen, je eine Scheibe wird in ein Blatt Alufolie gelegt und dicht verschlossen. Dies wird dann auf ein Backblech gelegt und in den Backofen geschoben, wo es ca. 25 bis 30 Minuten vor sich hin dünstet bei 225 bis 250 Grad.

Ist die Zeit vorüber, wird der Lachs aus dem Backofen genommen, aus der Folie entfernt und auf eine vorgewärmte Platte gelegt.

Als Beilagen eignen sich grüner Salat oder Krabbenreis.

Top-Ten-Wanderungen auf König Ludwigs Spuren

14

In diesem Kapitel

- Am Alpsee
- Von Starnberg nach Berg
- Vom Walchensee zum Herzogstand
- Zum Hochkopf
- An den Soiernseen im Vorkarwendel
- Zum Schachenhaus
- Von Unterammergau zum Pürschlinghaus
- Am Falkenstein
- Tegelberg – Bleckenau – Neuschwanstein
- Ein Spaziergang auf der Insel Herrenchiemsee

Am Alpsee

In dieser Gegend hat Ludwig die meisten Jahre seines Lebens verbracht. Auf Schloss Hohenschwangau konnte sich der junge Träumer in die Sagenwelten der alten Rittersleut versenken. Von hier aus unternahm er mit seinen Eltern, seinem Bruder Otto und den Hofbediensteten viele Ausflüge in die nahe Bergwelt. Als sportlicher Jugendlicher durchschwamm er den Alpsee in nur 22 Minuten.

Für die Umrundung des Alpsees benötigt man, je nach Lauftempo zwischen einer und eineinhalb Stunden. Der Weg ist gut ausgeschildert. Man beginnt die Wanderung am Parkplatz unterhalb des Schlosses. Von unterschiedlichen Plätzen aus, hat man immer wieder einen wundervollen Blick auf die Schlösser Hohenschwangau und Neuschwanstein.

Erstaunlicherweise hat man den Alpsee häufig für sich alleine, da die meisten Touristen nur die Schlösser besichtigen und für die umgebende imposante Landschaft keine Augen haben.

Unterwegs trifft man auf das 1897 errichtete Erinnerungsmal für die Königin Marie.

Die Wanderung ist nicht anstrengend und auch für Kinder gut geeignet.

Von Starnberg nach Berg

Wenn man vom Bahnhof in Starnberg die Seepromenade entlang in Richtung Percha wandert, kann man einen guten Eindruck von Bayerns reichster Kommune gewinnen. Nirgendwo sonst in Bayern wohnen so viele Millionäre an einem Fleck wie am Starnberger See.

Die Nähe zu München, wo die »Geldigen« arbeiten, führte dazu, dass die Kommune am See, die auch mit der S-Bahn gut zu erreichen ist, so einen Aufschwung genommen hat.

Von Percha kommt man nach Kempfenhausen, wo die, allerdings nicht zu besichtigende, Villa steht, die Ludwig für seinen Freund Richard Wagner 1864 angemietet hat. Während Ludwig in Schloss Berg weilte, wollte er den Komponisten in seiner Nähe wissen. Heute wird die Villa vom Landschulheim Kempfenhausen genutzt.

Von Kempfenhausen kann man teils am Ufer, teils etwas vom Ufer entfernt, in Richtung Berg weiterwandern. Schloss Berg ist leider nicht zu besichtigen. Es befindet sich inmitten eines großen Landschaftsparks und gehört noch heute der Familie der Wittelsbacher.

Traurig braucht man aber nicht zu sein, dass man das Schloss nicht besichtigen kann. Das Schloss aus Ludwigs Zeiten wurde in der Besatzungszeit von den amerikanischen Soldaten, die dort einquartiert waren, derart heruntergewirtschaftet, dass es von Grund auf saniert werden musste. Dabei sind leider die Ecktürme und der große Turm »Isolde« abgerissen worden. Auch von der Wohnungseinrichtung Ludwigs ist nichts mehr im Schloss vorhanden. Einige Gegenstände befinden sich glücklicherweise im König-Ludwig-II.-Museum auf Herrenchiemsee.

Gelangt man nach der Umrundung des Schlossparks wieder zum See, trifft man auf die mit einem Holz markierte Stelle, an der Ludwig und Dr. von Gudden den Tod gefunden haben. Allerdings lag die ursprüngliche Fundstelle einige Meter von diesem Kreuz entfernt.

Korrespondierend zum Kreuz im See steht auf einer leichten Anhöhe die Votivkapelle, die nach den Entwürfen von Ludwigs Architekt Julius Hofmann errichtet wurde.

Vom Walchensee zum Herzogstand

Hier befinden wir uns im »König-Ludwig-Herzland«. Wohl keine andere Gegend schätzte der König so sehr wie die Gegend zwischen Walchensee und Kochelsee.

Vom Dorf Walchensee aus wandert man durch den Bergwald in Richtung Ohlstätter Alm weiter zur Heimgartenhütte, die von Pfingsten bis Ende Oktober bewirtschaftet wird. Von hier oben aus hat man bei gutem Wetter eine wunderbare Sicht auf die Gipfel der umgebenden Alpen, auf Kochelsee und Walchensee und bei ganz guter Fernsicht sogar bis nach München.

Vom Heimgarten geht man über einen Gratweg weiter zum Herzogstand. Auch im Berggasthof auf dem Herzogstand kann man einkehren und sich für die weitere Wanderung stärken. Wer hier allerdings von der Wanderung genug hat, kann mit der Herzogstandbahn wieder ins Tal fahren. Der versierte Wanderer sollte aber ostwärts über die Serpentinen zur Kesselbergstraße weitergehen, von wo aus er über Urfeld am Walchenseeufer entlang wieder den Ausgangspunkt, den Ort Walchensee erreicht.

Die Wanderung ist nicht ganz ohne und nimmt, je nach Variante fünf bis sechs Stunden in Anspruch. An manchen Stellen ist der Weg am Grat sehr eng und mit Drahtseilen gesichert. Man sollte auf jeden Fall schwindelfrei und trittsicher sein. Entschädigt wird man für die Anstrengungen aber mit wundervollen Ausblicken in die nähere und weitere Umgebung, auf Seen, Berge und Wälder.

Zum Hochkopf

Auf der anderen Seeseite des Walchensees, also dem Ort direkt gegenüber, liegt der kleine Weiler Altlach. Von hier aus kann man zur Hochkopfhütte am Altlacher Hochkopf gelangen. Die Tour ist etwa 14 Kilometer lang, wofür man circa vier Stunden einplanen sollte. Man beginnt am ehemaligen Forsthaus in Altlach, wo sich eine Tafel mit einem Richard-Wagner-Porträt befindet. Wir erinnern uns: Ludwig hatte Wagner 1865 auf die Hochkopfhütte eingeladen, damit dieser angesichts der überwältigenden Bergwelt große kompositorische Gedanken zu Papier bringen sollte, was aber irgendwie nicht gelang. Wagner konnte mit so viel Landschaft um sich herum nichts anfangen, ihm fehlten der Luxus und die Annehmlichkeiten der Großstadt.

Von der Forststraße wechselt man dann auf einen kleineren Fußweg, der einem Bachlauf folgt. Nach etwa eineinhalb Stunden gabelt sich die Forststraße an einem offenen Hang. Man muss hier den rechten Weg wählen, der sich nach etwa einer Viertelstunde wieder teilt. Dort schlägt man den linken, schmalen Weg zum Hochkopf ein.

Das königliche Jagdhaus ist heute eine forstliche Dienststelle und kann deshalb nur von außen besichtigt werden. Vom Forsthaus aus hat man einen wunderbaren Blick auf das Wettersteingebirge und nach unten in das Tal der Isar.

An den Soiernseen im Vorkarwendel

Ganz selten nur wich Ludwig bei seinen Bauvorhaben von Orten ab, die er nicht schon aus seiner Jugend kannte und die er von seinem Vater übernommen hatte. Schloss Herrenchiemsee ist so ein Ort, das Schachenhaus und auch die Soiernhütte.

In den Jahren 1866 und 1867, also einige Zeit vor dem Schachenhaus, wurde die Soiernhütte erbaut. Einen exotischen Saal darf man hier aber nicht erwarten. Es handelt sich um eine ganz »normale« Berghütte.

Von Krün aus läuft man ein kurzes Stück an der Isar entlang, quert dann einen Felsgraben und geht weiter in Richtung Fischbachalm. Nach etwa zwei bis zweieinhalb Stunden hat man 500 Höhenmeter bewältigt. Zur Soiernhütte kann man nun weiter auf der Forststraße marschieren oder den etwas steileren und kürzeren »Lakaiensteig« benutzen, den die Dienerschaft des Königs ging, um schneller nach oben zu kommen. Dieser Lakaiensteig verlangt aber eine gewisse Schwindelfreiheit und Trittsicherheit, da er einige Male sehr schmal ist. Diese Stellen werden mit Drahtseilen gesichert. Die Aussicht von diesem Weg ist grandios, wobei aber davon auszugehen ist, dass Ludwigs Dienerschaft hierfür keine Augen hatte, da vieles zu tun war, ehe der König ankam.

Von der Soiernhütte hat man einen sehr schönen Blick auf die Soiernseen im Kessel, umgeben von Berghängen.

Zum Schachenhaus

Einige Jahre nach der Soiernhütte ließ Ludwig unterhalb der Wettersteinwand, hoch oberhalb von Garmisch das Schachenhaus mit seinem orientalischen Saal errichten. Es gibt einige Wege, um zu diesem Kleinod zu gelangen. Entweder startet man in Garmisch, durchquert die Partnachklamm, um dann weiter einen steilen und anstrengenden Weg nach oben zu nehmen, oder man geht den etwas gemütlicheren Forstweg von Schloss Elmau aus.

Da der Autor dieser Zeilen einmal den ersten Weg genommen hat und nach gut zwei Dritteln der Strecke wegen Erschöpfung wieder umkehren musste, beschreiben wir nur den Weg von Elmau aus.

Vom Parkplatz in Elmau nimmt man die Forststraße, auch Königsweg genannt. Nach einiger Zeit gelangt man an eine Weggabelung, an der man den rechten Weg wählt und nicht in Richtung Steiles Haus weitergeht. Sodann folgt man immer dem ausgeschilderten Weg, von dem aus man einen wunderschönen Blick auf Garmisch-Partenkirchen, die Wettersteinwand und die herrliche Bergwelt genießen kann.

Ab den 1870er Jahren verbrachte Ludwig II. immer die Zeit seines Geburtstages auf dem Schachen. Weiter entfernt von seinen Bürgern hätte er nicht sein können. Das wird nirgends so deutlich wie auf dem Schachen.

Der Aufstieg ist mühsam und anstrengend. Mit dem großartigen Alpenpanorama und einem orientalischen Saal inmitten der bayerischen Berge wird man dafür aber mehr als belohnt.

Von Unterammergau zum Pürschlinghaus

Nicht weit von Schloss Linderhof entfernt befindet sich die Prüschlinghütte. Jedes Jahr im Juni besuchte Ludwig diese Berghütte. Auf einem breiten Fahrweg, der bei der Schleifmühlenlaine in Unterammergau startet, kann man in drei bis dreieinhalb Stunden zu diesem Häuschen gelangen. Dabei sind teilweise recht heftige Steigungen zu bewältigen. Man wird aber entschädigt durch schöne Panoramablicke in die Umgebung.

Das Pürschlinghaus hat eine schöne Terrasse, auf der man gut rasten kann. Wenn man sich entscheidet, bis zum Teufelstättkopf aufzusteigen, hat man einen großartigen Blick auf das Kloster Ettal.

Bei einer nächtlichen Tour im Jahr 1885, als Ludwig vom Brunnenkopf zum Pürschling wanderte, wäre es beinahe zu einem tragischen Unglück gekommen. Auf dem schmalen Weg, links die Felswand, rechts der Abgrund stürzte ein großer Felsbrocken, direkt vor die Füße des Königs. Einen Schritt schneller und alles wäre vorbei gewesen mit der Pracht und Herrlichkeit. Als sich der König von dem Schrecken wieder erholt hatte, meinte er trocken zu seinen Begleitern, »Abscheulich, wird wohl eine Gams gewesen sein. «

Am Falkenstein

Das letzte große Projekt, mit dem sich Ludwig intensiv beschäftigte, war der Bau der Ritterburg auf dem Falkenstein bei Pfronten. Bald war das Grundstück erworben, ein Fahrweg und eine Wasserleitung gelegt und die Pläne zum Burgbau waren weitgehend fertiggestellt, als Ludwig das Geld ausging und er zuerst die Macht und dann auch noch sein Leben verlor.

Noch heute kann man ahnen, was Ludwig an der großartigen Landschaft faszinierte, wenn man zur Ruine auf den Falkenstein hochsteigt.

Zunächst kann man einen gut ausgebauten Fahrweg hinauf nutzen. Die schmale Wirtschaftsstraße führt dann weiter zur Burg.

Kurz vor der Burgruine kann man im Burghotel einkehren und von der Terrasse den »wundervollsten Punkt des Allgäus« genießen. Etwas unterhalb der Burgruine befindet sich die Mariengrotte, in der eine Lourdes-Madonna aufgestellt ist.

Die Wanderung ist nicht allzu anstrengend und kann auch mit Kindern gut bewältigt werden.

Tegelberg - Bleckenau - Neuschwanstein

Auf dieser Tour besucht man zwei Hütten Ludwigs, um dann zum Schloss Neuschwanstein, das man immer wieder auf der Wanderung sehen kann, zu gelangen.

Von der Talstation der Tegelbergbahn fährt man mit der Seilbahn zur Bergstation der Tegelbergbahn, von wo aus man zum Tegelberghaus gelangt. Erbaut wurde diese Hütte von Max II., Ludwigs Vater. Auch der alte Max wusste, wo es schön ist, wie die Blicke weit hinaus ins Land beweisen.

Wandert man in Richtung Südost, unterhalb des Branderschrofens weiter, heute ein interessanter Naturlehrpfad, kommt man nach etwa eineinhalb Stunden auf einen breiten Forstweg. Von hier aus wandert man zum Jagdhaus Bleckenau, das ebenfalls von Ludwigs Vater im Stile eines Schweizerhauses, nach dem Vorbild der »Mariannen Cottage« in Schlesien, errichtet wurde. Es sollte an das Schweizerhaus im Gut der Eltern von Marie, Ludwigs Mutter, erinnern. Marie hat diesen Ort sehr geschätzt und viel Zeit hier verbracht, weshalb Ludwig mehr seine eigenen Hütten und Schlösser bewohnte und die Bleckenau eher mied.

Durch das Pöllattal gelangt man zum Schloss Neuschwanstein. Lohnend ist hier auf jeden Fall ein Gang zur Marienbrücke, von wo aus man einen »Postkartenblick« auf Neuschwanstein hat.

Ein Spaziergang auf Herrenchiemsee

Mit dem Bau auf Herrenchiemsee hat Ludwig II. von Bayern nicht nur Ludwig XIV. von Frankreich ein Denkmal gesetzt, er wurde auch als Umweltschützer aktiv. Schließlich bewahrte er das wunderschöne Eiland inmitten des »bayerischen Meeres« gnadenlos abgeholzt zu werden.

Aus diesem Grund sollte man sich für Herrenchiemsee genügend Zeit nehmen und nicht nur die »Rennstrecke« zum Schloss und wieder zurück zum Landungssteg nehmen, sondern die ganze Insel auf den gut ausgeschilderten Wegen umrunden. Das Schöne an so einer Insel ist, dass keine alpinen Steigungen zu bewältigen sind und die Wanderung eher einem Spaziergang gleicht.

Von der Anlegestelle der Insel geht man etwa 1,5 Kilometer zum Schloss, von da aus weiter zur »Paulsruhe«, am südöstlichen Ende der Insel. In Richtung Westen wandernd, gelangt man zur »Ottosruhe«. Durch eine frühgeschichtliche Ringwallanlage, die auf die uralte Besiedelung der Insel hinweist, quert man den Schlosspark mit Blick auf den Kanal und auf das Schloss, um in nördlicher Richtung am Inseldom und dem alten Schloss vorbei an die nördliche Spitze der Insel mit der Kreuzkapelle zu gelangen. Unweit dieser Kapelle befindet sich die Anlegestelle, von wo aus man seine Rundwanderung auf Ludwigs Insel begonnen hat.

Stichwortverzeichnis

A

Absolutismus 17
Albrecht V. 37
Alençon, Ferdinand Herzog von 94
Alexander II 68
Alhambra 112
Allerheiligenhofkirche 175
Alpsee 223
Amalienburg 39, 49
Antiquariums 37
Arco, Tony Graf von 58
Aschaffenburg 86, 87

B

Badenburg 49
Bamberg 86
Bayreuth 77, 85, 151, 152, 153, 154, 177, 179
Befreiungshalle 43
Berg 95, 96, 98, 113, 118, 193, 223, 224
Bismarck, Otto von 17, 22, 30, 61, 62, 81, 84, 118, 119, 122, 123, 124, 125, 144, 146, 148, 180, 182, 193, 194, 198, 200, 207
Böhm, Gottfried von 173, 200
Bourbonen 118
Bülow, Hans von 75, 80
Bulykowsky, Lila 89
Burg Trausnitz 36
Bürkel, Ludwig von 146, 147, 148, 175
Byron, George 142
Byzantinische Burg 189

C

Cash, Johnny 101
Chinesischer Palast 190
Cosa Rara 103

D

Die Meistersinger von Nürnberg 89, 100, 101
Dirigl, August 109
Disneyland 32
Döllinger, Ignaz von 65
Dollmann, Georg von 107, 108, 186
Dürckheim-Montmartin, Alfred Graf von 200

E

Effner, Carl von 132
Einsiedelei 139
Eisenach 89, 98
Elisabeth von Österreich (Sisi) 68, 90, 91
Eremitage 85, 153, 154

F

Falkenstein 177, 181, 186, 187, 188, 189, 223, 227
Farbleitsystem 96
Feilitzsch, Max von 183, 197
Feldafing 90
Ferdinand Maria 38, 49
Festsaalbau 96
Flusskrebse 220
Franz Joseph I. von Österreich 68
Fresenius, August 141
Friedrich, Kronprinz von Preußen 119, 122, 125
Friedrich Barbarossa 35
Friedrich II. von Preußen 40
Friedrich V. von der Pfalz 37
Friedrich Wilhelm IV. 104
Fugger 37
Fürth 87

G

Gärtner, Friedrich Wilhelm von 43
Gefüllte Tauben 221
Georg von Dollmann 186
Glaspalast 77
Glypthotek 182
Goethe, Johann Wolfgang von 142
Götterdämmerung 152, 153, 154, 155
Grafen von Scheyern 35
Graf von Berg 98
Graswangtal 126, 127, 128, 134, 156, 157, 189, 190

Gresser, Franz von 181
Grillparzer, Franz 142
Grüner Hügel 30
Gudden, Bernhard von 183, 193, 195, 197, 198, 199, 201, 202, 203, 204, 205, 206, 207
Gustav Adolf 38

H

Hagia Sophia 190
Hanfstaengel, Edgar 93
Hans Jürgen Syberberg 212
Hardenberg 17
Hartschiersaal 158
Heidelberger Schloss 36
Heigel, Karl von 141
Henriette Adelaide von Savoyen 49
Herre, Franz 83
Herrenchiemsee 29, 126, 127, 144, 151, 156, 157, 158, 160, 163, 164, 165, 180, 186, 188, 189, 223, 224, 225, 228
- Ankleidezimmer 163
- Arbeitszimmer 162
- Beratungszimmer 159
- Blauer Salon 162
- Erstes Vorzimmer 158
- Friedenssaal 161
- Hartschiersaal 158
- Kriegssaal 161
- Paradeschlafzimmer 159, 160, 162, 166
- Porzellankabinett 163
- Schlafzimmer 162
- Speisezimmer 163
- Spiegelsaal 160, 161
- Treppenhaus 158
- Vestibül 158
- Zweites Vorzimmer 159

Herrenwörth 127
Herr Huber 169, 173, 174
Herzogstand 103, 223, 224
Hesselschwerdt, Karl 199
Hochkopf 223, 225
Hof 75, 83, 85, 86
Hofgartenzimmer 93
Hofmann, Julius 186, 188, 189, 191
Hoftafeln 151, 155, 156
Hohenlohe-Schillingsfürst, Chlodwig zu 83, 88, 145
Hohenschwangau 47, 54, 55, 59, 62, 79, 80, 89, 91, 104, 105, 111, 123, 153, 154, 223
Hohenzollern 35
Holnstein, Maximilian Graf von 122, 123, 124, 194, 196, 198, 199, 203, 206
Hörselberg 98
Hugo, Victor 141
Hühnerfrikassee 220
Huldigungsmarsch 79
Hundinghütte 138, 139

J

Jank, Christian 105, 106, 111, 186, 187
Jean Paul 85, 151
Julius Hofmann 190

K

Kainz, Josef 23, 169, 170, 171, 172, 173
Kaiserbrief 121, 122, 123, 124
Kalbskoteletts/Kalbsschnitzel 222
Kalbsnierchen 221
Karl Albrecht 39, 40
Karl Theodor 40, 41
Karl von Bayern 83
Kini 19
Kissingen 68, 83, 86
Klenze, Leo von 43
Kölner Dom 69
Königgrätz 75, 83
Konstitutionelle Monarchien 17
Krautwickerl 222

L

Lachs 222
Landshuter Hochzeit 36
Lidl, Jakob 193, 207, 208
LIFE 30
Lilienthal, Otto 196
Linderhof 29, 121, 127, 128, 129, 130, 131, 132, 133, 134, 135, 136, 137, 138, 139, 140, 144, 169, 170, 179, 180, 181, 186, 189, 190
- Arbeitszimmer 129
- Erstes Gobelinzimmer 129
- Fassade 127
- Gelbes Kabinett 129
- Lila Kabinett 130
- Parkanlage 132
- Rosa Kabinett 130

Schlafzimmer 130
Schlossbau 127
Speisezimmer 131
Spiegelkabinett 132
Treppenhaus 129
Venusgrotte 134, 136
Vestibühl 128
Zweites Gobelinzimmer 132
Liszt, Franz 75
Lohengrin 47, 55, 59, 60, 61, 107, 109
Löher, Dr. Franz von 146, 147
Ludwig der Leichtsinnige 36
Ludwig Freiherr von und zu der Tann-Rathsamhausen 47
Ludwig I. 43, 44, 45, 66, 67, 69, 74, 86
Ludwigshöhe 43
Ludwig XIV 156, 158, 159, 161, 163
Luggi 19
Luitpold 194
Lutz, Eduard von 83
Lutz, Johann von 181, 194, 195, 196, 203, 206

M

Magdalenenklause 49
Maria Alexandrowna 68, 94
Maria Theresia 40
Marie Friederike von Preußen 48, 50, 53, 54, 55, 58, 61, 185
Markgräfin Wilhelmine 85
Marokkanisches Haus 137
Maurischer Pavillon 136
Max Emanuel 39, 49
Max III. Joseph 40
Maximilian I. 38, 42, 43
Maximilian II. 45, 47, 50, 52, 53, 56, 58, 59, 63, 64, 65, 66, 69, 70, 81, 104
Maximilian IV. Joseph 41, 42
Meicost Ettal 126
Metternich, Klemens Wenzel Lothar von 17
Ministerialbürokratie 17
Moliere, Jean Baptiste 142
Montez, Lola 44, 50, 53
Montgelas, Maximilian Graf von 17, 42, 43, 66
Münchner Residenz
Königswohnung 89, 90, 94
Wintergarten 94

N

Napoleon Bonaparte 42, 43, 98, 99, 100, 118
Napoleon III. 84, 118, 122
Neumayr, Max von 88
Neuschwanstein 29, 30, 32, 33, 89, 98, 104, 105, 106, 107, 108, 111, 112, 113, 177, 179, 181, 185, 186, 188, 189
Nibelungengang 74
Nibelungensage 70, 74
Nürnberg 82, 87
Nymphenburg 39, 45, 47, 49, 53, 61

O

Ochsenaugensaal 159
Oktoberfest 67
Otto (Ludwigs Bruder) 22, 23, 56, 82, 84, 98, 121, 123, 148, 149
Otto I. König von Griechenland 55, 86
Otto von Wittelsbach 35

P

Pagodenburg 49
Paradeschlafzimmer 157
Paranoia 185
Parzival 107, 177
Perfall, Karl von 117
Pfistermeister, Franz Seraph von 71, 72, 79, 88
Pfordten, Ludwig Freiherr von der 88
Pierrefonds 100
Pinakothek 182
Pöllatschlucht 104, 109
Pompejanum 43, 86
Possart, Ernst von 119, 125, 140
Possenhofen 90, 91
Pranckh, Siegmund Freiherr von 118
Prinzessin Sophie 22
Prinz Luitpold 194, 195, 197, 198
Prinzregent Luitpold 195, 200, 201, 206
Pürschlinghaus 223, 226

R

Reptilienfonds 124
Rheingold 89, 114, 117, 152
Riedel, Eduard 104
Riedel, Emil von 180

Ring des Nibelungen 61, 152, 153, 154
Ritterbad 185
Rosée, Theodor Basselet de la 59, 66
Roseninsel 51, 82, 90, 91, 95, 126
Rothschildschatz 113
Rudolf, Kronprinz von Österreich 183
Rütli 171, 172

S

Sängerkrieges 98
Sängersaal 98, 104, 111, 112, 113
Schachen 29
Schachenhaus 102, 223, 225, 226
Schedelsche Weltchronik 37
Scheffsky, Josephine 90
Schiller, Friedrich von 139, 141, 142, 143
Schleißheim 37, 39
Schleswig-Holstein-Frage 63, 64, 66
Schloss Berg 67, 68, 72, 90, 200, 201, 202, 206, 208
Schloss Pähl 93
Schmid, Hermann von 141
Schneegans, Ludwig 141
Schönheitengalerie 103
Schultze, Max 186
Schutz- und Trutzbündnis 118
Schweiz 170, 171
Seilbahn 164
Semper, Gottfried 73, 77, 151
Sendlinger Mordweihnacht 39
Separatvorstellungen 121, 139, 140, 141, 142, 143, 144, 169
Shakespeare, William 142
Siegfried 152, 153, 154
Sisi *siehe* Elisabeth von Österreich
Soiernhütte 225, 226
Sonnenkönig 122, 126, 130
Sophie 89, 91, 92, 93, 94
Spanischer Erbfolgekrieg 39
Starnberger See 30
Staufer 35
Stöger, Otto 135
Strousberg, Bethel Henry 100
Stückelberg, Ernst 171

T

Tafelspitz 219
Tann, Ludwig Freiherr von der 83, 121
Tannhäuser 98, 99, 104, 107, 109, 110, 111, 112
Theatinerkirche 38, 65
Thronbesteigung 64
Thronsaal 107, 110, 111, 112, 113
Thurn und Taxis, Paul von 82
Till Eulenspiegel 111
Tischlein-deck-dich 131
Toerring, Clemens Maria Graf von 199
Tristan und Isolde 61, 75, 76, 78
Twain, Mark 144

V

Venusgrotte 134
Versailles 121, 122, 123, 124, 126, 127, 131, 139, 144, 145, 156, 157, 158, 161, 162, 166
Villa Pellet 72
Visconti, Luchino 211
Vivien, Joseph 39

W

Wagner, Cosima 75, 80, 151, 179
Wagner, Richard 18, 22, 30, 31, 59, 60, 61, 63, 68, 70, 71, 72, 73, 75, 76, 77, 78, 79, 80, 81, 82, 83, 85, 87, 88, 90, 91, 92, 93, 100, 101, 104, 105, 106, 114, 115, 117, 151, 152, 153, 154, 177, 178, 179
Wagner, Wolfgang 153
Wahnfried 151
Walchensee 79, 103, 223, 224
Walhalla 43
Walküre 89, 90, 114, 116, 117, 152
Walt Disney 32
Wartburg 93, 98, 99, 111
Weber, Alfons 201
Welfenfonds 121, 124
Weltausstellung 98, 99, 100
Wesendonck 71
Wiener Kongress 42
Wiggerl 19
Wilhelmine 151
Wilhem I. 84
Wilhelm IV. 69
Wilhelm V. 37

Wilhelm Tell 170, 171
Wintergarten 31, 52, 63, 74, 89, 90, 91, 94, 95, 96, 97, 98, 109
Wittelsbach 169, 175
Wittelsbacher 35, 36, 37, 40, 41, 44, 224
Wrbna-Kaunitz, Josephine von 208

Z

Zeppelin, Ferdinand Graf von 196

COMPUTERGRUNDLAGEN UND BETRIEBSSYSTEME

Computerlexikon für Dummies
ISBN 978-3-527-70348-7

Debian für Dummies
ISBN 978-3-527-70344-9

Notebooks für Dummies
ISBN 978-3-527-70293-0

PCs für Dummies
ISBN 978-3-527-70236-7

UNIX für Dummies
ISBN 978-3-527-70265-7

SuSE Linux 10.x für Dummies
ISBN 978-3-527-70205-3

Windows Vista für Dummies
ISBN 978-3-527-70277-0

Windows Vista für Dummies,
Alles in einem Band
ISBN 978-3-527-70278-7

Windows XP für Dummies
ISBN 978-3-527-70264-0